A ORDEM É
INOVAR

Como a engenhosidade israelense melhora o mundo

AVI JORISCH

Avi identifica a fonte secreta por trás da efervescência inovativa em Israel relatando a história de como esse pequeno país elevou sua tecnologia para melhorar a vida de bilhões de pessoas. Este livro perspicaz e edificante envia uma luz brilhante ao coração e à alma do país.

YOSSI VARDI, empreendedor em série e
embaixador não oficial da tecnologia israelense

Centenas de milhões de pessoas ao redor do mundo carecem das necessidades humanas básicas e de serviços de saúde. Surpreendentemente, o pequeno Israel encontrou a ocasião para ajudar. *A ordem é inovar*, de Avi Jorisch, não é apenas um livro edificante, mas conta a ascensão meteórica de Israel da incipiência tecnológica à sua consolidação como uma luz entre as nações.

SIVAN YA'ARI, fundador e CEO da Innovation: Africa

Conhecer os enormes passos que Israel, um país tão jovem quanto o meu, deu em um curto período de tempo trará aos leitores de *A ordem é inovar* uma enorme esperança. Nós todos podemos celebrar as incríveis contribuições tecnológicas de Israel para melhorar a situação da humanidade.

SUA EXCELÊNCIA ROBERT DUSSEY,
Ministro do Exterior de Togo

A ordem é inovar captura a verdade dessa era. A inovação é uma tarefa sagrada, e a tecnologia o meio sagrado para viabilizar a reparação desse mundo. Este livro inspirador é um chamado para a expansão de nossa imaginação moral no exercício do poder sem precedentes recebido por nossa geração.

RABINO IRWIN KULA, presidente do
National Jewish Center for Learning and Leadership (CLAL)

A ordem é inovar é um livro no qual o mundo deve prestar atenção. Com uma narrativa rica e emocionante, Avi Jorisch apresenta como os israelenses inovam enquanto transformam o mundo em um lugar melhor, oferecendo um guia que pode ser seguido por outros países.

YAAKOV KATZ, editor-chefe do jornal Jerusalem Post e coautor do livro
The Weapon Wizards: How Israel Became a High-Tech Military

Publisher
Henrique José Branco Brazão Farinha
Editora
Cláudia Elissa Rondelli Ramos
Tradução
Cristina Sant'Anna
Preparação de texto
Gabriele Fernandes
Revisão de texto
Renata da Silva Xavier
Adaptação de projeto gráfico de miolo e editoração
Lilian Queiroz | 2 estúdio gráfico
Adaptação de capa
Lilian Queiroz | 2 estúdio gráfico
Impressão
Forma certa

Copyright © Avi Jorisch
Jerusalem 2018/5778
All rights reserved. No part of this publication may be translated, reproduced, stored in a retrieval system or transmitted, in any form or by any means, electronic, mechanical, photocopying, recording or otherwise, without express written permission from the publishers.
First Hardbound Edition: March 2018
Second Hardbound Edition: June 2018
First Paperback Edition: July 2018
Scripture quotations based on The Holy Scriptures According to the Masoretic Text, published by the Jewish Publication Society in 1917. Chapter 8, ReWalk exoskeleton image by Mikhnenko773; chapter 17, ancient Judean coin image by Zegomo, both available under CC BY-SA 4.0 license, https://creativecommons.org/licenses/by-sa/4.0/deed.en.

Copyright © 2019 *by* Editora Évora.
Todos os direitos reservados à Editora Évora.
Rua Sergipe, 401 – Cj. 1.310 – Consolação
São Paulo – SP – CEP 01243-906
Telefone: (11) 3562-7814/3562-7815
Site: http://www.evora.com.br
E-mail: contato@editoraevora.com.br

Para Eiden, Oren e Yaniv – o próximo capítulo é com vocês.

AGRADECIMENTOS

Sou muito feliz por ter desenvolvido um grupo de colegas e amigos que me ensinou muito sobre inovação, o ecossistema em Israel e o impacto causado pelo país na melhoria da vida de bilhões de pessoas ao redor do globo. E este livro só se tornou possível graças à generosidade e à visão de muitas pessoas. Para escrevê-lo, tive o enorme prazer de entrevistar mais de uma centena de pessoas – muitas delas mais de uma vez. Isso incluiu inovadores, CEOs, especialistas na definição de políticas públicas e privadas, integrantes das forças armadas, líderes de ONGs, executivos, engenheiros, programadores de computação, banqueiros, investidores de capital de risco, analistas de ideias e cenários, entre outros. Cada um demonstrou uma enorme satisfação pela capacidade de inovação de Israel e seu papel em melhorar a humanidade.

Aviv e Einat Ezra são os principais incentivadores desta obra desde o primeiro momento em que a concebi. A cada etapa do caminho, foram uma fonte inestimável de recursos e me ofereceram apoio constante. Facilitaram incontáveis contatos e talvez, acima de tudo, me ajudaram a enfrentar os altos e baixos que são parte desse tipo de projeto. Sou profundamente grato a eles por terem permanecido ao meu lado.

Jonathan Kessler, diretor de iniciativas estratégicas da American Israel Public Affairs Committee (AIPAC), é por si só uma força da natureza. Foi meu professor, colega e amigo. Quase semanalmente nos encontrávamos para almoçar em algum daqueles restaurantes chineses de Washington D.C. – e tivemos o prazer de viajar juntos duas vezes para Israel –, onde compartilhou comigo seu ponto de vista e me forçou a ampliar a mente, indo mais longe e emocionalmente mais fundo, para compreender a essência daquilo que, por fim, tornou-se este livro.

Ninguém foi mais generoso em relação a seu tempo e sua rede de conexões do que Jonathan Missner, sócio-gerente do escritório de advocacia Stein Mitchell. Por meio de uma centena de e-mails, mensagens de texto

VIII A ORDEM É INOVAR

e telefonemas, ele me ajudou a abrir as portas para chegar até algumas das pessoas mais interessantes de se entrevistar em vários continentes.

Ross Schneiderman foi meu editor-chefe e companheiro intelectual durante essa jornada. Deu o seu melhor para me ensinar a arte da narrativa, fazendo a "próxima pergunta" e buscando os fatos mais interessantes que estavam apenas aguardando para serem revelados.

Foram os próprios inovadores, no entanto, a minha mais constante fonte de inspiração. Conforme fui conduzindo as entrevistas, sentia literalmente a minha composição genética se modificar – percebia que estava aprendendo a ver o mundo com olhos novos e frescos. Apreciei o tempo que passei com Yossi Vardi em sua casa em Tel Aviv, nos encontros na Kinnernet,[1] em Jerusalém, e na região dos Hamptons. Eli Beer e Dov Maisel não apenas me deixaram entrevistá-los diversas vezes no centro de controle da United Hatzalah (entre outros lugares), como também percorreram uma longa distância para inspirar meus filhos sobre a importância de salvar vidas e sobre o que significa ser uma pessoa boa, honrada e íntegra (*mensch*, em ídiche).

Os cofundadores da Alpha Omega, Imad e Reem Younis – e seus filhos encantadores – abriram seu coração para minha família, e sou grato pelo presente que é contar com a amizade deles. Yossi Leshem (apelidado de "bird man") e o fundador da ReWalk, Amit Goffer, são ambos o epítome da importância de nunca, jamais desistir. E Bernard Bar-Natan, o mais próximo companheiro deles.

Oded Distel, o infatigável diretor do programa de novas tecnologias e ecossistemas do Ministério Israelense da Economia e Indústria, fez tudo que pôde e foi além para me colocar em contato com as pessoas relevantes de sua área, além de aprofundar minha avaliação sobre o sacrifício exigido para viabilizar as iniciativas governamentais. Saul e Wendy

---

1 Criado em 2013 e denominado como uma (des)conferência, o evento reúne especialistas em tecnologia da informação. Para saber mais, acesse o site: <http://www.kinnernet-europe.com/#about>. Acesso em: 29 jan. 2019. (N.T.)

AGRADECIMENTOS

Singer, juntamente com Dan Senor, não poderiam ter sido mais colaborativos e solidários – e o trabalho deles no livro *Nação empreendedora: o milagre econômico de Israel e o que ele nos ensina*, em conjunto com a organização Start-Up Nation Central, tem sido uma constante fonte de inspiração. Conheci o rabino Irwin Kula bem no início da minha jornada com esta obra. Sempre senti sua presença e seu agradável encorajamento ao sonho como um grande apoio.

Yaniv Stern, sócio-gerente da Red Dot Capital e ex-oficial da unidade 8200 do Corpo de Inteligência das Forças de Defesa de Israel, foi uma das primeiras pessoas com quem conversei sobre as ideias para este livro. Lembro-me vividamente de olhar para o imenso céu azul do interior de Albuquerque, no Novo México, enquanto lhe falava sobre as inovações israelenses que eu considerava estarem tornando o mundo melhor. Com centenas de conversas, mensagens de WhatsApp e xícaras de café arábico em Washington D.C., Nova York e Tel Aviv, o entusiasmo e o senso de humor de Yaniv me fizeram seguir em frente.

Não teria sobrevivido à montanha-russa do mundo editorial sem Brad Snyder, professor de direito na Universidade de Georgetown. Nós dois sempre nos encontrávamos pela manhã ao deixar nossos filhos na escola. Em muitas refeições familiares, piqueniques e aventuras no dia de Halloween, eu o mantinha atualizado sobre em que ponto estava do manuscrito, as pessoas que havia entrevistado e os demais itens da minha lista de coisas "por fazer". Acima de tudo, sou grato por sua amizade e maravilhosa disposição, sem falar naquela sua atitude sempre avessa ao nonsense.

Carolyn Starman Hessel, do Jewish Book Council, me colocou debaixo de suas asas e me ajudou a achar o caminho enquanto eu tentava encontrar o agente literário e o editor certos. Ela me ligava com regularidade, checava o encaminhamento de algumas atividades e descobria quando eu estaria em Nova York para que pudéssemos nos encontrar. A agente literária Deborah Harris também teve um papel fundamental para me ajudar a navegar no mundo editorial. Não poderia ter sido mais genuína e generosa, e seu insight foi fundamental para trazer à luz este livro. Foi Deborah, por fim, que me levou ao meu editor.

Não poderia imaginar um relacionamento melhor do que aquele que tenho com a Gefen Publishing House. Recordo muito bem do meu primeiro telefonema com Ilan Greenfield, proprietário da editora, no qual descrevi o livro, os inovadores destacados e as premissas subjacentes a *A ordem é inovar*. Combinamos de nos encontrar no dia seguinte no escritório dele, próximo à Estação Central de Ônibus de Jerusalém – ele imediatamente compreendeu o que eu estava tentando realizar. Quis publicar o mais depressa possível e pessoalmente fez tudo que foi necessário para garantir que a mensagem do livro fosse amplamente divulgada. A gerente de projetos da editora Gefen, Emily Wind, realizou um excelente trabalho de acompanhamento de todo o processo. E foi um prazer trabalhar sob os olhos atentos e a forte habilidade de edição de Kezia Raffel Pride. Também sou extremamente grato a Lisa Mendelow e Dan Kohan, que juntos desenharam a deslumbrante capa do livro.

Diversas pessoas leram o manuscrito em diferentes etapas e deram contribuições valiosas: sou extraordinariamente grato a Ilan Berman, vice--presidente do American Foreign Policy Council, do qual fui associado sênior. Ilan tem sido um apoiador e amigo há muitos anos e sempre me defendeu. Outros leitores que me ajudaram foram Gabe Murphy, do Allen Institute for Brain Research, um ótimo amigo e cientista perspicaz; o professor Aaron Tapper, da Universidade de São Francisco, que fez o seu melhor para compartilhar a visão de mundo dos estudantes universitários de hoje e a mentalidade liberal no que se refere a Israel; a professora associada Marlene Kazir, da Faculdade Broward, cujos insights foram precisos; o capitão aposentado da Marinha dos Estados Unidos Matthew Sharpe, que fez acréscimos críticos e de cuja amizade desfruto há muitos anos; e Judy Heiblum, que deu uma importante contribuição à estrutura do manuscrito.

Tive alguns excelentes assistentes de pesquisa que me ajudaram a lançar este projeto. Não poderia contar com um pesquisador e colega melhor do que Adam Basciano, que trabalhou incansavelmente para tornar esta obra realidade. Também agradeço as contribuições de Kayla Wold, Alexandra Zimmern e Laura Adkins.

AGRADECIMENTOS

Deixo um agradecimento cordial a Yaakov Katz, editor-chefe do jornal *Jerusalem Post* e coautor do livro *The Weapon Wizards: How Israel Became a High-Tech Military* (St. Martin's Press, 2017), com quem encontrei e conversei com frequência sempre no Baqa's Kalu Café – onde ele podia me dar um download dos prós e contras de navegar no sistema israelense e apimentar meu dia com seu senso de humor. Da mesma maneira, Seth M. Siegel, autor do livro *Faça-se a água: a solução de Israel para um mundo com sede de água* foi superlativo. Falei com ele pela primeira vez quando estava escrevendo meu livro nos bastidores de uma conferência sobre políticas da AIPAC. Seth compartilhou comigo seu manual de como ser bem-sucedido para publicar o próprio livro e me encorajou a seguir suas dicas. Sua inventividade foi muito motivadora e me deu noção das possibilidades.

O rabino David Rosen, meu vizinho em Jerusalém, estava sempre aberto a compartilhar seu ponto de vista, sua agenda de contatos e alguns biscoitos na varanda de sua casa, que tem o que pode ser descrita como a mais bonita e eterna vista. Sempre caminhava de volta para casa me sentindo com a energia recarregada depois de nossas conversas e dos jantares familiares no shabbat.

Um agradecimento especial a Stephen Schneider, diretor de assuntos internacionais da AIPAC, que realizou um grande esforço para me abrir sua rede de contatos internacionais. Ele tem sido também um maravilhoso promotor da mensagem deste livro.

Ao longo de minhas inúmeras viagens para Israel, houve quatro indivíduos que constantemente abriram suas casas e seus corações para me dar amor e apoio, enquanto cumpria um duro cronograma, dirigindo por todo o país: Shlomit Shushan, cujo lindo *bustan* (pomar) tem árvores maravilhosas e frutas tropicais de todo o mundo; Irit Lerner, cuja casa no norte era nada menos do que um delicioso refúgio; Avi Lichter, cuja família foi extraordinariamente generosa e sua casa poderia ser facilmente confundida com a Toscana; e Simone Pinsky – não conseguiria pedir uma irmã mais maravilhosa e carinhosa.

XII

A ORDEM É INOVAR

Entrevistei um grande número de pessoas da Cisjordânia e por todo o mundo árabe que solicitaram anonimato – com certeza, respeitei esse pedido já que falar positivamente de Israel tem o potencial de colocar essas pessoas e suas famílias em risco. Tenho esperança de que no futuro a inovação sirva como uma ponte pacificadora entre Israel e seus vizinhos.

Meu mais sincero muito obrigado às seguintes pessoas com quem tive conversas especiais e que também me apresentaram as suas conexões: Brian Abrahams, ex-diretor regional para o Oriente Médio do AIPAC; Yosef Abramowitz, CEO da Energiya Global Capital; Yoav Adler, líder em inovação e cibertecnologia do Ministério Israelense de Assuntos Internacionais; Sarah Bard, diretora de divulgação judaica da campanha presidencial de Hillary Clinton; Rob Bassin, diretor político do AIPAC; Peter Berkowitz, membro sênior do Hoover Institution; Orna Berry, ex-cientista chefe de Israel e agora vice-presidente da Dell EMC; Josh Block, CEO e presidente do Israel Project; Zack Bodner, CEO da Palo Alto JCC; Jordana Cutler, gestora de política e comunicação do escritório do Facebook em Israel; Mooly Eden, ex-diretor geral da Intel em Israel; Doug Feith, membro sênior e diretor do Center for National Security Strategies do Hudson Institute, e sua esposa Pamela Auerbach; Ari Feinstein, fundador do World Check; Marvin Feuer, diretor de política e assuntos governamentais do AIPAC; Emma Freedman; Chris Gile, da Amazon; Susie Gilfix, conselheira-geral associada do Pivotal Labs; Joanna Gordon, ex-líder da indústria de tecnologia da informação no Fórum Econômico Mundial; Jonathan Calt Harris, ex-diretor assistente de política e assuntos governamentais da AIPAC; Amy Hawthorne, vice-diretora de pesquisa do Project on Middle-East Democracy (POMED); Malcolm Hoenlein, vice-presidente executivo da Conference of Presidents of Major American Jewish Organizations; Gidi Grinstein, fundador do Reut Institute; Gulzar Hussein; Anat Katz, líder da missão comercial da embaixada israelense nos Estados Unidos; Netta Korin, conselheiro sênior do vice-ministro israelense de diplomacia pública; Michael Oren; Ken Kwartler, ex-conselheiro interno de marcas registradas da Nike; Anne Mandelbaum e seu marido Michael Mandelbaum, professor emérito da Johns Hopkins School of Advanced International Studies; Adam Milstein, filantropo, empresário e fundador do Israeli

AGRADECIMENTOS

American Council; Dov Moran, sócio-gerente do Grove Ventures; Ahmed Qureshi, presidente e líder de operações da BILT; Jessica Rine; Asaf Romirowsky, diretor-executivo dos Scholars for Peace no Oriente Médio; Lee Rosenberg, investidor em capital de risco e ex-presidente do AIPAC; Dennis Ross, ex-coordenador especial norte-americano para o Oriente Médio; David Rotbard, fundador da MicroOffice; Amit Shafrir, empresário e CEO experiente; Jonathan Schanzer, vice-presidente de pesquisa da Foundation for Defense of Democracies; Rivkah Slonim, diretor educacional do Chabad Center for Jewish Student Life na Universidade de Binghamton; Guy Spigelman, CEO da PresenTense em Israel; Nir Tsuk, empresário do terceiro setor; David Victor, presidente do American Educational Institute e ex-presidente do AIPAC; Robert Worth, ex-chefe da sucursal do *The New York Times* em Beirute; Avi Yaron, fundador da Visionsense; e, acima de tudo, agradeço a cada uma dessas pessoas que contribuíram um pouco mais do que poderiam.

Larry Glick, meu sócio na IMS, tem sido uma dádiva. Sua mentoria e sua amizade são inestimáveis. Ele entendeu minha paixão em escrever este livro e ofereceu seu apoio do início ao fim.

E, finalmente, não teria escrito *A ordem é inovar* sem o encorajamento da minha família, especialmente da minha esposa Eleana. Ao longo dos três últimos anos, falei incessantemente com ela e com meus três filhos, Eiden, Oren e Yaniv, sobre as inovações desenvolvidas em Israel, que estão transformando a humanidade. Eles foram meus principais apoiadores e fonte de inspiração.

Quando penso nesses maravilhosos amigos, colegas e familiares que tenho em todo o mundo e que apoiaram este projeto, como não acreditaria que cada um de nós tem o poder de usar a nossa engenhosidade para melhorar o mundo?

Avi Jorisch
Washington, D.C.
Janeiro de 2018

APÊNDICE

As cinquenta maiores contribuições de Israel para o mundo

1948 – ARTE MARCIAL DE AUTODEFESA – Imre Lichtenfeld inventa o Krav Maga, que é um combate corpo a corpo. Esse sistema de autodefesa combina aikidô, judô, boxe e luta greco-romana.

1955 – AQUECEDOR SOLAR – O doutor Harry Zvi Tabor desenvolve o painel preto que coleta energia solar e que, conectado a uma engenhoca, produz água quente. Esse novo tipo de aquecedor solar, também conhecido pelos israelenses como dud shemesh, fornece mais água quente e gera mais eletricidade do que uma turbina.

1955 – CONSCIENTIZAÇÃO MOTORA – Moshe Feldenkrais estruturou um programa holístico, denominado Método Feldenkrais, com o objetivo de melhorar a postura do corpo.

1958 – CRIAÇÃO DA LINGUAGEM DA DANÇA – Noa Eshkol e Abraham Wachman criam um sistema de notação revolucionário para documentar os movimentos coreográficos de forma a ser universalmente compreendido e replicável. Com essa linguagem dos movimentos, os especialistas podem registrar a dança, a terapia corporal e o comportamento dos animais.

1961 – TURBINA GEOTÉRMICA – Os doutores Harry Zvi Tabor e Lucien Yehuda Bronicki criam uma turbina movida a energia solar que usa um líquido alternativo para mover um gerador elétrico – até mesmo quando os raios solares não estão muito fortes. Bronicki e sua esposa, Dita, aplicam essa inovação à energia geotérmica com grande sucesso em sua empresa global Ormat.

APÊNDICE   XV

1963 – ESTRUTURA QUÍMICA DA MACONHA – Raphael Mechoulam descobre a estrutura química dos compostos ativos da maconha, incluindo o canabidiol (CBD) e o tetraidrocanabidiol (THC), que posteriormente serão utilizados para tratar convulsões, entre outras doenças.

1965 – MODERNA IRRIGAÇÃO POR GOTEJAMENTO – Simcha Blass e o kibutz Hatzerim assinam contrato para dar início à empresa Netafim e produzir em escala o primeiro gotejador de irrigação moderno, o que ajuda fazendeiros, cooperativas e governos a economizar água.

1967 – DROGA CONTRA ESCLEROSE MÚLTIPLA – Michael Sela, Ruth Arnon e Dvora Teitelbaum iniciam experiências com substâncias sintéticas para reduzir os sintomas associados à esclerose múltipla. Quase trinta anos depois, o Departamento de Alimentos e Drogas dos Estados Unidos aprovou o COPAXONE, a droga que os três desenvolveram com o laboratório Teva Pharmaceuticals.

1973 – PORTA E FECHADURAS IMPENETRÁVEIS – Avraham Bachri e Moshe Dolev inventam a Rav Bariach, fechadura geométrica cujos cilindros penetram a moldura e a soleira da porta. Quatro anos mais tarde, os dois criam a Pladelet, uma porta de segurança de aço que incorpora essa fechadura.

1976 – REPELENTE NATURAL DE MOSQUITOS – O doutor Yoel Margalith descobre o Bacillus thuringiensis israelensis (Bti), um agente microbiano que é letal para a maioria dos mosquitos e moscas negras. Esse agente natural é mais barato do que os pesticidas e mais eficaz. Também não causa danos ao ambiente.

1976 – VÍNCULO ENTRE BIBLIOTECAS E LIVROS – Uma equipe de bibliotecários, analistas de sistemas e programadores de computadores da Hebrew University se esforça para criar e lançar o primeiro sistema automatizado de bibliotecas do mundo, conhecido como Aleph.

1979 – CHIP DO SUPERCOMPUTADOR – A Intel de Haifa produz o primeiro microprocessador para computadores pessoais (PCs), o Intel 8088.

1979 – DROGA CONTRA ESCLEROSE MÚLTIPLA – Michel Revel descobre um novo tratamento para a esclerose múltipla realizando experimento com cultura de células do prepúcio de bebês circuncidados.

1980 – TOMATES-CEREJA – Chaim Rabinovitch e Nahum Keidar modificaram geneticamente um tomate para desenvolver uma versão em miniatura chamada de tomate-cereja.

1983 – EXÉRCITO DE INSETOS – Mario Moshe Levi e Yaakov Nakash lançam o sistema biológico Bio-Bee que reproduz abelhas, vespas e ácaros para o controle de pragas e a polinização natural, certificando-se de que esses insetos não trarão danos ao ambiente nem causarão outros efeitos colaterais.

1985 – CASULO PARA GRÃOS (Grain Coccon) – O doutor Shlomo Navarro desenvolve o Grain Cocoon, um grande e hermeticamente fechado casulo para conservar as colheitas de arroz, grãos, temperos e legumes que não requer o uso de pesticidas.

1987 – PREVENÇÃO DA COLISÃO DE AVIÕES E PÁSSAROS – Usando radares, planadores motorizados, drones e uma rede de observadores, Yossi Leshem mapeia com precisão os cerca de um bilhão de pássaros que sobrevoam anualmente Israel. Sua pesquisa reduz o índice de colisão entre pássaros e aviões em 76%, economizando quase um bilhão de dólares.

1989 – O PRIMEIRO PEN DRIVE – O doutor Dov Moran cria o primeiro pen drive do mundo, chamado de DiskOnKey. Esse dispositivo é menor, mais rápido e tem significativamente mais capacidade de memória do que os antigos disquetes e CDs.

1990 – MELHOR BANDAGEM – Bernard Bar-Natan desenvolve a Bandagem de Emergência, um produto salva-vidas, que controla instantaneamente grandes sangramentos e previne infecções em situações de trauma.

APÊNDICE

1991 – MONITORAMENTO DE RESPIRAÇÃO INFANTIL – Utilizando um acolchoado com sensor sob o berço, Haim Shtalryd constrói o primeiro monitor moderno de respiração de bebês.

1993 – FIREWALL DE INTERNET – Gil Shwed, Shlomo Kramer e Marius Nacht criam o primeiro firewall para proteger os dados on-line das pessoas e das empresas.

1993 – GPS PARA CIRURGIAS NEUROLÓGICAS – Imad e Reem Younis lançam a Alpha Omega, a maior companhia árabe de alta tecnologia em Israel. Eles definiram o padrão de dispositivos para atuar como GPS interno ao cérebro em procedimentos de estimulação profunda, usados no tratamento de tremores, doença de Parkinson e outras desordens neurológicas.

1995 – DROGA CONTRA CÂNCER NO OVÁRIO – Yechezkel Barenholz e o doutor Alberto Gabizon desenvolvem a primeira nanodroga aprovada pelo Departamento de Alimentos e Drogas dos Estados Unidos, a DOXIL. Administrada por infusão, Doxil pode prolongar a vida entre 25% e 33% em comparação com o melhor tratamento até então para o câncer de ovário.

1996 – CHAT INSTANTÂNEO – Yair Goldfinger, Sefi Vigiser, Amnon Amir, Arik Vardi e Yossi Vardi lançam a Mirabilis, empresa que criou o ICQ (pronuncia-se "I Seek You"), o primeiro programa on-line de mensagens instantâneas.

1996 – DROGA CONTRA PARKINSON – Moussa Youdim publica um artigo afirmando que o composto Rasagiline pode ter um papel na luta contra a doença de Parkinson. Três anos mais tarde, a Teva Pharmaceuticals desenvolve o AZILECT e começa a comercializar a droga nos Estados Unidos e na Europa.

1997 – FAZENDA DE PEIXES ECOLOGICAMENTE AMIGÁVEIS – Jaap van Rijn requer sua segunda patente de um sistema único de descarga-zero para reciclar as águas residuais das fazendas de piscicultura. Usando bactérias e filtros biológicos especialmente desenvolvidos, van Rijn descobre como reproduzir peixes em qualquer lugar com quantidades extremamente limitadas de água e sem causar prejuízos ambientais.

1998 – CÂMERA EM PÍLULAS (PILLCAM) – O doutor Gavriel Iddan cria uma câmera com rádio transmissor ingerível que pode viajar pelo trato gastrointestinal e tirar fotos de seu interior. A PillCam oferece aos médicos uma ferramenta eficaz e menos invasiva para examinar, diagnosticar e tratar doenças gastrointestinais.

1998 – COMBATE ÀS DOENÇAS NA GENGIVA – O Departamento de Alimentos e Drogas dos Estados Unidos aprova a comercialização do PerioChip, o primeiro sistema biodegradável para reduzir a periodontite em adultos. Criado por Michael Friedman, Michael Sela, Doron Steinberg e Aubrey Soskolny, o PerioChip é inserido diretamente na bolsa periodontal nas gengivas.

1999 – MOBILEYE - Amnon Shashua e Ziv Aviram inventam o Mobileye, um sistema para prevenir acidentes que avisa os motoristas sobre situações de perigo. O dispositivo emite um alarme sonoro se um carro à frente se aproxima demais ou se o motorista sair fora de sua pista de modo inseguro.

2001 – CIRURGIA ROBÓTICA NA COLUNA – Moshe Shoham e Eli Zehavi, fundadores da Mazor Robotics, criam um sistema orientador que transforma os procedimentos na coluna vertebral em mais do que ciência. A tecnologia revolucionária da Mazor possibilita que os médicos façam uma imagem de tomografia computadorizada antes da cirurgia e obtenham um diagrama tridimensional da espinha. Isso oferece a eles a possibilidade de planejar a operação com um grau muito mais elevado de precisão.

2004 – CAMAS HOSPITALARES INTELIGENTES – Os doutores Danny Lange, Guy Shinar juntamente com Yossi Gross, e Avner Halperin criam um sensor em placa, que transforma o colchão hospitalar em

APÊNDICE

uma cama inteligente. Esse dispositivo do tamanho de um iPad monitora batimento cardíaco, nível respiratório, estágios do sono e os movimentos do paciente e transmite os dados com tecnologia wireless (sem fio) para um aplicativo de smartphone.

2004 – EXOESQUELETO PARA CAMINHAR – O doutor Amit Goffer cria o ReWalk, um exoesqueleto que possibilita a paraplégicos voltar a caminhar.

2005 – RESSURREIÇÃO DE PLANTAS EXTINTAS – Usando sementes antigas encontradas em Massada (Israel) no início da década de 1960, as doutoras Sarah Sallon e Elaine Solowey encontraram uma forma de ressuscitar algo que havia desaparecido há cerca de dois mil anos: a palma judaica de tâmaras, uma das mais importantes plantas mediterrâneas da Antiguidade.

2006 – DROGA CONTRA DEMÊNCIA – Marta Weinstock-Rosin, Michael Chorev e o doutor Zeev Ta-Shma desenvolvem o Exelon, a primeira droga aprovada para o tratamento da demência entre leve e moderada associada à doença de Parkinson.

2006 – GEOLOCALIZADOR E AMBULÂNCIAS MOTONETAS – Eli Beer inicia um grupo de voluntários para o atendimento de emergências denominado United Hatzalah em que todos eles contam com um aplicativo padronizado em seus smartphones para funcionar como um comunicador, imediatamente notificando as cinco pessoas mais próximas de uma vítima. Esses socorristas costumam circular em motonetas, chamadas de ambucycles, que são readaptadas para servir como miniambulâncias e bastante ágeis para serpentear entre os carros.

2007 – NANOBÍBLIA – Uri Sivan e o doutor Ohad Zohar usam um laser com feixe de íons para completar em noventa minutos uma tarefa que normalmente levaria anos para terminar: uma versão completa da Bíblia Hebraica consistindo em um milhão e duzentos mil textos. A única diferença é que essa versão tem um nanotamanho.

2007 – MÉTODO PARA CEGOS – O doutor Amir Amedi desenvolve um método chamado EyeMusic, que possibilita aos cegos usarem seus outros sentidos para reconhecerem itens do dia a dia, inclusive as cores. Os usuários colocam óculos especiais com uma câmera que escaneia o ambiente e traduz os itens em um código musical específico.

2008 – WAZE – Uri Levine, Ehud Shabtai e Amir Shinar iniciam o Waze, o aplicativo mais utilizado mundialmente para obter informações sobre o trânsito. O sistema atualiza em tempo real as condições nas ruas e estradas e ajuda os motoristas a reduzirem o tempo gasto em locomoção e o consumo de combustível.

2008 – PREVENÇÃO DE VAZAMENTOS DE ÁGUA – Amir Peleg lança uma plataforma de software que combina Big Data e dados na nuvem para monitorar as redes hidráulicas. Seu sistema, denominado Takadu, oferece a cidades, prefeituras e países a capacidade de verificar a infraestrutura hidráulica e detectar vazamentos e canalizações rompidas, economizando milhões de litros de água.

2008 – SANITÁRIO REVOLUCIONÁRIO – Oded Shoseyov e Oded Halperin criam o AshPoopie, um sanitário que não precisa de água ou eletricidade e não deixa resíduos.

2009 – DETENDO A AIDS – Para reduzir o número de pessoas infectadas com o HIV, Oren Fuerst, Ido Kilemnick e Shaul Shohat criam o Prepex, um instrumento de circuncisão não cirúrgica, sem necessidade de anestesia, que é completamente seguro, não causa sangramentos e é praticamente indolor.

2010 – MINITURBINA HIDRELÉTRICA – Danny Peleg inventa o Hydrospin, um pequeno dispositivo que gira dentro dos canos de água para gerar corrente elétrica, uma fonte perpétua de energia limpa.

2010 – BATATA MAIS RESISTENTE – David Levy desenvolve uma linhagem de batatas que consegue crescer em climas quentes e secos, onde há escassez de água.

2010 – EMBALAGEM BIODEGRADÁVEL PARA ALIMENTOS – Daphna Nissenbaum e Tal Neuman lançam a TIPA, uma embalagem biodegradável para alimentos que tem as mesmas propriedades mecânicas do plástico comum.

2011 – SISTEMA ANTIMÍSSEIS IRON DOME – O brigadeiro-general Danny Gold e Chanoch Levine conseguem derrubar um foguete lançado pelo Hamas na região de Gaza usando o revolucionário sistema de direcionamento Iron Dome. Com radares e software avançados, esse dispositivo é capaz de prever a trajetória do míssil e eliminá-lo ainda no ar.

2011 – SMARTPHONE COM MÃOS LIVRES – Oded Ben-Dov e Giora Livne desenvolvem o celular Sesame, o primeiro smartphone do mundo para pessoas que têm movimentos limitados nas mãos.

2011 – MÁQUINA DE BIOGÁS MAIS EFICIENTE – Yair Teller e Oshik Efrati criam a HomeBioGas, a primeira máquina de biogás fácil de montar e altamente eficiente, que pode combinar fezes de animais de estimação, resíduos orgânicos de cozinha e de jardinagem e transformá-los em gás renovável.

2012 – TRANSPORTE DE VÍTIMAS – Elie Isaacson e Itzhak Oppenheim criam uma maneira mais prática de transportar vítimas e substituir a maca dos bombeiros. Semelhante a uma mochila, o produto possibilita carregar ou evacuar uma vítima incapacitada com as mãos livres.

2015 – EXPIRANDO O CÂNCER – Hossam Haick desenvolve o NA--Nose, um teste de bafômetro para diagnosticar câncer nos pulmões que usa uma tecnologia capaz de detectar substâncias normalmente não percebidas pelo sistema olfativo humano.

2016 – BANDAGEM ESTÁVEL E BIOABSORVÍVEL – A israelense Core Scientific Creations começa a comercializar a bandagem denominada Wound Clot, que é capaz de absorver grandes quantidades de sangue antes de se dissolver dentro do corpo humano.

MENÇÃO HONROSA

2014 – TIKKUN OLAM MAKERS (TOM) – A primeira maratona de prototipagem e design acontece em Nazaré, criando a primeira plataforma capaz de reunir pensadores, engenheiros, designers e gerentes de projeto para solucionar desafios sociais ainda não atendidos nas comunidades de pessoas com deficiências físicas ou mentais (PCDs). Essas maratonas tecnológicas – agora realizadas em todo o mundo – criam modelos e protótipos customizados para PCDs. As soluções são postadas on-line e ficam disponíveis para serem utilizadas gratuitamente.

SUMÁRIO

Apêndice, XIV

Prefácio – Que haja luz, XXV

PARTE I: UM PAÍS COM UMA ALMA MORAL, 1

Capítulo 1 – O DNA de Israel, 3

Notas do Capítulo 1, 9

Capítulo 2 – Os judeus não podem ficar indiferentes, 11

Notas do Capítulo 2, 20

PARTE II: DESAFIOS LOCAIS, SOLUÇÕES GLOBAIS, 23

Capítulo 3 – O Uber das ambulâncias, 25

Notas do Capítulo 3, 35

Capítulo 4 – Uma gota por vez, 41

Notas do Capítulo 4, 51

Capítulo 5 – Os verdadeiros homens de ferro, 55

Notas do Capítulo 5, 65

Capítulo 6 – José dos tempos modernos, 69

Notas do Capítulo 6, 79

Capítulo 7 – O quarto dia, 83

Notas do Capítulo 7, 92

PARTE III: TECNOLOGIA PARA FAZER O BEM, 95

Capítulo 8 – Levanta-te e anda, 97

Notas do Capítulo 8, 108

Capítulo 9 – Um GPS para o cérebro, 113

Notas do Capítulo 9, 122

Capítulo 10 – O *firewall* de ouro, 125

Notas do Capítulo 10, 134

Capítulo 11 – Engula essa câmera, por favor, 139

Notas do Capítulo 11, 146

Capítulo 12 – De olho na coluna, 151

Notas do Capítulo 12, 158

PARTE IV: PEQUENA NAÇÃO, GRANDE VISÃO, 161

Capítulo 13 – Um Band-Aid melhor, 163

Notas do Capítulo 13, 169

Capítulo 14 – Trabalho de ponta, 171

Notas do Capítulo 14, 181

Capítulo 15 – Missão mais elevada, 185

Notas do Capítulo 15, 193

Capítulo 16 – Equilíbrio entre o céu e a terra, 197

Notas do Capítulo 16, 206

Capítulo 17 – A ressurreição das plantas, 209

Notas do Capítulo 17, 217

Capítulo 18 – Seja uma boa pessoa, 221

Notas do Capítulo 18, 231

PREFÁCIO

Que haja luz

Também te dei para luz dos gentios para seres a minha salvação até a extremidade da Terra.

Isaías 49:6

Enquanto seguia com meu carro por uma estrada nos arredores de Jerusalém, ouvi pela rádio o anúncio do código vermelho. Olhei para meu filho dormindo na cadeirinha no banco de trás e senti o medo se espalhar por meu corpo. Era 8 de julho de 2014 e eu havia acabado de passar por um posto de controle de segurança. Há semanas as pessoas vinham falando sobre uma guerra iminente com o Hamas. Israel tinha acabado de iniciar uma operação militar em Gaza visando aos militantes islâmicos. Durante anos, o Hamas – cujo programa fala em "obliterar" Israel e substituir o país por uma teocracia islâmica – tinha usado túneis subterrâneos para contrabandear armas e outros materiais do Egito. Por volta das seis e meia da tarde, cheguei em casa, cuja rua é tranquila e arborizada, e coloquei meu filho Oren na cama. E então esperei. Dali a pouco a sirene de ataque aéreo foi disparada. O Hamas tinha começado a lançar foguetes da fronteira. Na primeira noite, o grupo de militantes lançou uma rodada de M75 na direção de Tel Aviv e Jerusalém, duas grandes cidades que muitos achavam que estivessem fora do alcance desses mísseis. Quando carreguei meu filho quatro lances de escada abaixo para um abrigo antiaéreo, pude ver que ele estava apavorado. Só podia imaginar quantas outras crianças em Israel e Gaza também estariam aterrorizadas. Alguns minutos depois, ouvimos duas batidas surdas e sabíamos que era seguro voltar para cima. O sistema antimísseis Iron Dome de Israel tinha tido sucesso na interceptação dos foguetes do Hamas.

Nas sete semanas seguintes, as sirenes tocaram novamente enquanto essa cena se repetia. O medo nunca desaparecia, mas minha família, assim como as demais em Israel, encontrou conforto no Iron Dome. Fiquei maravilhado com essa invenção. Era o que impedia Israel de cair no caos e na carnificina que estava engolfando o Oriente Médio: o Estado Islâmico estava assumindo grandes porções do território do Iraque e da Síria, estuprando e assassinando os "descrentes" em larga escala; o regime de Assad estava abatendo o próprio povo com morteiros e armas químicas, enquanto milhões de refugiados vagavam nas fronteiras entre Turquia, Jordânia e Líbano; e, no Egito, os militantes islâmicos coordenavam uma insurreição sangrenta na península do Sinai.

Era deprimente. Cresci achando que minha geração veria a paz no Oriente Médio. Na faculdade, estudei história islâmica e árabe, mudei-me para o Cairo e viajei pela região na esperança de testemunhar uma mudança duradoura. Mas o povo dali foi amaldiçoado com uma violência aparentemente interminável.

Mesmo assim, no verão de 2014, algo aconteceu. Aprendi que o Iron Dome não era a única inovação israelense que estava salvando vidas. Quase por acaso, comecei a notar as outras inovações ao meu redor que estavam fazendo a diferença para promover um mundo mais gentil e mais agradável. Logo após cada crise – fosse um foguete causando destruição, um acidente de trânsito ou um ataque cardíaco inesperado – quase imediatamente aparecia um socorrista dirigindo um veículo que era metade ambulância e metade motoneta (conhecido por *ambucycle*), que havia sido chamado por um aplicativo semelhante ao do Uber via smartphone. Meu jardineiro em Jerusalém me disse que usava um gotejador especial para irrigar as plantas e logo soube que isso também estava sendo utilizado por fazendeiros em todo o mundo para conservar um de nossos recursos mais importantes – a água – e conseguir alimentar a crescente população mundial. Um de meus colegas foi diagnosticado com Parkinson e passou a se submeter à estimulação cerebral profunda para combater os sintomas. Aprendi que o dispositivo usado para isso foi desenhado por Imad e Reem Younis, um casal árabe de Nazaré. A inovação criada por eles revolucionou a cirurgia neurológica com um sistema de GPS que possibilita aos cirurgiões inserirem um eletrodo exatamente na área afetada do cérebro e tratar todo tipo de doenças motoras e psiquiátricas.

Essas histórias são como pequenos raios de esperança cortando a escuridão que eu sentia tomar conta da região. Queria me conectar com esse lado inspirador de Israel. Então, deliberadamente, comecei a

PREFÁCIO

XXVII

procurar pelos inovadores sociais que estavam trabalhando em desafios – grandes ou pequenos – para fazer melhor a vida de milhões ou até mesmo bilhões de pessoas em todo o mundo.

Como muitas outras pessoas, já sabia do inacreditável recorde israelense em inovação, pois havia lido *Nação empreendedora: o milagre econômico de Israel e o que ele nos ensina*, no qual Dan Senor e Saul Singer relatam como Israel conquistou seu sucesso econômico. Mas o que eu ainda não havia me dado conta era que esse espírito inovador já estava causando grande impacto muito além de Israel, solucionando alguns dos mais urgentes problemas sociais do mundo. Rapidamente, ficou claro para mim que Israel era muito mais do que uma "nação empreendedora". Estava desempenhando um papel desproporcional ajudando a resolver alguns dos maiores desafios globais. Não esperava ser tomado por essa ideia, mas fui. Comecei a sentir dentro de mim (*kishkes*, em ídiche) que era possível construir um futuro diferente.

Finalmente, encontrei Yossi Vardi, um dos padrinhos da revolução tecnológica do país. Em junho de 2015, ele me convidou para participar do seu evento Kinnernet, um encontro de empreendedores tecnológicos conhecido por reunir judeus, cristãos e muçulmanos de Israel, além de palestinos da Cisjordânia, entre outras regiões. No mesmo instante, disse "sim".

Entrar no Hotel Saint Gabriel, em Nazaré, fez eu me sentir como se estivesse entrando no bar de *Star Wars*. Havia gente jogando *footbag* com bolinhas multicoloridas, outros pilotavam drones e alguns saltavam pela janela, lançando-se sobre colchões de ar para testar a velocidade da queda. Estava esperando encontrar Jabba, o Hutt. Ao longo dos dias seguintes, conheci as mentes mais brilhantes de Israel – e do mundo – e fui exposto a muitas outras inovações que estavam surgindo no país. Eu me senti motivado a conhecer muito mais para chegar à razão essencial de haver tanta inovação social acontecendo.

Passei a viajar pelo país. Conheci empreendedores em seus escritórios, em bancos de parques e, de vez em quando, até mesmo em suas casas. Estava sentado na sala de estar de Michel Revel quando ele me explicou a maneira inovadora que possibilitou a ele a criação da Rebif – uma das melhores drogas para o tratamento da esclerose múltipla – fazendo experiências com cultura de células de prepúcios. Foi enquanto dividia uma pizza com Bernard Bar-Natan, que ele me contou como criou a nova Bandagem de Emergência, o único produto que controla instantaneamente grandes sangramentos e previne infecções em situações de trauma. Fui à região norte de Israel para encontrar Amit Goffer, o homem que desenvolveu o exoesqueleto que possibilita que paraplégicos voltem a andar. E Shlomo Navarro me levou – junto com seu enorme cachorro – à sua mesa de trabalho, no porão, para me mostrar exatamente como ele concebeu o Grain Cocoon, um casulo mágico que desempenha um importante papel na luta contra a fome no mundo, pois viabiliza o armazenamento de grãos e o extermínio de insetos sem que haja necessidade de recorrer a pesticidas nocivos.

Quanto mais pessoas conhecia, mais percebia que esses inovadores estão vivendo muito além dos horrores da guerra, pois sua vida é envolvida por esperança e otimismo. Em vez de serem atingidos por bombas e balas, inventam dispositivos, esperando tornar o mundo um lugar melhor.

Tive também a oportunidade de cruzar a Linha Verde – a fronteira criada depois do armistício de 1949 entre Israel e seus vizinhos árabes. Ali, conheci melhor a cena empreendedora nos territórios palestinos. Israelenses e palestinos estão se digladiando em disputas territoriais, direitos sobre a água, refugiados e outra série enorme de questões dolorosas. Poucos têm alguma ilusão sobre a paz. Mas muitos daqueles empreendedores com os quais conversei acreditam que a inovação pode servir como uma ponte poderosa entre esses dois grupos que têm lutado há gerações.

Se você assiste aos noticiários de vez em quando, pode considerar que a vida diária em Israel é só violência – guerra, atentados suicidas, esfaqueamentos e ataques com carros-bomba. Realmente, o país sofre com sua dose de turbulência. No entanto, existe outro Israel. Se você olhar a lista dos dez maiores problemas enfrentados pelo mundo, com certeza haverá israelenses procurando resolvê-los.

No início do século XX, o escritor inglês G. K. Chesterton[1] escreveu que os Estados Unidos são "uma nação com a alma de uma igreja". O americanismo, ele pareceu estar dizendo, é a própria religião dos norte-americanos. Os Estados Unidos são um país com o próprio credo, as

---

1 G.K. Chesterton, *What I Saw in America* (Nova York, 1922), 12.

PREFÁCIO XXIX

próprias crenças e sagradas escrituras – a Constituição, a Declaração de Independência e a convicção duradoura no sonho americano. Já Israel, passei a acreditar, é uma nação com a alma de uma sinagoga, um país em que a tradição profética judaica – seja consciente ou inconscientemente – criou uma cultura notável de inovação que está sendo ativada em grande parte para solucionar os problemas mais formidáveis do mundo.

A tradição mística judaica afirma que, quando Deus criou o universo, Ele prendeu a respiração para dar espaço às maravilhas do mundo. E quando Deus disse "que haja luz!", enviou dez radiantes luminares para preencher a escuridão da sua criação. Se os luminares tivessem ficado intactos, o mundo teria sido perfeito. Mas a força divina foi muito poderosa. Partiu os luminares e espalhou suas centelhas. A maior parte delas caiu na terra de Israel. Como seres humanos, nosso propósito é recolher o máximo possível de centelhas para restaurar os luminares divinos quebrados e tornar o mundo um lugar melhor.

Mas como podemos fazer isso? Para muitos judeus ao redor do mundo, isso significa fazer boas ações, doações de caridade e salvar o ambiente. Mas, para muitos que estão em Israel, cada vez mais isso quer dizer melhorar o mundo com inovação e tecnologia. Se uma pessoa paralítica puder caminhar novamente, então talvez ninguém mais precise ficar preso a uma cadeira de rodas. Se uma pessoa faminta puder se alimentar, então talvez consigamos eliminar a fome no mundo.

Este livro vai demonstrar o que Israel está fazendo atualmente para tornar o mundo um lugar melhor e o impacto que o país está causando globalmente. Também vai indicar o que Israel será capaz de realizar no futuro. Se a contribuição que o país dá ao mundo já é enorme na situação atual, imagine o que ele poderia fazer se não estivesse atolado na guerra e tendo constantemente que defender suas fronteiras.

Não existe uma narrativa única para descrever o Estado de Israel. Mas também não é possível negar que o país tenha extraordinários inovadores que estão unidos não por religião, dinheiro ou status, mas sim pelo desejo de salvar vidas e fazer que o mundo seja um lugar melhor. Aqueles que se posicionam por liberdade, paz e justiça social deveriam também estar ao lado desses indivíduos – e de tantos outros que não são apresentados neste livro – para unir esforços em favor da melhoria do mundo. Os milagres acontecem na Bíblia. Mas esta obra demonstra como podem continuar a ocorrer hoje todas as vezes que alguém ajuda uma pessoa desesperançada a mudar a própria vida. A busca por milagres modernos é um anseio universal – sem que nenhuma tradição religiosa tenha direitos exclusivos sobre esse impulso –, mas é algo que também se enraizou profundamente nesse país do tamanho de Nova Jersey no Mar Mediterrâneo.

Nos últimos anos, uma série de livros inspiradores sobre a tecnologia israelense foi publicada. *Nação empreendedora: o milagre econômico de Israel e o que ele nos ensina* restaurou a imagem do país e expôs aos leitores a história do milagre econômico israelense. O país tem poucos recursos naturais, uma população pequena e inimigos em abundância. Ainda assim, Israel conseguiu produzir mais startups do que Canadá, Índia, Japão, Coreia e Reino Unido juntos. Fora os próprios Estados Unidos, é o país com o maior número de empresas listadas na NASDAQ. E, entre os países da Organização de Cooperação e Desenvolvimento Econômico (OCDE), Israel apresenta a maior participação de investimentos de capital de risco. O livro *Faça-se a água: a solução de Israel para um mundo com sede de água*, de Seth Siegel, apresenta um relato emocionante de como Israel tornou-se uma superpotência em água, apesar do fato de mais da metade do país ser um deserto. E, finalmente, em *The Weapon Wizards: How Israel Became a High-Tech Military*, Yaakov Katz e Amir Bohbot oferecem uma visão dos bastidores do sistema bélico a James Bond, que Israel construiu nos últimos setenta anos. Cada um desses livros foca um aspecto específico da tecnologia israelense.

Já *A ordem é inovar*, enquanto apresenta empreendimentos voltados à agricultura, medicina, água e defesa, mantém o coração e a alma centrados no impacto transformador dessas inovações e nas pessoas por trás delas. Essa é a história coletiva de como a inovação em Israel está tornando a vida melhor para bilhões de pessoas em todo o mundo e como a engenhosidade israelense está ajudando a alimentar os famintos, curar os doentes e oferecer conforto aos desabrigados. E também como os especialistas na definição de políticas públicas, legisladores, engenheiros, médicos, advogados, banqueiros, socorristas e outros profissionais de todas as áreas que buscam resolver grandes e pequenos desafios devem olhar para Israel a fim de buscar respostas já existentes ou novas soluções inovadoras.

PREFÁCIO   XXXI

E vale ressaltar ainda que os países ao redor do mundo tentam descobrir a "fonte secreta" de inovação em Israel para transmiti-la à sua própria população e aplicá-la em sua economia quando deveriam olhar para a essência da cultura de Israel e seus princípios norteadores.

A ordem é inovar é uma história sobre os israelenses que escolheram a esperança e a cura em vez da morte e da destruição. Em um lugar do mundo que já tem sua porção de escuridão, essas histórias são como raios de luz.

PARTE I

Um país com uma alma moral

CAPÍTULO 1

O DNA de Israel

Se eu não for por mim, quem será por mim? E, se sou por mim, o que sou? E, se não for agora, quando então?

Ética dos Pais 1:14

[A Israel] foi concedido um grande privilégio histórico, que é também um dever: resolver os mais graves problemas do século XX.

David Ben-Gurion, em *Israel's Security and Her International Position*, no Livro do Ano do Governo em 5720 (1959-60)

MUITA AUDÁCIA[1] PARA ENGANAR A MORTE

Os israelenses têm a reputação de pensar de modo pouco convencional e o homem que simboliza isso é Avi Yaron, que foi meu colega de quarto durante o evento Kinnernet, organizado por Yossi Vardi. Foi muito bom conversar com Yaron durante os dias da conferência, realizada no norte de Israel. No último dia, ofereci a ele uma carona para retornar a Tel Aviv, pois queria conhecê-lo melhor.

No carro, ele me contou sua história e fiquei tão chocado que tive receio de causar um acidente. Em 1993, Yaron bateu com a motocicleta e foi levado às pressas para o hospital. Lá, os médicos lhe deram boas e más notícias: a batida não havia causado muito dano físico, mas eles haviam descoberto que ele estava com um tumor no cérebro. "Fiquei em estado de choque", recorda. "Mas não tinha certeza de que os médicos estivessem sendo totalmente abertos e honestos comigo."[2]

Na melhor das circunstâncias, os médicos lhe disseram que, provavelmente, ficaria paralisado de um lado do corpo e sofreria uma perda significativa de sua capacidade mental. Yaron ficou triste, mas sabia que precisava encontrar uma saída para aquele prognóstico difícil. "Decidi lutar por minha vida", ele diz. "Fui para a biblioteca da faculdade de medicina e comecei a aprender: anatomia, biologia... Cada vez que achava que havia compreendido e avançado, dava dois passos atrás. A pior parte foi que todo mundo ao meu redor achava que eu estivesse ficando maluco."[3]

Yaron melhorou sua dieta, começou a consumir menos café e passou a dormir somente quatro horas por noite porque "isso [dormir] era um completo desperdício para mim".[4] Seu tumor continuava a crescer e não havia nada que os médicos pudessem fazer. O problema era que as ferramentas usadas pelos cirurgiões para fazer as operações neurológicas eram grandes demais. Yaron ficou sabendo que talvez alguém criasse a tecnologia nos próximos cinco anos. Achando que não teria tanto tempo, encontrou a solução. Fundou uma empresa chamada Visionsense e passou quase uma década desenvolvendo um novo tipo de aparelho cirúrgico com estrutura semelhante aos olhos dos insetos. "A tecnologia funcionou e agora salva milhares de vidas globalmente", afirma.[5]

Enquanto estávamos atravessando as Colinas de Hebron, impressionou-me como Yaron havia usado toda sua *chutzpah* para enganar a morte. Ele não se deixou intimidar por aquele enorme desafio pessoal e, dessa forma, acabou criando uma inovação notável, que agora está sendo utilizada para ajudar outras pessoas em todo o mundo a realizar a mesma conquista.

O que o motivou, em minha opinião, não foi uma expressão singular de seu caráter, mas foi algo maior, algo definitivamente israelense. É o que me faz imaginar: "Como um país tão pequeno tornou-se uma nação que sente essa profunda necessidade de dissipar a escuridão e levar mais luz ao mundo?".

UMA LUZ PARA AS NAÇÕES

O sucesso inovador de Israel deriva de uma série de fatores, incluindo as vantagens de contar com uma cultura religiosa que encoraja o questionamento da autoridade e o desafio do óbvio. O país acolhe sua diversidade étnica, política e religiosa, e sua cultura valoriza fortemente as instituições seculares. Outros fatores, como sua *chutzpah*, serviço militar obrigatório, universidades renomadas, um governo grande e

O DNA DE ISRAEL

5

inteligente, a escassez de recursos naturais e a diversidade, unem-se em um conjunto de características nacionais que explica como o pequeno país de Israel tornou-se uma potência tecnológica. Mas, em vez de simplesmente enriquecer as pessoas ou aumentar o bem-estar de suas próprias vidas, muitos israelenses das companhias de tecnologia também seguem tornando o mundo um lugar melhor.

De início, perguntava aos diversos inovadores que entrevistei por que se sentiam motivados a encontrar soluções para problemas sociais e recebia uma grande variedade de respostas. Com frequência, alguém citava um membro de sua família que serviu de inspiração – mães, pais ou cônjuges. Mas, ao me aprofundar na questão, muitos descreveram sua motivação a partir de algum aspecto da cultura israelense ou judaica. Eli Beer – o homem por trás das *ambucycles* (motonetas que servem de ambulância) e fundador do United Hatzalah, uma equipe médica de resposta a emergências – explicou como seu pai valorizava a importância de "ser uma boa pessoa (*mensch*, em ídiche) e de fazer o bem". Uma de suas memórias de infância é viajar aos Estados Unidos com seu pai, que ia levantar dinheiro de doações para os judeus soviéticos que haviam migrado para Israel, uma população que, durante a maior parte das décadas de 1970 e 1980, não tinha permissão para sair da União das Repúblicas Socialistas Soviéticas (URSS).

Shlomo Navarro, o criador do Grain Cocoon, considera "inerente à nossa cultura ser revolucionário, realizar algo em benefício dos outros". Ele se recorda de aprender sobre a importância desses valores na escola judaica que frequentou na Turquia, sua terra natal, e também como integrante do movimento sionista juvenil.

Bernard Bar-Natan, o criador da Bandagem de Emergência, lembra-se de aprender a fazer o bem com seus pais, os dois sobreviventes do Holocausto.

Perguntei-me como esses valores judaicos se disseminaram e evoluíram na cultura israelense de maneira mais ampla e inconsciente. Reem Younis, a cofundadora da Alpha Omega, a maior empresa árabe de alta tecnologia de Israel, talvez tenha articulado melhor essa ideia: "Veio do meu pai, da escola que frequentei e da minha conexão com os israelenses. A cultura de Israel se dissemina por osmose", afirma.[6]

6   A ORDEM É INOVAR

A ÉTICA PROTESTANTE DO TRABALHO... PARA JUDEUS

Desde a Idade Média, e possivelmente desde antes, os judeus recitam três vezes por dia a oração chamada *Aleinu* (Nosso Dever). Entre outras, essa oração nos dá a orientação de efetivar a reparação do mundo, isto é, tikkun *olam* em hebreu. Acreditamos ser parceiros de Deus e, dessa forma, compartilhamos a responsabilidade de disseminar a moralidade e a justiça por todo o mundo. A Mishnah, o clássico conjunto de ensinamentos rabínicos codificado por volta do segundo século da Era Comum (EC), faz referência ao *tikkun olam* dez vezes, exigindo proteção extra para aqueles potencialmente desfavorecidos em consideração à reparação do mundo.[7] E, de sua parte, o profeta Isaías (42:6) pediu ao povo judeu que agisse como "uma luz entre as nações".

A mensagem judaica de ajuda aos outros também é forte em Pirkei Avot (Ética dos Pais), uma compilação de ensinamentos éticos feita por rabinos entre o segundo e o terceiro séculos da EC. Duas das máximas mais famosas são: a afirmação do rabino Tarfon de que "você não é obrigado a terminar seu trabalho, mas não é livre para desistir dele", e a série de perguntas feita pelo rabino Hillel – "Se eu não for por mim, quem será por mim? E, se sou por mim, o que sou? E, se não for agora, quando então?"

E talvez o centro de todos os ensinamentos judaicos seja elevar o que é mundano para transformá-lo em algo sagrado. Antes de comer uma única porção de comida ou quando vão ao banheiro e a cada ocasião alegre – e nas tristes também –, os piedosos recitam alguma oração específica louvando a Deus e suas muitas criações. Imediatamente após o sabá, as velas são acesas e o Soberano do Universo é exaltado por distinguir entre o sagrado e o secular, entre a luz e a escuridão.

A ideia de que nós, humanos, somos parceiros de Deus no ato da criação e de reparação do mundo é um tema central do judaísmo e influenciou o sionismo. "Não há dúvida de que o *tikkun olam* está no coração e na alma do sionismo", diz o rabino David Rosen, hoje em Jerusalém, que já foi rabino-chefe na Irlanda e diretor internacional de compreensão inter-religiosa do American Jewish Committee.[8]

Um dos mais importantes filósofos judeus, o rabino Moses ben Maimon (mais conhecido como Maimônides ou Rambam) tem uma concepção famosa sobre os oito níveis de compromisso com a caridade:

O DNA DE ISRAEL

o mais elevado é fazer caridade anonimamente e o mais baixo é fazê-la a contragosto. Igualmente, as motivações que movem os vários inovadores israelenses apresentados neste livro cobrem um amplo espectro: alguns estão focados em enriquecer, outros primeiramente querem fazer o bem. Mas cada um deles tem efetivamente feito caridade ao impactar de forma significativa a vida de um número incontável de pessoas. Embora Israel com certeza não seja "o país de todos os santos e de apenas benfeitores", como gentilmente me explicou Yossi Vardi, enquanto contemplávamos o Oceano Atlântico sentados em uma praia em Hamptons, a cultura judaica gerou "uma nação de pessoas que realmente buscam por um sentido mais elevado".[9]

Muitos dos fundadores de Israel foram inspirados por esses ensinamentos. O principal deles foi David Ben-Gurion, o primeiro primeiro-ministro do país e a versão israelense de George Washington. "Nós estendemos a mão a todos os estados vizinhos e aos seus povos em uma oferta de paz e boa vizinhança, apelando a todos para que sejam estabelecidos laços de cooperação e ajuda mútua com o soberano povo judeu assentado em sua própria terra", disse Ben-Gurion quando declarou a criação do estado de Israel em 1948. "O estado de Israel está preparado para fazer a sua parte no esforço comum em favor do desenvolvimento de todo o Oriente Médio."[10] O emblema nacional de Israel, o menorá – o candelabro bíblico com sete braços – simboliza o desejo do país de atuar como uma fonte de luz.

As palavras daquele velho homem podem soar irônicas ou cínicas para muitas pessoas atualmente conhecendo o que ocorreria depois durante a guerra (e a violência que continua ainda hoje em Israel, na Cisjordânia e na Faixa de Gaza). Mas Ben-Gurion era sincero e as palavras dele fazem parte de uma longa tradição da aspiração sionista.

Cinco décadas antes, em 1896, Herzl, o fundador do sionismo moderno, tocou nessa questão quando apresentou sua visão sobre um Estado judeu moderno. O pilar central de seu tratado *O Estado Judeu* (*Der Judenstaat*) se refere aos sionistas empenhados em realizar mudanças sociais: "O que quer que façamos [no Estado dos judeus] em nosso próprio benefício resultará também poderosa e positivamente em favor de toda a humanidade", escreveu.[11] Alguns anos depois, em Altneuland

(A velha nova pátria, em tradução livre), um romance utópico que se tornou algo como o documento fundador do sionismo moderno político, Herzl ecoou esse sentimento: "Assim que tiver testemunhado a redenção dos judeus, meu povo, também desejo assistir à redenção dos africanos."[12]

Nos setenta anos que se passaram desde a fundação do país, Israel enfrentou enormes desafios: lutou uma guerra a cada década, enfrentou o isolamento diplomático e econômico e sua população cresceu imensamente, enquanto a nação acolhia milhões de pessoas vindas de todas as partes do mundo. Ao longo dessa trajetória, Israel recebeu duras críticas, particularmente no que se refere ao tratamento oferecido aos árabes palestinos. Mas, apesar de todas as suas falhas, essa jovem nação continua a exercer sua liderança política, econômica e moral, que se irradia a partir de suas estreitas fronteiras.

Para muitas pessoas em Israel, melhorar o mundo significa buscar respostas para problemas médicos, salvar o ambiente e se engajar no ativismo social. Assim como a ética protestante do trabalho tem raízes entre os primeiros colonos dos Estados Unidos e está hoje arraigada na cultura norte-americana, o espírito aspiracional dos fundadores de Israel – e seus antepassados históricos – afetou profundamente a sociedade multiétnica israelense.[13] Para os israelenses apresentados neste livro – que incluem médicos, cientistas, agrônomos, botânicos e engenheiros de variadas devoções religiosas, entre elas, o judaísmo, o cristianismo e o islamismo –, a melhoria do mundo tornou-se um propósito definidor, seja intencionalmente, seja como um subproduto do espírito criativo que impregna a sociedade israelense. Para Israel, a melhoria do mundo é como um mosaico formado por uma pessoa de cada vez, com uma inovação de cada vez, mantendo-se na busca destemida por solucionar os maiores desafios globais.

Notas do Capítulo 1

1. No original, *chutzpah*, que em ídiche significa audácia, coragem e até imprudência. (N.T.)

2. Avi Yaron em entrevista ao autor em Nazaré, em 16 de abril de 2016.

3. Ibidem.

4. Ibidem.

5. Ibidem.

6. Reem Younis em entrevista ao autor em Washington, D.C., em 13 de setembro de 2016.

7. Jill Jacobs em *The History of Tikkun Olam* no site *Zeek*, em junho de 2007. Disponível em: <http://www.zeek.net/706tohu/index.php?page=2e?>. Acesso em: 4 fev. 2019.

8. Rabino David Rosen em entrevista ao autor em Jerusalém, em 21 de julho de 2016.

9. Yossi Vardi em entrevista ao autor em Hamptons (NY), em 3 de julho de 2017.

10. Declaração de Independência do Estado de Israel, assinada em 14 de maio de 1948. Disponível em: <http://www.eitan.com.br/Declara%C3%A7%C3%A3o%20de%20Independ%C3%AAncia.pdf>. Acesso em: 4 fev. 2019.

11. Theodor Herzl em *Excerpts from The Jewish State*, de fevereiro de 1896. Disponível em: <https://www.jewishvirtuallibrary.org/excerpts-from-quot-the-jewish-state-quot>. Acesso em: 4 fev. 2019.

12. Theodor Herzl no site da Jewish Virtual Library na seção Quotes on Judaism and Israel. Disponível em: <https://www.jewishvirtuallibrary.org/theodor-herzl-quotes-on-judaism-and-israel>. Acesso em: 4 fev. 2019.

13. *Tikkun Olam*, texto em hebreu publicado pelo Ministério da Educação de Israel: <http://meyda.education.gov.il/files/Tarbut/PirsumeAgaf/KitveEt/kitaHBenGoryon.pdf>. Veja também Herzl's Better Society, texto em hebreu disponível em: <http://cms.education.gov.il/NR/rdonlyres/7D90F636-B63F–443C–84A0-CF6C9C9C6FC6/148474/hahevra_hametukenet.pdf>. E o artigo de Charles Ward, *Protestant Work Ethic That Took Root in Faith Is Now Ingrained in Our Culture*, publicado no *Houston Chronicle*, em 1o de setembro de 2007. Disponível em: <www.chron.com/life/houston-belief/article/Protestant-work-ethic-that-took-root-in-faith-is-1834963.php->. Acesso em: 4 fev. 2019.

CAPÍTULO 2

Os judeus não podem ficar indiferentes

Quem quer que salve uma vida será considerado como se tivesse salvado o mundo inteiro.

Quarta ordem da Mishná, Sinédrio 4:9

UM PAÍS COM UM GRANDE CORAÇÃO

Os homens no carro blindado ouvem o disparo a quilômetros de distância. É uma noite escura de dezembro de 2015 e dez comandos israelenses fortemente armados fazem a ronda na fronteira da Síria, onde há quatro anos ocorre uma guerra civil sangrenta. O motorista fala baixo em seu rádio portátil e logo desliga o aparelho. Os soldados saltam para o frio congelante da noite. Cinco deles rastejam até a cerca da fronteira.

Do outro lado, está um jovem caído, enrolado em um cobertor manchado com o sangue que jorra de seus ferimentos. Um dos oficiais ultrapassa a barreira e arrasta o rapaz para o lado israelense.[1] Ele tem cerca de 20 anos e, em algum ponto das Colinas de Golan, foi atingido no estômago e no fígado. Um médico israelense dá uma injeção intravenosa no braço do rapaz e os soldados o erguem para colocá-lo na maca. Rapidamente, o grupo retoma o caminho às margens da fronteira e segue para um hospital de campo israelense.

O jovem que os soldados resgataram não é israelense. Não é judeu. É um militante sírio, provavelmente integrante da oposição. Pode até ser um membro da Jabhat al- Nusra, a facção síria da Al-Qaeda que sequestrou os pacificadores da Organização das Nações Unidas (ONU) e massacrou cristãos. Mesmo assim, os soldados salvaram o rapaz e lhe deram tratamento médico.

Essa mesma cena se repete com frequência, enquanto igualmente jihadistas e civis buscam refúgio com seu maior inimigo, Israel. Mulheres, crianças, idosos, assim como os jihadistas, encontram assistência médica incondicional quando cruzam a fronteira. Desde 2013, Israel tratou mais de 25 mil sírios que buscaram cuidados médicos, o que custou aos contribuintes israelenses dez milhões de dólares.[2] Mas não é somente aos sírios que Israel ajuda. O país tem enviado delegações humanitárias por todo o mundo, como Armênia, Argentina, Quirguistão, México, Ruanda e Turquia, entre outros. "Os israelenses estão entre os primeiros a entrar em cena para ajudar a salvar vidas após grandes desastres. O país é forte e tem um coração enorme", afirma Eugene Kandel, ex-presidente do Conselho Nacional de Economia de Israel.[3]

As razões para essas iniciativas de ajuda variam. Algumas são pragmáticas, outras idealistas. Mas todas estão imbuídas pela missão de ser uma luz entre as nações, o desejo de reparar o mundo e iluminar a escuridão que prevalece quando esse tipo de assistência está ausente. Muitos dos fundadores de Israel experimentaram os horrores do Holocausto e dos pogroms. Como integrante do Knesset, Isaac Herzog disse uma vez que, tendo sentido "o silêncio do mundo... os judeus não podiam ficar indiferentes".[4]

PARA FAZER AMIGOS E INFLUENCIAR AS PESSOAS

A primeira década que se seguiu à independência de Israel foi particularmente desafiadora para o estado iniciante. Centenas de milhares de imigrantes chegaram ao país que estava cercado por inimigos, tinha falta de recursos naturais e enfrentava escassez de alimentos. Ainda assim, foi nessa época que Israel criou uma agência governamental para ajudar outros povos ao redor do mundo. Essa decisão, na melhor das hipóteses, pode ter parecido ingênua ou, na pior, poderia causar prejuízos ao próprio povo israelense. No entanto, a leitura mais aprofundada dos discursos e memórias de Ben-Gurion, o primeiro primeiro-ministro de Israel, e de Golda Meir, a quarta, indicam que a decisão do país para tomar essa iniciativa se originou em uma combinação de idealismo e de interesse visionários.[5]

Os críticos desse assediado país sempre apontam para sua necessidade de apoio internacional, além de um bom trabalho de relações públicas. O que é verdade. Mas também é verdade, como dizia Golda Meir, que o programa israelense de ajuda internacional "tipifica a motivação por justiça social, a reconstrução e a reabilitação que está na essência do sionismo-trabalhista – e do judaísmo. É a continuação de

OS JUDEUS NÃO PODEM FICAR INDIFERENTES

nossos valores mais tradicionais e a expressão de nossos mais profundos instintos históricos".[6]

Em meados da década de 1950, esses dois primeiros-ministros foram perturbados por eventos que, finalmente, convenceram as lideranças políticas do país a envolvê-lo na ajuda humanitária internacional. Andando de um lado para outro em seu escritório em Jerusalém, Ben-Gurion disparou instruções para seus embaixadores ao redor do mundo. Em 1955, Israel não foi convidado para a Conferência de Bandung na Indonésia, cujos participantes incluíam 29 países asiáticos e africanos. O objetivo era promover a cooperação econômica e fazer oposição ao colonialismo. Os participantes manifestaram seu apoio à causa palestina, sem fazer menção ao drama israelense, o que humilhou os diplomatas de Jerusalém. Israel foi "excluído também daquele 'clube'. Fomos tratados como enteados indesejáveis e preciso admitir que isso nos magoou", relembra Golda Meir.[7]

O segundo evento ocorreu em 1956, depois que Israel, juntamente com a França e a Grã-Bretanha, atacaram o Egito para tirar Gamal Abdel Nasser do poder e controlar o Canal de Suez. O ataque foi bem-sucedido, mas após uma grande pressão exercida pelos Estados Unidos e pela União Soviética, as três forças se retiraram. A seguir, muitos países ofereceram forte apoio ao embargo do mundo árabe ao Estado de Israel e também às resoluções da ONU contra Israel. "Temos que romper o boicote contra nós pelas hostilidades com os estados árabes e construir pontes com as nações que estão sendo libertadas no continente africano", Ben-Gurion afirmou a Ehud Avriel, seu embaixador em Gana. "Dispomos de muito mais a oferecer aos africanos do que gestos diplomáticos. Estamos preparados para dar assistência em seu desenvolvimento material e social."[8] Então, os especialistas na definição de políticas públicas concluíram que era do interesse do próprio país investir mais energia no Terceiro Mundo.

Quando as lideranças sionistas olhavam para o mundo em busca de aliados, os países africanos pareciam surgir como parceiros naturais. Muitos deles haviam conquistado a independência recentemente e enfrentavam problemas parecidos. Além disso, como havia um grande número de países no continente e cada um significava um voto nas Nações Unidas e, em conjunto, representavam um terço daquele importante

14 A ORDEM É INOVAR

órgão internacional, o ministro israelense de Relações Exteriores tratou de enfatizar seu relacionamento com a África.

Ao longo das décadas de 1950 e 1960, os especialistas israelenses – médicos, engenheiros, agrônomos e experts no abastecimento de água, entre outros – ofereceram assistência ao continente africano e conquistaram a reputação de serem capazes e pragmáticos. Parte dessa decisão está relacionada à obtenção de apoio internacional, no que, parcialmente, Israel foi bem-sucedido. "Sim, com certeza, essa foi uma de nossas motivações. Mas estava longe de ser a razão mais importante. Havia algo que queríamos transmitir àquelas nações mais jovens e menos experientes do que nós."[9]

Em 1958, os diplomatas israelenses foram bem-sucedidos ao defender, diante dos líderes do alto escalão, a criação de um corpo governamental para coordenar a assistência externa. Naquele mesmo ano, Israel lançou o que acabou por ser chamado de Center for International Cooperation (ou MASHAV, em hebreu). O foco desse escritório é oferecer cursos e treinamentos para capacitação técnica e não somente ajuda financeira.

Um ano depois de aberto esse escritório, Israel enviou centenas de especialistas ao mundo em desenvolvimento. Também são treinadas mais de mil pessoas em centros israelenses, em cursos que ensinam agricultura, administração pública, medicina, organização sindical, empoderamento feminino, empreendedorismo e desenvolvimento comunitário.[10] O que começou como um modesto programa de assistência, finalmente, tornou-se uma iniciativa de grande porte, enviando experts israelenses para treinar e capacitar pessoas necessitadas nos países em desenvolvimento. Durante os quinze anos seguintes, milhares de especialistas, líderes políticos e funcionários civis viajaram regularmente à África para oferecer ajuda humanitária. Cerca de dois terços do orçamento de Israel para esse fim foi dedicado ao continente africano nesse período.[11] Mas Israel também encabeçou programas semelhantes na Índia, no Paquistão, na Somália, na Mauritânia e na Indonésia.[12]

Durante esse mesmo período, 15 mil pessoas de noventa países foram a Israel para receber treinamento. De acordo com o historiador Moshe Decter, Israel desenvolveu um dos mais abrangentes programas técnicos do mundo.[13] E a principal razão disso é a seguinte: o Centro de Treinamento Mount Carmel, situado em Haifa, que foi fundado em

OS JUDEUS NÃO PODEM FICAR INDIFERENTES

1961 por Golda Meir, juntamente com a diplomata sueca Inga Thorsson e a israelense Mina Ben-Zvi, que mais tarde se tornou diretora da instituição. O centro tornou-se parte do MASHAV, embora estivesse focado por muitos anos no empoderamento feminino nos países em desenvolvimento, oferecendo programas de treinamento em técnicas de ensino, nutrição, empreendedorismo e outras formas de bem-estar social. "Se eu tivesse ido estudar nos Estados Unidos, talvez tivesse aprendido a história do desenvolvimento", disse um estudante queniano a Golda Meir no início da década de 1960. "Mas aqui em Israel vi o desenvolvimento acontecer diante dos meus olhos."[14]

Os programas de treinamento e assistência ajudaram a formar uma imagem positiva de Israel na África, algo que Golda Meir descobriu com surpresa em uma de suas viagens ao continente. Em 1964, ela estava programada para voar do Quênia para a Nigéria, mas antes da decolagem o embaixador israelense em Lagos a preveniu que poderia ser saudada com fortes demonstrações anti-israelenses, orquestradas pelas esposas dos diplomatas árabes. Golda Meir considerou se não seria prudente cancelar a viagem, mas, por fim, tomou a decisão de seguir em frente. Assim que pousou em Lagos, havia realmente centenas e centenas de africanos para recebê-la. "Isso vai ser desagradável, pensou.[15] Mas, em vez de estar diante de manifestações raivosas, foi saudada por uma multidão de pessoas que haviam sido treinadas em Israel ou foram treinadas na Nigéria por israelenses. Ao descer pela escada do avião, ouviu a voz de centenas de pessoas cantando *Hevenu Shalom Aleichem*, uma canção folclórica judaica que pode ser traduzida como "Trazemos paz até você". Na manhã seguinte, Golda Meir encontrou o presidente Nnamdi Azikiwe, que lhe disse: "Respeitamos e cumprimentamos você como a embaixatriz da verdadeira boa vontade".[16]

Muitos africanos ficaram surpresos ao saber quanto Golda Meir se posicionou em favor dos direitos civis deles. Naquele mesmo ano da viagem ao Quênia e à Nigéria, ela também esteve presente nas cerimônias em comemoração ao Dia da Independência da Zâmbia, o que incluiu uma visita às cataratas de Vitória. Naquela época, parte das Vitória ficava na Zâmbia e a outra, na Rodésia do Sul. Golda Meir e um grupo de israelenses, juntamente com seus colegas africanos, pegaram um ônibus para conhecer aquela maravilha do mundo. Mas, quando chegaram lá, os policiais sul-

16   A ORDEM É INOVAR

-rodesianos tiveram "o descaramento de não permitir que os negros que estavam no meu ônibus descessem", conta. "Somente as pessoas brancas", insistiam os policiais. "Não tenho a menor intenção de me separar dos meus amigos", Golda afirmou. Quando o ônibus retornou a Lusaca, a capital da Zâmbia, o presidente Kenneth Kaunda recebeu pessoalmente a primeira-ministra de Israel, agradecendo o seu firme posicionamento.[17]

Esse sinal de solidariedade é, pelo menos em parte, o motivo pelo qual os líderes africanos não se preocupavam que Israel fosse tentar explorar seus recursos naturais, como faziam as forças colonialistas. "Israel é um pequeno país, mas pode oferecer muito a um país como o meu", disse Julius Nyere, presidente da Tanzânia na década de 1960. "Podemos aprender muito construindo nossa nação e mudando a face de nossa terra, física e economicamente."[18] Israel estava dando assistência técnica na área agrícola e estabelecendo políticas para aliviar a pobreza. "Assim como eles, havíamos sacudido o domínio estrangeiro", Golda recorda. "Assim como eles, tínhamos que aprender sozinhos como exigir a terra, como aumentar a produtividade das colheitas, como irrigar, como criar galinhas, como viver juntos e como defender a nós próprios."[19] Até os Estados Unidos reconheceram a contribuição israelense. "O estudo realizado sobre o esforço único de Israel e as conquistas alcançadas no desenvolvimento da área econômica oferecem ao visitante curioso mais diretrizes úteis para a solução de problemas das economias subdesenvolvidas do que qualquer outro país conhecido por mim", declarou um funcionário oficial em 1964.[20]

ALÉM DA ÁFRICA

Infelizmente, a boa vontade entre Israel e muitos países africanos não foi duradoura. Logo após a Guerra do Yom Kippur em 1973, como resultado da pressão exercida pela União Soviética e pelo mundo árabe, dos 32 países da África subsaariana somente quatro não romperam relações diplomáticas com Israel, o que incluiu os programas de assistência técnica no continente.[21] O grupo de países exportadores de petróleo impediu a África de fazer negócios com Israel. O presidente da Costa do Marfim, Félix Houphouët-Boigny, contou a Golda Meir que naquele momento era forçado a escolher "entre seus 'irmãos' árabes e seus 'amigos' israelenses".[22]

OS JUDEUS NÃO PODEM FICAR INDIFERENTES   17

A ruptura diplomática teve grandes consequências para o programa de ajuda de Israel. Como primeiro passo, o governo deixou de financiar os países africanos que cortaram relações.[23] O país, então, transferiu seu programa para os países da América Latina e da Ásia. O MASHAV, no entanto, não parou de oferecer cursos de treinamento em Israel para africanos, mesmo dos países que haviam rompido diplomaticamente, nem tampouco deixou de enviar a campo médicos e especialistas técnicos. Normalmente, esses médicos levavam equipamentos que não estavam disponíveis no país anfitrião, capacitavam equipes locais e, com frequência, deixavam os aparelhos em doação, quando retornavam a Israel.[24]

Desde essa mudança em 1973, Israel continua a enviar algumas das maiores equipes médicas – com frequência, sendo os primeiros a chegar – para apoiar o socorro em inúmeros desastres naturais. Como acontecia com as missões de ajuda israelense na África, esses esforços também têm a intenção de melhorar a imagem mundial do país, mas também são direcionadas pelo desejo real de tornar o mundo um lugar melhor. Os indivíduos que se engajam nessas missões são idealistas e altruístas. Em 1983, Israel criou uma unidade nacional especializada em busca e resgate para oferecer ajuda tanto dentro quanto fora do país. Essas equipes incluem médicos, engenheiros, especialistas em logística e tutores de cães de salvamento.[25] "Da maneira como vejo, [as missões de ajuda são] parte da identidade judaica que obriga cada um de nós a ajudar os outros em momentos de necessidade em qualquer parte do mundo" disse, em entrevista sobre os esforços militares humanitários, o comandante do esquadrão da Força Aérea de Israel, responsável pelo transporte das missões de ajuda pelo mundo. "Não tenho dúvida de que onde e sempre que formos necessários, estaremos lá. Como cidadão israelense e um soldado das Forças de Defesa de Israel, considero-me obrigado a ajudar toda pessoa em necessidade – seja israelense ou não. Nosso compromisso com as pessoas necessitadas não é nacional, e sim universal."[26]

Dov Maisel, diretor de operações internacionais do United Hatzalah, que já tomou parte de inúmeras missões israelenses de alívio a desastres, concorda: "Ao ir até as zonas dos desastres, demonstramos que não estamos apenas preocupados com nós mesmos, mas, principalmente, em fazer aquilo que é certo".[27]

Nas décadas mais recentes, Israel tem participado de muitas missões humanitárias, incluindo lugares como Kosovo e Ruanda, onde ocorreram genocídios.[28] "Não podemos nos sentar e deixar as crianças morrerem quando sabemos que existem tratamentos disponíveis", afirma o professor Dan Engelhard, ex-diretor do departamento de pediatria do Hospital da Universidade de Hadassah e integrante da primeira equipe médica a oferecer ajuda internacional ao Camboja em 1978. "Como médicos, não nos é permitido considerar se alguém é judeu ou muçulmano. Todas as crianças têm direito de viver. Quando você está cuidando de uma criança, não se importa com política."[29]

Uma das mais impressionantes missões humanitárias de Israel ocorreu no Haiti. O coronel Ariel Bar, médico-chefe das Forças de Defesa de Israel, lembra-se muito bem dessa mobilização. Em 13 de janeiro de 2010, ele estava em meio a um treinamento de defesa contra possíveis ataques químicos e biológicos. Bar estava encarregado da logística. Cercado por soldados, estava monitorando uma grande variedade de aparelhos eletrônicos quando seu celular pessoal tocou. "Doutor, um fortíssimo terremoto atingiu o Haiti. Estamos enviando uma equipe de resgate e você tem uma hora e meia para estar no aeroporto", falou um oficial do outro lado da linha.[30] Bar foi para casa e fez uma pequena mala. Correndo para a porta, abraçou a filha de 6 anos de idade e murmurou algo sobre estar indo ao outro lado do mundo para salvar vidas. Chegou ao aeroporto Ben-Gurion em tempo de pegar o voo.

O avião em que Bar estava decolou sem receber autorização de pouso em Porto Príncipe e sem saber qual seria a expectativa para a chegada deles: a equipe médica não sabia se teria espaço para armar as 26 barracas-hospital ou se conseguiriam descarregar as oitenta toneladas de equipamentos que estavam levando. Foram os primeiros a chegarem ao lugar, antes das equipes de qualquer outro país. Em apenas doze horas, ergueram o que muitos médicos e especialistas em políticas públicas definem como o melhor hospital de campo já construído.[31] Nas semanas seguintes, os cirurgiões israelenses realizaram centenas de operações, salvaram incontáveis órgãos vitais, fizeram partos e cuidaram de recém-nascidos. Em um momento angustiante, um oficial israelense doou seu sangue para salvar a vida de um bebê de três dias. E, juntamente com sua equipe de cães treinados, depois de oito dias de busca, os oficiais

OS JUDEUS NÃO PODEM FICAR INDIFERENTES

de resgate irromperam em júbilo quando encontraram um homem vivo, enterrado no fundo dos escombros. O ex-presidente norte-americano Bill Clinton manifestou o ocorrido da seguinte forma: "Não sei o que teríamos feito sem o hospital israelense no Haiti".[32]

Em 2013, a Organização Mundial de Saúde, com o apoio da ONU, desenvolveu um sistema de classificação para avaliar as equipes médicas de todo o mundo que estão capacitadas a reagir a desastres. Israel é o único país que recebeu a nota máxima.[33] "Somente alguns poucos no mundo podem pensar" em atingir esse padrão, diz o doutor Ian Norton, responsável sênior pela criação da "classificação e do padrão mínimo para a atuação de equipes médicas estrangeiras em desastres de início súbito".[34]

Desde a sua fundação, o MASHAV – que coordena os programas israelenses de ajuda humanitária – já treinou cerca de 270 mil pessoas em mais de 140 países.[35] Os especialistas em resgate de Israel são frequentemente chamados porque têm motivação para atravessar o mundo para ajudar pessoas que não conhecem ou com quem não tenham nenhuma conexão anterior. "Isso pode soar [como] um simples clichê", afirma Bar, o oficial médico israelense, enquanto se prepara para citar um ensinamento judaico do Talmude, que é muito repetido: "Quando salvamos [a vida] de uma pessoa, sentimos como se tivéssemos salvado o mundo. Assim, nessa missão, salvamos o mundo muitas vezes".[36]

Notas do Capítulo 2

1. Jake Wallis na reportagem *Saving Their Sworn Enemy*, publicada no jornal *Daily Mail*, em 8 de dezembro de 2015. Disponível em: <https://www.dailymail.co.uk/news/article-3315347/Watch-heart-pounding-moment-Israeli-commandos-save-Islamic-militants-Syrian-warzone-risking-lives-sworn-enemies.html>. Acesso em: 5 fev. 2019.

2. Reportagem *IDF Medical Units Treat Wounded Syrians*, publicada no site *The Tower* em 9 de agosto de 2016. Disponível em: <http://www.thetower.org/3759-watch-idf-medical-units-treat-wounded-syrians/>. Acesso em: 5 fev. 2019.

3. Eugene Kandel em troca de e-mail com o autor, em 28 de dezembro de 2016.

4. Batsheva Sobelman na matéria *One Country That Won't Be Taking Syrian Refugees: Israel*, publicada no jornal *Los Angeles Times* em 6 de setembro de 2015. Disponível em: <https://www.latimes.com/world/middleeast/la-fg-syrian-refugees-israel-20150906-story.html>. Acesso em: 5 fev. 2019.

5. Golda Meir em seu livro *Minha Vida* (Rio de Janeiro: Bloch Editores, 1976). Veja também David Ben-Gurion em *Trends in State Education*, palestra proferida na 19ª Conferência Nacional de Pedagogia do Sindicato dos Professores (17/10/1954) e citada por Ronald W. Zweig em *David Ben-Gurion: Politics and Leadership in Israel* (Oxford, UK: Routledge, 1991).

6. Golda Meir em seu livro *Minha Vida* (Rio de Janeiro: Bloch Editores, 1976).

7. Ibidem.

8. Ehud Avriel em *Some Minute Circumstances*, publicado em *Jerusalem Quarterly* (Inverno 1980) e citado por Aliza Belman Inbal e Shachar Zahavi em *The Rise and Fall of Israel's Bilateral Aid Budget, 1958–2008* (Tel Aviv: Tel Aviv University Hartog School for Government and Policy with the Pears Foundation, 2009).

9. Golda Meir em seu livro *Minha Vida* (Rio de Janeiro: Bloch Editores, 1976).

10. Inbal e Zahavi em *The Rise and Fall of Israel's Bilateral Aid Budget, 1958–2008* (Tel Aviv: Tel Aviv University Hartog School for Government and Policy with the Pears Foundation, 2009).

11. Ibidem.

12. Ibidem.

13. Ibidem.

14. Golda Meir em seu livro *Minha Vida* (Rio de Janeiro: Bloch Editores, 1976).

15. Ibidem.

16. Ibidem.

17. Ibidem. Essa viagem aconteceu em 1964.

18. Joel Peters em *Israel and Africa: The Problematic Friendship* (Londres: British Academic Press, 1992), também citado em Inbal e Zahavi, *The Rise and Fall of Israel's Bilateral Aid Budget, 1958–2008*.

19. Golda Meir em seu livro *Minha Vida* (Rio de Janeiro: Bloch Editores, 1976).

20. Mordechai E. Kreinin em *Israel and Africa: A Study in Technical Cooperation* (Nova Iorque: Frederick A. Praeger, 1964), citado em Inbal e Zahavi, *The Rise and Fall of Israel's Bilateral Aid Budget, 1958–2008*.

21. Ibidem.

22. Golda Meir em seu livro *Minha Vida* (Rio de Janeiro: Bloch Editores, 1976).

23. O MASHAV continuava a treinar africanos, se as despesas deles fossem cobertas. Além disso, cerca de cinquenta israelenses seguiram dando treinamento no continente sob os auspícios da ONU e de outras organizações multilaterais. Veja em Inbal e Zahavi, *The Rise and Fall of Israel's Bilateral Aid Budget, 1958–2008*.

24. Judy Siegel-Itzkovich na reportagem *Is This Where Charity Ends?*, publicada no jornal *Jerusalem Post* de 24 de outubro de 2004.

25. *Map of IDF Delegations around the World*, IDF Blog, <www.idfblog.com/blog/2013/11/27/idfwithoutborders-map-idf-aid-delegations-around-world/>. E, para uma visão mais detalhada das missões do IDF no mundo, por favor, busque na internet: GIDFWithoutBorders.

26. Avi Mayer em *Another Side of Israel: The Impact of Tikkun Olam*, publicado no site do Jewish Policy Center, primavera de 2013. Disponível em: <https://www.jewishpolicycenter.org/2013/02/28/israel-tikkun-olam/>. Acesso em: 5 fev. 2019.

27. Dov Maisel em entrevista por telefone com o autor, 1º de setembro de 2016.

28. Ruth Eglash na reportagem *A Light among the Nations*, publicada no *Jerusalem Post*, de 7 de maio de 2008.

29. Dr. Dan Engelhard, em entrevista por telefone com o autor em 10 de novembro de 2016. Reveja também acima a reportagem *A Light among the Nations*, publicada no *Jerusalem Post*, de 7 de maio de 2008.

30. *A Drop of Hope in a Sea of Despair*, CSPAN, vídeo publicado em 13 de janeiro de 2014. Disponível em: <www.c-span.org/video/?c4480721/ariel-bar-aipacab>. Acesso em: 5 fev. 2019.

31. *WHO Ranks IDF Field Hospital as World's Best*, matéria publicada no site Israel21c em 14 de novembro de 2016. Disponível em: <https://www.israel21c.org/who-ranks-idf-field-hospital-as-worlds-best/>. Acesso em: 5 fev. 2019.

32. *Bill Clinton Hails Israel Relief Mission to Haiti*, matéria publicada em *Haaretz* em 28 de janeiro de 2010. Disponível em: <https://www.haaretz.com/1.5091369>. Acesso em: 5 fev. 2019.

33. Matéria de Judah Ari Gross, *UN Ranks IDF Emergency Medical Team as No. 1 in the World*, publicada no *Times of Israel* em 13 de novembro de 2016. Disponível em: <https://www.timesofisrael.com/un-ranks-idf-emergency-medical-team-as-no-1-in-the-world/>. Acesso em: 5 fev. 2016.

34. Matéria de Judah Ari Gross, *Masters of Disaster, IDF Field Hospital May Be Recognized as World's Best*, publicada em *Times of Israel* em 18 de outubro de 2016. Disponível em: <https://www.timesofisrael.com/masters-of-disaster-idf-field-hospital-may-be-recognized-as-worlds-best/>. Acesso em: 5 fev. 2019.

35. *Israeli Humanitarian Relief: MASHAV-Israel's Agency for International Development Cooperation*, no site do Ministério de Relações Exteriores de Israel. Disponível em: <https://mfa.gov.il/mfa/foreignpolicy/aid/pages/israeli%20humanitarian%20relief-%20mashav%20-%20the%20israel%20f.aspx>. Acesso em: 5 fev. 2019.

36. *A Drop of Hope in a Sea of Despair*, vídeo publicado no site da CSPAN em 13 de janeiro de 2014. Disponível em: <https://www.c-span.org/video/?c4480721/ariel-bar-aipac>. Acesso em: 5 fev. 2019.

PARTE II

Desafios locais, soluções globais

CAPÍTULO 3

O Uber das ambulâncias

Na tua justiça me socorre e me liberta; inclina teus ouvidos para mim e me salva.

Salmos 71:2

Eli Beer fotografado com uma ambucycle do Hatzalah. (Cortesia de United Hatzalah)

MUDANÇA RADICAL EM EMERGÊNCIAS

Em 2 de junho de 1978, Eli Beer saiu do jardim de infância e caminhava de volta para casa com seu irmão mais velho quando, de repente, um ônibus explodiu perto deles.[1] A explosão foi tão forte que fez um prédio próximo tremer e estourou várias janelas nas casas da vizinhança. Um grupo terrorista palestino havia colocado uma bomba ali para perturbar a comemoração do décimo primeiro aniversário da reunificação[2] de Jerusalém. Seis pessoas morreram e dezenove ficaram feridas nessa explosão. Beer e seu irmão ficaram apavorados, mas conseguiram correr para longe.[3] O trauma causado por aquele dia, no entanto, o atingiu profundamente.[4] "Sabia que me tornaria um técnico em medicina de emergência. Decidi ali que, algum dia, faria desse meu sonho um negócio para ajudar as pessoas que, naquela explosão, não pude ajudar", conta.[5]

26 A ORDEM É INOVAR

Uma década depois, aos 15 anos, Beer fez seu primeiro curso técnico de medicina de emergência e se tornou voluntário da Magen David Adom (Estrela Vermelha de Davi), em Jerusalém, que é a sucursal israelense do Comitê Internacional da Cruz Vermelha.[6] A experiência foi recompensadora. Mas, com frequência, percebia que ele e seus colegas haviam chegado tarde demais.

Um dia, por exemplo, ouviu do seu coordenador que uma criança de 7 anos estava sufocando por causa de um cachorro-quente e precisava de assistência imediata. A ambulância em que Beer estava cruzou tão rapidamente quanto possível as estreitas ruas antigas de Jerusalém. Eles conseguiram chegar ao local vinte minutos mais tarde e encontraram o garoto com o rosto azulado e inconsciente. Beer e a equipe tentaram fazer a ressuscitação cardiopulmonar. Um médico morador da área ouviu a sirene da ambulância e veio correndo. Tentou sentir o pulso da criança e não percebeu nada. O garoto estava morto. Naquele momento Beer se deu conta de que, se aquele mesmo médico tivesse sido informado do incidente alguns minutos antes, ele poderia ter salvo uma vida. "Aquela criança morreu à toa", Beer se lembra de ter pensado. "Tem que haver um jeito melhor para atender emergências." [7]

Em Israel, um lugar conhecido por sofrer ataques devastadores, as ambulâncias chegam à cena de uma emergência em cerca de vinte minutos. Depois daquele incidente tenebroso, Beer queria encontrar um modo de acelerar o processo de socorro e torná-lo mais eficiente. Muitas pessoas que, de outra forma poderiam ser salvas, segundo ele, estão morrendo desnecessariamente.[8] Reduzir alguns minutos é essencial. Por exemplo, os socorristas em geral têm apenas seis minutos para salvar a vida de uma pessoa depois de um ataque cardíaco.[9]

Sua solução foi reunir quinze atendentes e formar uma equipe de primeiros socorros para atender à vizinhança e viabilizar a chegada mais rápida aos locais de emergências. Todos tinham comunicadores em tempo real (*beepers*) para manter contato entre si, e Beer entrou em contato com a empresa de ambulâncias que atendia ao bairro, pois queria que a equipe local também fosse acionada assim que houvesse uma emergência nas proximidades. O gerente da empresa debochou dele: "Garoto, vá para a escola ou vá abrir uma barraquinha de falafel. Não estamos interessados na sua ajuda" [10]. O gerente colocou Beer para fora do escritório, mas isso não deteve aquele garoto nascido em Jerusalém. "[Eu tinha] uma audácia inovadora israelense fantástica: *chutzpah*."[11]

No dia seguinte, o grupo de socorristas conseguiu dois rastreadores para ajudar a ouvir os chamados de emergência pelo rádio da polícia. "Vá para o inferno, vou salvar vidas sem a ajuda de ninguém",[12] pensou Beer ao se lembrar das palavras do gerente. No mesmo dia, enquanto escutava os rastreadores, ele ouviu uma chamada angustiante por causa de um homem de 70 anos que havia sido atropelado por um carro. Beer estava a apenas um quarteirão de distância e correu para o local.[13] Quando chegou, viu um homem deitado no chão com sangue espirrando de seu pescoço. Um parente disse que o senhor tomava Coumadin, uma droga anticoagulante. O garoto não dispunha de nenhum equipamento, mas sabia que aquele senhor morreria se não parasse rapidamente o sangramento. Então, tirou seu kipá, pequena cobertura religiosa que os judeus usam no alto da cabeça, e colocou sobre a ferida, fazendo bastante pressão. O sangramento parou e 25 minutos mais tarde, quando a ambulância chegou, o senhor estava inconsciente, mas respirando.[14] Enquanto a equipe de emergência colocava o homem na maca, Beer notou uma tatuagem na parte interna do antebraço dele – uma série de números azuis, que era a marca dos sobreviventes do campo de Auschwitz.

Dois dias depois, o jovem recebeu uma ligação de um dos filhos daquele senhor. "Tinha certeza de que ele ia me dizer que haveria um funeral", lembra.[15] Mas o homem estava vivo. Queria agradecer ao garoto e pediu que ele fosse visitá-lo no hospital. Quando chegou, o senhor o abraçou e agradeceu por ter salvo a vida dele. Naquele momento, Beer soube que sua missão na vida era formar uma organização que mudaria radicalmente o atendimento de emergências – mesmo que cumprir essa missão fosse muito mais difícil do que o garoto poderia ter imaginado.

MOBILIZAÇÃO INSTANTÂNEA PARA SALVAR VIDAS

Para aumentar seu grupo de voluntários, Beer tinha que resolver dois problemas. Primeiro, era preciso formar uma rede de pessoas altamente treinadas em todo o país. Segundo, tinha que criar um sistema que pudesse garantir aos médicos a capacidade de tratar as vítimas imediatamente.

Com a ajuda do doutor Avi Rivkind, diretor da Unidade de Choque e Trauma do Centro Médico Hadassah, em Jerusalém,[16] Beer decidiu que todos os médicos do seu Hatzalah (que, em hebreu, significa "resgate") passariam por seis meses de treinamento em um curso de primeiros socorros com duzentas horas de duração.[17] Os candidatos tinham que ter mais de 21 anos, carteira de motorista e nenhum antecedente criminal. "Médicos, paramédicos e motoristas de ambulância têm um papel crucial nos atendimentos de emergência", diz Rivkind, que foi um consultor extraoficial na estruturação da organização de Beer. "O profissionalismo da equipe determina as chances de o paciente sobreviver, além do ritmo e da extensão da recuperação."[18] Quanto mais médicos iam sendo treinados, mais Beer ficava frustrado com a incapacidade deles para ajudar quem estava em situação de emergência. Muitos dirigiam carros e chegavam atrasados por causa de congestionamentos ou impossibilidade de estacionar.

Foi então que Beer encontrou uma solução inovadora. Era fim de 2001 e ele estava parado no trânsito. Pegou seu celular e começou a conversar. Antes que conseguisse perceber, um policial de trânsito se aproximou de motocicleta, bateu na janela do carro e lhe aplicou uma multa. Beer ficou bastante irritado, mas o incidente lhe deu uma ideia única: se os voluntários dirigissem motocicletas, poderiam serpentear entre os carros e estacionar em qualquer lugar. Beer foi para casa e contou para sua mulher sobre seu novo conceito de atendimento de emergência. "Poderíamos chamá-las de *ambucycles*", disse ela. Parte ambulância, parte motoneta.

Em pouco tempo, Beer estava adaptando motonetas para servirem como miniambulâncias. Cada uma continha um kit para cuidar de traumas, um tubo de oxigênio, um monitor de glicose no sangue e um desfibrilador. Esses veículos não são muito atraentes, mas, assim como seu criador, cumprem sua missão com audácia inovadora (*chutzpah*).[19] As *ambucycles* (assim como a organização de Beer) não foram criadas para substituir as ambulâncias tradicionais e as equipes de paramédicos, que são fundamentais para ajudar quem precisa. Mas são capazes de encurtar o tempo que os socorristas precisam para prestar os primeiros socorros e ajudar a salvar vidas. É como diz Beer: "[Somos] uma *flash mob* (mobilização instantânea) para salvar vidas".[20]

O UBER DAS AMBULÂNCIAS

Usando rastreadores para ficar sabendo das emergências, o grupo de Beer expandiu-se rapidamente, primeiro em Jerusalém, depois em Bnei Brak e, a seguir, em Haifa, Tel Aviv e uma boa quantidade de cidades menores. As comunidades religiosas judaicas foram as primeiras a se envolverem. Beer atribui isso ao estilo de vida nesses locais, onde os homens são focados nos estudos. Nos Yeshiva, as instituições de ensino dos textos sagrados judeus, os alunos têm flexibilidade para fazer um intervalo a qualquer momento – ao contrário de advogados, contadores e engenheiros, entre outros, que tendem a ter um horário fixo de trabalho.

O verão de 2006 foi um momento crítico para Beer e seu grupo e também para todas as outras organizações semelhantes que haviam começado a surgir por todo o país. Muitos médicos voluntários viajaram para o norte de Israel, onde havia estourado a guerra com o Hezbollah. Quando Beer percebeu que alguns grupos eram melhor equipados do que outros, decidiu propor a união entre eles. Achava que assim reduziriam despesas e salvariam mais vidas. No auge da guerra, no porão de uma sinagoga em Hadera, uma cidade ao norte de Tel Aviv, ele se encontrou com os líderes de vários desses grupos. Depois de horas de discussões amargas, conseguiu convencer boa parte deles a unir forças. Ele acreditava que, juntos, poderiam atender qualquer pessoa ferida ou doente em cerca de um minuto e trinta segundos depois de recebido o chamado. "Se você atende alguém que teve um problema cardíaco nos primeiros dois minutos, tem 90% de chance de conseguir salvar a pessoa", explica Beer.[21]

O nome da nova organização? United Hatzalah [Resgate em União]. Quando a reunião estava se aproximando do fim, as pessoas na sala "sentiam-se como se estivessem às vésperas de uma revolução", lembra Dov Maisel, diretor de operações internacionais da entidade. "Aquilo iria mudar tudo."[22]

"Eli descobriu como enfrentar a antipatia burocrática por apenas fazer o bem", conta Peter Bloom, presidente da DonorsChoose.org e diretor-gerente aposentado da General Atlantic, uma gestora de capitais privados. "Considero que foi apenas a força de Eli acontecendo. 'Se fizermos o certo por bastante tempo, as pessoas se aproximarão para ver por que eu estou fazendo aquilo.'"[23]

30 A ORDEM É INOVAR

O próximo passo foi compreender exatamente como o grupo poderia se tornar mais eficiente. Antes da guerra, Maisel achava que a equipe precisava de um *app* específico, que enviaria os médicos para os locais de emergência utilizando tecnologia GPS. "Olhando em retrospectiva, se estivéssemos pensando em ganhar dinheiro e não em salvar vidas", conta, "esse serviço seria o Uber".[24] Mas o United Hatzalah deixou a ideia em suspenso devido aos custos elevados de desenvolvimento, que chegariam a mais de $ 1 milhão. Depois da guerra de 2006, quando vários grupos haviam se unido, Beer e Maisel decidiram que tinham que conseguir levantar o dinheiro. Graças a um doador privado, no verão de 2007, o United Hatzalah tinha uma versão beta para celulares. Mas assim que lançaram essa tecnologia, o primeiro iPhone chegou ao mercado e Maisel compreendeu que tudo havia mudado.

Em 2008, todas as equipes de socorro começaram a baixar *apps* padronizados de GPS em seus smartphones. O sistema traçava um perímetro ao redor de um incidente e alertava os cinco voluntários mais próximos do local, fazendo o celular emitir uma série de sinais agudos.[25] Hoje, qualquer pessoa que identifica uma emergência pode ligar gratuitamente para uma central telefônica em Israel (1221), que direciona a chamada para o sistema central do United Hatzalah e faz soar o alerta geral. Beer diz que todos os grupos de socorristas são guiados pelo mesmo princípio: "Pense em cada paciente como se fosse sua mãe ou seu pai. Corra para ele como se fosse seu próprio filho".[26]

ÁRABES SALVAM JUDEUS E JUDEUS SALVAM ÁRABES

Há algo, entretanto, que consegue parar as ambulâncias e os primeiros atendentes das equipes de socorro: a violência. A Magen David Adom (MDA), a primeira organização de envio de ambulâncias de Israel, não se dirige a diversas vizinhanças árabes a não ser que seja acompanhada por uma equipe de segurança. Já houve muitas situações de risco, como pedras atiradas, coquetéis Molotov e tiros. Militantes palestinos já atearam fogo a essas ambulâncias.[27] "A MDA tem um problema", afirma Muhammad Asli, um médico árabe nascido em Jerusalém. "As ambulâncias não entram [em vizinhanças árabes] desacompanhadas, então o tempo que uma família ou uma pessoa doente espera pelo atendimento é muito longo. Esse tempo de espera pode ameaçar a vida de uma pessoa e, para nossa infelicidade, existem muitos incidentes desse tipo na área leste da cidade."[28]

Em 2006, o pai de Asli teve um colapso em casa depois de um ataque cardíaco. Levou mais de uma hora para a ambulância chegar à casa dele a leste de Jerusalém, porque o motorista não queria ir àquela parte da cidade sem escolta militar.[29] O pai de Asli morreu esperando; não havia nada que seu filho pudesse ter feito. Como Beer, ele decidiu formar uma associação de vizinhos para socorrer as pessoas e tentar salvar vidas.[30]

Logo após a morte trágica do pai, enquanto continuava a refletir sobre a ideia, Asli conheceu por acaso Beer no Centro Médico da Universidade de Hadassah, onde trabalhava como técnico de raio X. Os dois acabaram conversando sobre o United Hatzalah e a importância de salvar vidas sem considerar a religião ou a nacionalidade das pessoas. Asli ficou intrigado com aquela conversa. Em 2007, ele e uma amiga, Murad Alyan, uma enfermeira telefonaram para seu novo conhecido judeu para avaliar o interesse dele em iniciar uma filial no leste de Jerusalém.[31] Então, decidiram se encontrar na sede e centro de comando do United Hatzalah na rua Yirmiyahu, 78, logo na entrada de Jerusalém.[32]

Assim que Asli entrou no prédio, foi imediatamente parado por um voluntário do United Hatzalah.

– O que você está fazendo aqui?

Asli olhou para ele. Antes de ter a chance de responder, o voluntário disse:

– Você se lembra de mim?

– Não – afirmou Asli.

– Bom, eu estava para convidar você para ir ao casamento da minha irmã. Você realmente não se lembra de mim? Foi você que a ajudou quando ela deu entrada na sala de emergência há alguns meses.

Enquanto o voluntário o conduzia à sala onde se encontraria com Beer, Asli teve um *déjà vu*.[33] A princípio, Beer não se lembrava de Asli. Quando este se apresentou novamente, porém, os dois retomaram a conversa do ponto em que haviam parado. "Eu me sentia parte da família", lembra Asli. "E ficaria mais do que satisfeito por dar continuidade a isso [esse tipo de trabalho]." [34]

32 A ORDEM É INOVAR

Todas aquelas pessoas compartilhavam o interesse pela medicina de emergência. Mas, conforme escutava Asli, Beer percebia que se tratava de uma questão pessoal. "Por favor, inicie a filial [na vizinhança árabe de Jerusalém Leste]", Beer se lembra de Asli falando. "[Há] tanta tragédia e tanto ódio ali. Não se trata de salvar judeus. Nem salvar muçulmanos. Nem tampouco cristãos. O que se trata aqui é de salvar pessoas." [35]

Logo depois dessa reunião, Beer, Asli e Alyan começaram a recrutar voluntários para o United Hatzalah entre os residentes árabes da cidade. Atualmente existem mais de quarenta voluntários na área leste de Jerusalém.[36] Cada um deles considerou que suas famílias estariam mais seguras se eles estudassem primeiros socorros.[37] "O United Hatzalah me ajudou demais", afirma Asli. "Eles me deram equipamentos e tudo mais que eu precisava."[38]

Além da filial em Jerusalém Leste, agora há unidades do United Hatzalah em Tira, Kafr Kana e Kafr Qasim, três cidades predominantemente árabes dentro de Israel.[39] Existem também cerca de trezentos voluntários árabes e beduínos de várias fés – incluindo drusos, cristãos e muçulmanos – espalhados pelo país.[40] Os voluntários usam coletes identificados com a logomarca do United Hatzalah em árabe e em inglês.[41] Atualmente, os grupos de socorro formados por judeus e árabes atendem emergências em Jerusalém, cidades árabes dentro da Linha Verde e até em localidades na Cisjordânia que, normalmente, são perigosas para cada uma dessas comunidades. "Começamos nos dando as mãos", conta Beer. "Árabes estavam salvando judeus. Judeus salvavam árabes. Algo especial aconteceu, é uma situação inacreditável. De repente, todos tinham um interesse comum."[42]

O United Hatzalah ajudou a quebrar noções preconcebidas e estereótipos entre os voluntários. Pessoas que normalmente nunca interagem umas com as outras – incluindo judeus ultraortodoxos e seculares, cristãos, muçulmanos, beduínos e drusos – agora trabalham juntos.[43] Quando o tio de Asli adoeceu, foi um judeu dos territórios em disputa com seu kipá que cuidou dele. Beer teve uma experiência parecida. Há alguns anos, quando seu pai teve um ataque cardíaco, um dos primeiros voluntários a chegar ao local foi um muçulmano. "Ele salvou meu pai. Você pode imaginar?", Beer pergunta.[44]

"Salvar vidas", acrescenta, "é importante para todas as religiões."[45]

UMA IDEIA MALUCA

Quando Beer começou o United Hatzalah, muitas pessoas o chamaram de *meshuga* [maluco]. Ninguém mais acha isso. As equipes de socorristas de Beer são muitas e muito bem-sucedidas. "A inovação do United Hatzalah tem ajudado a salvar 35 mil vidas a mais a cada ano, o que – *dayenu!* – já seria o suficiente", afirma Mark Gerson, fundador do Grupo Gerson Lehrman. "Mas, ao fazer isso, o grupo também aproximou as pessoas – judeus, cristãos, muçulmanos e drusos. Ao focar uma meta comum, que é salvar vidas, todos se tornaram irmãos e irmãs em solidariedade."[46] Em 2014, os voluntários do United Hatzalah atenderam 245 mil israelenses, incluindo 27 mil crianças. Cerca de um terço desses atendimentos são considerados como salvamento de vidas. E, desde o princípio de sua operação, as equipes de socorristas já atenderam mais de um milhão de pessoas.[47] "O United Hatzalah é a essência do salvamento de vidas acima de tudo", diz o professor Alan Dershowitz. "Isso emana do coração e da alma de pessoas que só querem fazer o bem. Não há recompensa mais importante do que o reconhecimento de que você fez a diferença entre a vida e a morte."[48]

Beer alcançou tudo isso com um orçamento de cerca de $ 5 milhões por ano, sendo que a maior parte desse valor é obtido por meio de doadores particulares em Israel e nos Estados Unidos.[49] Ninguém na organização – com exceção de alguns administradores que recebem salários – é compensado nem as despesas dos socorristas são reembolsadas.[50] Ele formou um robusto corpo de voluntários em Israel, que inclui mais de três mil judeus, muçulmanos, cristãos, drusos e beduínos. Existem ainda diversas unidades em diferentes estágios de desenvolvimento espalhadas pelo mundo.[51]

Nem todo mundo, no entanto, apoia o trabalho de Beer. Quando alguns patrocinadores souberam que o United Hatzalah estava recebendo voluntários árabes, suspenderam suas doações. Felizmente, outros doadores consideraram isso terrível e aumentaram suas doações para compensar a perda de outras. "Algumas pessoas acharam que eu estava agindo assim por razões políticas", explica Beer. "Mas o verdadeiro Sionismo trata todas as pessoas que vivem em Israel da melhor maneira."[52]

Para os próximos quinze anos, Beer estima que todo bairro das cidades de Israel contará com uma equipe de voluntários socorristas.

Mas ele também quer ver o grupo crescer em outras partes do mundo. "Vejo muita gente que correria para salvar outras pessoas, independente de quem sejam, não importa de qual religião ou de onde quer que tenham vindo", afirma. "Só precisamos de uma boa ideia, motivação e muita audácia inovadora (*chutzpah*)."

Notas do Capítulo 3

1. Eli Beer em entrevista ao autor em Nazaré, 20 de março de 2016.

2. Conferência anual TEDMED (Tecnologia de Ensino a Distância de Medicina), vídeo *The Fastest Ambulance? A Motorcycle*, publicado em abril de 2013. Disponível em: <https://www.ted.com/talks/eli_beer_the_fastest_ambulance_a_motorcycle?language=en#t-146303>. Acesso em: 5 fev. 2019. Veja também a reportagem de Allison Josephs "The Orthodox Man Who Saved a Life with His Yarmulke", publicada no site Jew in the City em 29 de maio de 2014. Disponível em: <https://jewinthecity.com/2014/05/the-orthodox-man-who-saved-a-life-with-his-yarmulke/>. Acesso em: 5 fev. 2019. E ainda as seguintes matérias e seus respectivos links: "Behind Israel's Fast Response to Medical Emergencies", *San Diego Jewish World*, em 6 de abril de 2014, disponível em: <http://www.sdjewishworld.com/2014/04/06/behind-israels-fast-response-medical-emergencies/>; "Bus Bomb Toll: Six Dead, 19 Injured" em *Jewish Telegraphic Agency* de 5 de junho de 1978, disponível em: <www.jta.org/1978/06/05/archive/bus-bomb-toll-six-dead-19-injured>; e "Scattered Saviors", reportagem na revista *The Economist*, publicada em 28 de janeiro de 2012 e disponível em: <https://www.economist.com/international/2012/01/28/scattered-saviours>. Acessos em: 5 fev. 2019.

3. Além do vídeo da TEDMED, *The Fastest Ambulance? A Motorcycle* (https://www.ted.com/talks/eli_beer_the_fastest_ambulance_a_motorcycle?language=en#t-146303), veja também Ambucycle Zooms into AIPAC 2015 Conference, publicado no site do United Hatzalah em 1º de março de 2015 (https://www.youtube.com/watch?v=iYAolB9lZfU), e a reportagem de Allison Josephs "The Orthodox Man Who Saved a Life with His Yarmulke", publicada no site Jew in the City em 29 de maio de 2014. Disponível em: <https://jewinthecity.com/2014/05/the-orthodox-man-who-saved-a-life-with-his-yarmulke/>. Acessos em: 5 fev. 2019.

4. United Hatzalah, *Ambucycle Zooms* (https://www.youtube.com/watch?v=iYAolB9lZfU). Acesso em: 5 fev. 2019.

5. "Behind Israel's Fast Response to Medical Emergencies", *San Diego Jewish World*, em 6 de abril de 2014, disponível em: <http://www.sdjewishworld.com/2014/04/06/behind-israels-fast-response-medical-emergencies/>. Acesso em: 5 fev. 2019.

6. Eli Beer em entrevista ao autor em Nazaré, em 20 de março de 2016.

7. Site da TEDMED (Tecnologia de Ensino a Distância de Medicina), vídeo *The Fastest Ambulance? A Motorcycle*, publicado em abril de 2013. Disponível em: <https://www.ted.com/talks/eli_beer_the_fastest_ambulance_a_motorcycle?language=en#t-146303>. Acesso em: 5 fev. 2019.

8. Greer Fay Cashman, "Rivlin Salutes First Responders as the 'Light in the Darkness'", *Jerusalem Post*, 8 de dezembro de 2015. Disponível em: <https://www.jpost.com/Israel-News/Rivlin-salutes-first-responders-as-the-light-in-the-darkness-436641>. Acesso em: 6 fev. 2019.

9. "Six Minutes to Save a Life", *Harvard Health Publications*, de janeiro de 2004. Disponível em: <https://www.health.harvard.edu/newsletter_article/Six-minutes-to-save-a-life>. Acesso em: 6 fev. 2019.

A ORDEM É INOVAR

10. TEDMED (Tecnologia de Ensino a Distância de Medicina), vídeo *The Fastest Ambulance? A Motorcycle*, publicado em abril de 2013. Disponível em: <https://www.ted.com/talks/eli_beer_the_fastest_ambulance_a_motorcycle?language=en#t-146303>. Acesso em: 5 fev. 2019.

11. United Hatzalah, *Ambucycle Zooms* (https://www.youtube.com/watch?v=iYAolB9lZfU). Acesso em: 5 fev. 2019.

12. TEDMED (Tecnologia de Ensino a Distância de Medicina), vídeo *The Fastest Ambulance? A Motorcycle*, publicado em abril de 2013. Disponível em: <https://www.ted.com/talks/eli_beer_the_fastest_ambulance_a_motorcycle?language=en#t-146303>. Acesso em: 5 fev. 2019.

13. United Hatzalah, *Ambucycle Zooms* (https://www.youtube.com/watch?v=iYAolB9lZfU). Acesso em: 5 fev. 2019.

14. TEDMED (Tecnologia de Ensino a Distância de Medicina), vídeo *The Fastest Ambulance? A Motorcycle*, publicado em abril de 2013. Disponível em: <https://www.ted.com/talks/eli_beer_the_fastest_ambulance_a_motorcycle?language=en#t-146303>. Veja também United Hatzalah, *Ambucycle Zooms* (https://www.youtube.com/watch?v=iYAolB9lZfU). Acessos em: 5 fev. 2019.

15. United Hatzalah, *Ambucycle Zooms* (https://www.youtube.com/watch?v=iYAolB9lZfU). Acesso em: 5 fev. 2019.

16. Judy Siegel-Itzkovich, "Capital's Light Rail Survives First Simulated Terror Attack", reportagem do *Jerusalem Post*, publicada em 26 de julho de 2012. Disponível em: <https://www.jpost.com/Health-and-Science/Jlem-light-rail-survives-simulated-terror-attack>. Acesso em: 6 fev. 2019.

17. Eli Beer em entrevista ao autor em Nazaré, em 31 de maio de 2016.

18. "Ministry of Health: United Hatzalah Authorized to Train Ambulance Drivers", publicado no site do United Hatzalah. Disponível em: <https://israelrescue.org/detail.php?nid=176&m=n>. Acesso em: 6 fev. 2019.

19. Judy Siegel-Itzkovich, "Ambucycle Zooms into AIPAC Conference", publicado no *Jerusalem Post de 03 de março de* 2015. Disponível em: <https://www.jpost.com/Diaspora/Ambucycle-zooms-into-AIPAC-conference-392729>. Veja também "Judy Siegel-Itzkovich, Opening Their Eyes", *Jerusalem Post* de 20 de dezembro 2015. Disponível em: <www.jpost.com/Business-and-Innovation/Health-and-Science/Opening-their-eyes-437828>; e TEDMED (Tecnologia de Ensino a Distância de Medicina), vídeo *The Fastest Ambulance? A Motorcycle*, publicado em abril de 2013. Disponível em: https://www.ted.com/talks/eli_beer_the_fastest_ambulance_a_motorcycle?language=en#t-146303). Acessos em 6 fev. 2019.

20. TEDMED (Tecnologia de Ensino a Distância de Medicina), vídeo *The Fastest Ambulance? A Motorcycle*, publicado em abril de 2013. Disponível em: <https://www.ted.com/talks/eli_beer_the_fastest_ambulance_a_motorcycle?language=en#t-146303>. Acesso em: 5 fev. 2019.

21. "Just an Ambucycle Ride Away", reportagem de Eitan Arom e Erica Schachne, publicada no site do *Jerusalem Post* em 1º dezembro *de* 2015. Disponível em: <https://www.jpost.com/Metro/Just-an-ambucycle-ride-away-386350>. Acesso em: 15 fev. 2019.

O UBER DAS AMBULÂNCIAS   37

22. Dov Maisel em entrevista ao autor, em 1º junho de 2016.

23. Peter Bloom em entrevista ao autor, em 23 de maio de 2016.

24. Dov Maisel em entrevista ao autor, em 1º junho de 2016.

25. *Opening Their Eyes*, de Judy Siegel-Itzkovich e veja também o vídeo de Keren Ghitis, *Jerusalem SOS*, 2010. Disponível em: <www.gaaal.com/films/jerusalem-sos>. O sistema GPS é chamado de "Bússola da Vida" e foi desenvolvido pela NowForce, uma empresa fundada em 2008 e sediada em Israel (veja também o site da companhia em: www.nowforce.com). Acessos em: 15 fev. 2019.

26. "Just an Ambucycle Ride Away", reportagem de Eitan Arom e Erica Schachne, publicada no site do *Jerusalem Post em* 1º de dezembro *de* 2015. Disponível em: <https://www.jpost.com/Metro/Just-an-ambucycle-ride-away-386350>. Acesso em: 15 fev. 2019.

27. "Courage under Fire", de Roland Huguenin, em *Magazine of the International Red Cross and Red Crescent Movement*. Disponível em: <http://www.redcross. int/EN/mag/magazine2000_4/Palestina.html>; *United Hatzalah: Thirty Arab Volunteers from East Jerusalem Join the Organization with the Encouragement of the Organization's Senior Executives*, de A. Harpaz, em *Actuality* [em hebreu], 24 de outubro de 2009. Disponível em: <www.actuality.co.il/articles/ art.asp?ID=3684&SID=7&CID=14&MID=14>. Por parte deles, a Sociedade Palestina Red Crescent pediu ao Magen David Adon (MDA) para que operasse na Cisjordânia e no leste de Jerusalém. "Int'l Red Cross Slams MDA for Operating in East Jerusalem", *West Bank*, reportagem de Tovah Lazaroff em *Jerusalem Post* de 5 de julho de 2013. Disponível em: <https://www.jpost.com/Diplomacy-and-Politics/Intl-Red-Cross-slams-MDA-for-operating-in-e-Jlem-West-Bank-318827>. Acessos em: 15 fev. 2019.

28. Veja também a reportagem *Fighting Together to Save Lives*, de Sam Sokol, publicada no *Jerusalem Post*, de 12 de dezembro de 2012. Disponível em: <https://www.jpost.com/In-Jerusalem/Features/Fighting-together-to-save-lives>. Acesso em: 15 fev. 2019.

29. Keren Ghitis no vídeo *Jerusalem SOS*, 2010. Disponível em: <www.gaaal.com/films/jerusalem-sos>. Acesso em: 15 fev. 2019.

30. Muhammad Asli em entrevista por telefone com o autor, em 25 de maio 2016.

31. "Peace Prize for Jewish and Muslim Leaders of United Hatzalah", reportagem de Abigail Klein Leichman, no site Israel21c em 24 de julho de 2014, Disponível em: <https://www.israel21c.org/peace-prize-for-jewish-and-muslim-leaders-of-united-hatzalah/>. Veja também Fighting Together to Save Lives, de Sam Sokol, publicada no *Jerusalem Post*, de 12 de dezembro de 2012. Disponível em: <https://www.jpost.com/In-Jerusalem/Features/Fighting-together-to-save-lives>; "United Hatzalah Leaders Receive Prize for Peace in the Mid East", de Greer Fay Cashman, *Jerusalem Post*, 25 de junho de 2013. Disponível em: <https://www.jpost.com/National-News/United-Hatzalah-leaders-receive-prize-for-peace-in-the-Mid-East-317610>. Acessos em: 15 fev. 2019.

32. "Peace Prize for Jewish and Muslim Leaders of United Hatzalah", reportagem de Abigail Klein Leichman, no site Israel21c em 24 de julho de 2014, Disponível

em: <https://www.israel21c.org/peace-prize-for-jewish-and-muslim-leaders-of-united-hatzalah/>. Veja também "Fighting Together to Save Lives", de Sam Sokol, publicada no *Jerusalem Post*, de 12 de dezembro de 2012. Disponível em: <https://www.jpost.com/In-Jerusalem/Features/Fighting-together-to-save-lives>. Acessos em: 15 fev. 2019.

33. Muhammad Asli em entrevista por telefone com o autor, em 25 de maio de 2016.

34. Ibidem.

35. Conferência anual TEDMED (Tcnologia de Ensino a Distância de Medicina), vídeo *The Fastest Ambulance? A Motorcycle*, publicado em abril de 2013. Disponível em: <https://www.ted.com/talks/eli_beer_the_fastest_ambulance_a_motorcycle?language=en#t-146303>. Acesso em: 15 fev. 2019.

36. Muhammad Asli em entrevista por telefone com o autor, 25 de maio 2016.

37. Judy Siegel-Itzkovich, "Opening Their Eyes", *Jerusalem Post* de 20 de dezembro 2015. Disponível em: <www.jpost.com/Business-and-Innovation/Health-and-Science/Opening-their-eyes-437828>.

38. Muhammad Asli em entrevista por telefone com o autor, em 25 de maio 2016.

39. *Eli Beer and Murad Alian Win Victor Goldberg Prize for Peace*, publicado pelo United Hatzalah em 02 de julho de 2013. Disponível em: <https://www.youtube.com/watch?v=4MmN8QZn2WQ>. Veja também outra publicação do United Hatzalah, IBA News in Arabic from Jerusalem de 27 de junho de 2013. Disponível em: <https://www.jpost.com/tags/iba-news>. Acessos em: 15 fev. 2019.

40. Dov Maisel em entrevista por telefone com o autor, em 1º de junho de 2016. Veja também a troca de e-mails entre Dov Maisel e o autor em 3 de janeiro de 2017.

41. 30 E. J'Lem Arabs Become Hatzalah Emergency Medics, reportagem de Judy Siegel-Itzkovich no *Jerusalem Post*, de 16 de outubro de 2009. Disponível em: <https://www.jpost.com/Health-and-Sci-Tech/30-e-Jlem-Arabs-become-Hatzalah-emergency-medics>. Acesso em: 15 fev. 2019.

42. Conferência anual TEDMED (Tecnologia de Ensino a Distância de Medicina), vídeo *The Fastest Ambulance? A Motorcycle*, publicado em abril de 2013. Disponível em: <https://www.ted.com/talks/eli_beer_the_fastest_ambulance_a_motorcycle?language=en#t-146303>. Acesso em: 15 fev. 2019.

43. "Before the Ambulance Comes", reportagem de Judy Siegel-Itzkovich em *Jerusalem Post* de 13 de setembro de 2009. Disponível em: <https://www.jpost.com/Health-and-Sci-Tech/Health/Before-the-ambulance-comes>. Acesso em: 15 fev. 2019.

44. TEDMED (Tecnologia de Ensino a Distância de Medicina), vídeo *The Fastest Ambulance? A Motorcycle*, publicado em abril de 2013. Disponível em: em: <https://www.ted.com/talks/eli_beer_the_fastest_ambulance_a_motorcycle?language=en#t-146303>. Acesso em: 15 fev. 2019.

45. "Eli Beer and Murad Alian Win Victor Goldberg Prize for Peace", publicado pelo United Hatzalah em 2 de julho de 2013. Disponível em: em: <https://www.youtube.com/watch?v=4MmN8QZn2WQ>. Acesso em: 15 fev. 2019.

46. Mark Gerson em entrevista com o autor em Nova York, em 27 de outubro de 2016.

O UBER DAS AMBULÂNCIAS

47. Judy Siegel-Itzkovich, "Ambucycle Zooms into AIPAC Conference", publicado no *Jerusalem Post de 3 de março de* 2015. Disponível em: <https://www.jpost.com/Diaspora/Ambucycle-zooms-into-AIPAC-conference-392729>. Veja também Judy Siegel-Itzkovich, "Opening Their Eyes", *Jerusalem Post* de 20 de dezembro de 2015. Disponível em: <www.jpost.com/Business-and-Innovation/Health-and-Science/Opening-their-eyes-437828>; Eli Beer no site da Schwab Foundation for Social Entrepreneurship. Disponível em: <https://www.schwabfound.org/awardees/eli-beer>. Acessos em: 15 fev. 2019.

48. Alan Dershowitz em troca de e-mails com o autor, em 19 de novembro de 2016.

49. "When Seconds Count", publicado no site do United Hatzalah. Disponível em: <https://israelrescue.org/>. Acesso em: 15 fev. 2019.

50. "Before the Ambulance Comes", reportagem de Judy Siegel-Itzkovich em *Jerusalem Post* de 13 de setembro de 2009. Disponível em: <https://www.jpost.com/Health-and-Sci-Tech/Health/Before-the-ambulance-comes>. Acesso em: 15 fev. 2019.

51. Apenas dois lugares fizeram sérios progressos na replicação do modelo de resgate em emergências de Israel: Jersey, em Nova Jersey (EUA), e a Cidade do Panamá, capital do Panamá. Outras localidades começam a duplicar o modelo israelense, incluindo Austrália, Argentina, Brasil, Bangladesh, Dubai, Etiópia, Gana, Índia, Lituânia, México, Ruanda, Reino Unidos e Ucrânia. Às vezes, essas iniciativas são chamadas de Unidade de Resgate. Dov Maisel em entrevista por telefone com o autor em 1º de junho de 2016. Veja também a entrevista de Eli Beer com o autor em Washington, DC, em 20 de março de 2016; além de Judy Siegel-Itzkovich, "Ambucycle Zooms into AIPAC Conference", publicado no *Jerusalem Post* de 3 de março de 2015. Disponível em: <https://www.jpost.com/Diaspora/Ambucycle-zooms-into-AIPAC-conference-392729>; Greer Fay Cashman, "The Ties That Bind", publicado no *Jerusalem Post* de 30 de maio *de* 2014. Disponível em: <https://www.jpost.com/Opinion/The-ties-that-bind-543416>; o vídeo do United Hatzalah, *United Hatzalah's Partnership in Dubai*, de 19 de julho de 2015. Disponível em: <https://www.youtube.com/watch?v=yJRmeya5SLw>; e ainda o vídeo *A Great Moment from Eli Beer's Visit with Panama's United Hatzalah Crew*, do United Hatzalah, publicado em 8 de dezembro de 2015. Disponível em: <https://www.youtube.com/watch?v=57U7zuuV_lc>. Acessos em: 15 fev. 2019.

52. Eli Beer em entrevista por telefone com o autor, 31 de maio de 2016.

53. TEDMED (Tecnologia de Ensino a Distância de Medicina), vídeo *The Fastest Ambulance? A Motorcycle*, publicado em abril de 2013. Disponível em:< https://www.ted.com/talks/eli_beer_the_fastest_ambulance_a_motorcycle?language=en#t-146303>. Acesso em: 15 fev. 2019.

CAPÍTULO 4

Uma gota por vez

Não havia nenhuma planta no campo, pois nenhuma erva ainda havia brotado; porque o Senhor Deus não tinha feito chover sobre a terra nem havia homem para lavrá-la; mas um vapor subiu dos campos e regou a face de toda a terra.

Gênesis 2:5-6

Irrigação por gotejamento. (Cortesia da Netafim)

IRRIGAÇÃO DE PRECISÃO

Em uma tarde clara da primavera de 2015, Rafi Mehoudar andava pelos bastidores, esperando sua vez de entrar em cena. Era o sexagésimo sétimo aniversário da independência de Israel e milhares de pessoas estavam reunidas no Cemitério Nacional de Monte Herzl em Jerusalém. O ambiente era festivo, enquanto dez israelenses notáveis eram chamados ao palco para acender uma chama em honra de suas conquistas. As figuras ilustres incluíam Danny Gold, o inovador por trás do sistema antimísseis Iron Dome; Gavriel Iddan, o inventor da PillCam (câmera em pílula); e Ehud Shabtai, um dos cofundadores do Waze.

Então, foi a vez de Mehoudar. Em um terno azul-marinho, ele caminhou para o púlpito, sorrindo e olhando para a multidão de pessoas que balançava a bandeira azul e branca de Israel. Mehoudar ajudou a desenvolver a moderna irrigação por gotejamento, um sistema que rega as plantas uma gota por vez de forma mais eficiente e eficaz do que os métodos anteriores. Mas antes de deixar o palco, ele olhou cuidadosamente para suas anotações como se estivesse olhando para o passado. Então, agradeceu a seu esquecido predecessor, um homem que não obteve nem dinheiro nem fama por sua notável invenção. "Em honra de Simcha Blass, alguém que, contra todas as probabilidades, avançou com o uso da irrigação por gotejamento há 55 anos", disse.

Mehoudar acendeu a chama e a multidão irrompeu em aplausos. O único problema: Blass não estava vivo para ouvir e receber esse agradecimento. Há cerca de 33 anos, morrera como um homem amargo.

Era agosto de 1965. O táxi que levava Simcha Blass, um israelense especialista em águas, deu uma parada repentina em frente a um decrépito prédio do kibutz Hatzerim, uma comuna socialista no meio do deserto de Neguev.[1] Israel existia há menos de vinte anos e já tinha passado por três guerras. Agora o kibutz estava lutando para preservar um dos mais vitais e finitos recursos do mundo: a água.

Por causa desse cenário remoto e estéril, o kibutz fazia um grande esforço para sobreviver e, assim, os líderes do Hatzerim decidiram tentar algo novo. Queriam iniciar um negócio que rendesse mais dinheiro aos quase cem moradores do kibutz e estavam em negociação com Blass sobre um projeto que acreditavam poder levá-los a esse objetivo.[2] Quando Blass saiu do carro, apoiou-se em sua bengala e colocou longas luvas brancas que iam até seus cotovelos.[3] Olhando à distância, tudo que conseguia ver eram quilômetros de areia.

A região era ressecada e havia pouco que o kibutz pudesse fazer. Os fazendeiros israelenses utilizaram durante muito tempo a irrigação por inundação para cuidar de seus campos. Esse método foi aplicado por séculos no Oriente Médio em lugares como Egito e Iraque, onde as populações tinham os rios Nilo, Eufrates e Tigre para irrigar suas plantações. Eles construíam canais e valas para fazer a irrigação, mas esse sistema precisava de uma quantidade enorme de tempo, esforço e dinheiro. Pior do que isso é que os agrônomos estimam que mais de 50% da água evapora ou é drenada pelo solo antes de as raízes das plantas conseguirem absorvê-la.[4] Sendo um país pobre, Israel não poderia jogar fora nem uma gota – embora estivesse desperdiçando muito mais.

Blass havia criado um sistema de irrigação que ele acreditava que fosse capaz de economizar uma quantidade enorme de água e fertilizantes. Usando canos, tubos estreitos e fazendo pequenos furos neles, imaginava que poderia construir um dispositivo para levar água diretamente à base de cada planta. O kibutz tinha esperança de que ele estivesse certo. A maioria dos cientistas, fazendeiros e especialistas do governo, porém, estava cética. Como gotejar apenas um pouco de água poderia fazer que as plantas crescessem e oferecessem uma boa colheita? Mas Hatzerim desejava arriscar.

Blass cedeu seus direitos de invenção ao kibutz. Como retorno, recebeu pequenos valores em *royalties* sobre futuras vendas do sistema e 20% das ações da companhia que o kibutz estava erguendo em torno dessa invenção. Ele foi embora satisfeito com os termos do acordo, mas sua satisfação duraria pouco.

A ÁRVORE DO CONHECIMENTO

Descendente de Vilna Gaon, um dos rabinos mais famosos do mundo, Blass nasceu em uma família hassídica, na Polônia, em 1897. Adolescente, gostava de mexer com relógios e se envolveu com o grupo local da juventude sionista. Quando começou a Primeira Guerra Mundial, foi incorporado ao exército polonês e serviu por dois anos. Durante o serviço militar, criou um instrumento meteorológico para medir a velocidade e a direção do vento. Depois da guerra, matriculou-se em um instituto de engenharia da Polônia, onde começou a estudar o uso de fontes alternativas de energia para motores de combustão interna. Entre suas invenções, estava um motor que utilizava álcool derivado de cevada em vez de gasolina.[5]

Sua paixão por engenharia só se equiparava ao seu interesse por um estado judeu. Quando percebeu que Israel não tinha cevada suficiente para o gado, para não dizer máquinas, decidiu criar um equipamento capaz de plantar grandes quantidades de trigo, um projeto que concluiu e tentou vender.[6] A máquina não fez sucesso, mas, em 1930, ele deixou a Europa e foi para a Palestina, estimulado pela ideia de retornar ao lar judeu.

Logo após a chegada com sua esposa, Yehudit, começou a trabalhar em projetos hídricos para a Yishuv, a comunidade judaica no Pré-Estado de Israel. Um dia, no início de 1930, um amigo convidou Blass para ir à casa dele em Karkur, uma cidade perto de Haifa. Enquanto almoçavam ao ar livre, Blass notou algo estranho. No campo diante deles, viu algo como uma cerca viva formada por árvores. Uma delas era muito maior do que as outras, mas eram todas da mesma espécie e provavelmente tinham sido plantadas na mesma época. Seu amigo disse a ele que a árvore maior havia crescido praticamente quase sem água. Intrigado, Blass começou a observar ao redor.

O que encontrou o surpreendeu: o solo superficial estava completamente seco, mas uma torneira pingando na área embebeu o sistema radicular embaixo da árvore alta. Ele cavou e encontrou uma zona do tamanho de uma cebola que ficava com o solo úmido, porque quase não havia evaporação superficial.[7] "O fato de aqueles pingos de água conseguirem fazer crescer uma árvore gigante me atingiu como o mosquito fez na mente do diabólico Tito", Blass contaria mais tarde.[8]

Ao longo dos próximos vinte anos, Blass sempre pensava naquela árvore. Gotejando água vagarosamente na base das plantas, ele acreditava que poderia revolucionar a forma que os fazendeiros irrigavam suas plantações. Mesmo assim, essa ideia teve que esperar enquanto ele estava desempenhando um papel decisivo no nascimento do Estado de Israel. "Fiquei muito envolvido em outros planos, mas a gota de água que fazia crescer árvores gigantes não me deixava. A ideia ficou presa e adormecida no meu coração", recorda.[9]

A GOTA PERFEITA

Entre 1930 e 1950, Blass se tornou um dos maiores especialistas de Israel em questões hídricas. Quando se mudou para a Palestina, não havia muita infraestrutura. As pessoas cavavam poços, bombeavam a água para a superfície e depois a carregavam por distâncias curtas ou a conduziam por canalizações. E, com milhões de judeus fazendo o caminho de volta para seu lar ancestral, estava claro para os fundadores de Israel que o país precisava oferecer a esses imigrantes um conjunto de serviços públicos.

Foi somente depois que deixou de trabalhar no setor governamental, em 1956, que Blass foi capaz de se dedicar à irrigação por gotejamento.

No fim dos anos 1950, ele começou a testar diversos protótipos. De início, trabalhou com tubulações de metal, imitando o que havia visto na fileira de árvores em 1930.[10] No entanto, durante a Segunda Guerra Mundial, houve escassez de borracha e isso fez surgir uma nova substância: o plástico. Por vários anos, Blass experimentou diferentes larguras de tubos e descobriu que os canos plásticos são uma maneira barata e flexível de transportar água.[11]

Em 1960, Blass realizou seu primeiro experimento bem-sucedido em um pomar com setenta árvores na cidade de Rehovot. Usou um terço a menos de água para irrigar as plantas.[12] Testes posteriores mostraram que a irrigação por gotejamento era mais eficaz do que o método por inundação ou do que o sistema de aspersão, independentemente da localização e do tipo de planta que estava sendo regada. Além de utilizar menos água, a produtividade da colheita também era significativamente maior.

Décadas depois de Blass ter surgido com essa ideia, a irrigação por gotejamento estava pronta para mudar as práticas agrícolas não apenas em Israel, mas ao redor de todo o mundo.

Blass não foi o primeiro a tentar a irrigação por gotejamento. Os chineses experimentaram esse método no primeiro século Antes da Era Comum (A.E.C.). Em 1860, pesquisadores alemães tentaram utilizar irrigação subterrânea com tubos de argila. O primeiro uso registrado do uso de plástico ocorreu na Austrália nos anos 1920. Mas Blass aplicou a ideia em um sistema diferente, que envolvia um gotejador com uma longa passagem em espiral que reduzia a velocidade da água. Alguns anos mais tarde, ele melhorou seu design, criando um gotejador com duas peças.[13]

Durante a maior parte do início dos anos 1960, Blass falou sobre sua invenção com todas as pessoas dispostas a ouvi-lo. Durante esse período, conheceu Dan Goldberg, professor no Departamento de Ciências da Água e do Solo, da Universidade Hebraica . Os dois realizaram juntos uma série de experimentos. Mas muitas pessoas não levavam a sério as ideias deles. Talvez fosse o temperamento muito impaciente de Blass ou, quem sabe, a forte resistência sempre encontrada por outras invenções que também pretendem mudar o status quo.

Blass decidiu utilizar seus antigos contatos no Ministério da Agricultura e o governo começou a conduzir uma série de experimentos em um pomar de amendoeiras. O primeiro deles resultou em um completo fracasso, porque os funcionários colocaram os tubos de plástico incorretamente no solo (as raízes das árvores cresceram na direção dos gotejadores e bloquearam o fluxo de água). Felizmente para Blass, um dos oficiais do ministério conseguiu convencer seus colegas a levar adiante uma nova experiência. Dessa vez, os funcionários colocaram os gotejadores na base das árvores e, como previsto, elas cresceram com menos água e ofereceram uma colheita com mais produtividade.[14] Porém, mesmo com o selo de aprovação do Ministério da Agricultura, sua invenção não decolou.

Em 1964, no entanto, começou a circular a informação de que um "pensionista" (a palavra israelense para aposentado) tinha um tipo de sistema para economizar água.[15] O líder da Associação Industrial dos Kibutz, Aryeh Bahir, contou ao tesoureiro do kibutz Hatzerim, Uri Werber, a respeito da ideia de Blass.[16] Bahir sabia que aquele kibutz estava tentando começar um novo negócio porque não conseguia mais sobreviver apenas com a agricultura. Segundo Werber, para sorte de Blass, os líderes do Hatzerim queriam uma indústria que tivesse uma forte conexão com a terra. Também queriam que as mulheres e os idosos fossem capazes de desempenhar um papel no novo negócio.[17]

Originalmente criado para ajudar os fazendeiros a cultivarem em condições desérticas, o equipamento rudimentar de Blass era um microtubo enrolado em volta de um cano de 16 milímetros. Por causa da fricção da água no ponto de entrada, o gotejado produzia um fluxo de três a cinco gotas por hora. Os integrantes do kibutz adoraram a ideia de economizar água e conseguir uma colheita maior. Eles não se importavam que aquela ainda não fosse uma prática comum.

Blass ficou cético, pois acreditava em sua invenção, mas duvidava que o kibutz conseguisse manufaturar o gotejador para monetizar sua ideia.[18] Werber, o tesoureiro da comunidade, era persistente. "Tive sorte o bastante e talvez um pouco de inteligência para seguir minha percepção e meu instinto", afirma.[19]

Dentro de poucos meses, Blass estava assinando seu contrato com o kibutz. Em janeiro de 1966, a companhia começou a manufaturar os gotejadores. O nome do produto: Netafim (ou gotas de água).

AFOGANDO A COMPETIÇÃO

Depois da primeira colheita, o kibutz descobriu que Blass estava certo: os resultados foram exatamente os previstos por ele. Alguns integrantes até queriam manter a inovação em segredo para garantir que o Hatzerim fizesse o maior número possível de negócios.[20] Em agosto de 1966, no entanto, a empresa completou sua primeira venda de gotejadores para os produtores de uva do assentamento Bnei Atarot. O primeiro gotejador comercial do mundo tinha chegado.[21]

No mesmo ano, um oficial do Ministério da Agricultura conseguiu convencer quatro assentamentos do vale de Arava a conduzir uma experiência, comparando seu sistema existente por aspersão com a tecnologia de Blass. Dentro de um mês, os vegetais irrigados por aspersão não haviam crescido enquanto os irrigados por gotejamento – tomates e pimentões – deram uma colheita fenomenal. Esses experimentos e outros que se seguiram ajudaram os assentamentos do Arava a se tornarem os maiores fornecedores de frutas e vegetais para a Europa durante o inverno.[22]

Como a invenção de Blass recebeu mais reconhecimento no Arava, logo os assentamentos da área estavam usando o produto da Netafim para plantar melões e melancias, tamareiras e flores tanto no campo quanto em estufas.[23] Mais tarde, a Netafim foi a primeira empresa a comercializar microgotejadores para irrigar algodão e cana-de-açúcar.[24] "Quando introduzimos a irrigação por gotejamento pela primeira vez, todos os especialistas das universidades israelenses nos explicaram por que isso não daria certo e por que o método mataria as plantas", disse o ex-CEO da Netafim Oded Winkler. "Demorou mais de cinco anos [depois da fundação da empresa] para provarmos que a posição deles era apenas teoria e não a realidade."[25]

Assim que a companhia se tornou comercialmente bem-sucedida, Blass solicitou uma patente em 1966 para proteger sua propriedade intelectual.[26] No início dos anos 1970, ele vendeu 100% de seus direitos para a Netafim,[27] recebendo uma grande quantia de dinheiro, que lhe possibilitou viver confortavelmente pelo resto de sua vida.[28]

Alguns anos depois, no entanto, ele pareceu aborrecido com sua decisão. O inventor procurou por Uri Werber, o tesoureiro do kibutz, e disse a ele: "Aqui senta o homem que me roubou. Eu não refleti direito e ele tirou vantagem disso".

Pego de surpresa, Werber respondeu: "A única coisa que eu fiz foi acreditar em sua invenção e em sua ideia mais do que você mesmo".[29]

Ele não foi o único. Houve também um jovem engenheiro recém-chegado que revolucionou a companhia, transformando-a de um pequeno negócio de propriedade de um kibutz em um império mundial da água.

O INOVADOR

Rafi Mehoudar não tinha nada de extraordinário. Era apenas mais um rapaz magrela e de cabelos negros, cuja família vivia em Jerusalém há 12 gerações.[30] Seus professores achavam sua inteligência limitada. "Seu filho não entende a química", eles disseram à mãe dele. "Talvez ele possa se tornar um ótimo encanador."[31]

Quem ajudou Mehoudar, no entanto, foi seu pai, um empresário falido, mas que sabia como estimular o lado criativo do filho. Ele tinha kits com truques de mágica, incluindo cigarros que explodiam e xícaras que derrubavam o conteúdo nas pessoas que fossem usá-las. Isso entretinha o jovem Mehoudar e o fazia rir. Quando o garoto fez 13 anos, seu pai lhe comprou um kit de ferramentas e equipamentos que permitia a construção de um coletor de energia solar e de uma estação de dessalinização de água.[32]

Depois do ensino médio, como todos os israelenses, Mehoudar foi alistado em um programa especial que possibilitava que ele seguisse com os estudos acadêmicos enquanto prestava serviço militar. Inscreveu-se na prestigiada Technion, onde ficou curioso pelas técnicas para economizar água. Mehoudar não apenas inventou seu próprio sistema de irrigação por aspersão, como também trabalhou em um vaso sanitário que reduziria a quantidade de água usada na descarga.[33]

Quando saiu do serviço militar, o escritório científico do Ministério da Defesa o convidou para trabalhar em tempo parcial no desenvolvimento de equipamentos para economizar água. Durante esse período, criou uma série de reguladores de pressão para aspersores de água[34] e a indústria privada notou seu desempenho.

Em 1972, o então CEO da Netafim, Oded Winkler, aproximou-se de Mehoudar e convidou o jovem engenheiro para trabalhar no departamento de pesquisa e desenvolvimento da companhia. De início, o rapaz não aceitou a proposta, pois achava que muitos integrantes dos kibutz não eram abertos a novas ideias. "Não tinha certeza se queria trabalhar com o Hatzerim", recorda. "Então, descobri que eles eram de outro tipo. As pessoas no Hatzerim que conheci eram muito abertas às ideias externas."[35] Mehoudar, finalmente, concordou em trabalhar na Netafim, mas apenas como consultor, sendo remunerado com royalties por suas invenções.

Logo depois que Mehoudar e o Hatzerim chegaram a esse acordo, Winkler entregou ao jovem inventor uma lista com dez gotejadores que o kibutz queria que ele desenvolvesse. Alguns deles eram sensíveis a mudanças de temperaturas e outros funcionavam com o simples apertar de um botão. Levou seis meses para Mehoudar encontrar a solução para nove das dez demandas. Ele, então, apresentou para a Netafim os projetos desses produtos. A empresa seguiu suas diretrizes e até hoje alguns desses gotejadores são comercializados.

Como afirma Ran Maidan, o atual CEO da companhia: "Simcha [Blass] inventou o gotejador, mas foi Mehoudar quem realmente o desenvolveu".[36]

NOSSO INIMIGO NÚMERO 1 É A IGNORÂNCIA

Por volta de 2050, a população mundial vai se elevar até aproximadamente 9 bilhões de pessoas.[37] Dentro de quinze anos, os especialistas acreditam que metade dos habitantes do mundo viverão em áreas onde não há água potável suficiente.[38] O resultado, provavelmente, será uma onda de demanda por alimentos.[39] Isso significa que o mundo terá que cultivar mais alimentos com menos água. Para enfrentar essa necessidade, a humanidade terá que encontrar maneiras inovadoras de utilizar os recursos existentes de terra e água, que já estão sob forte impacto. "A água não é apenas a água", afirma Seth M. Siegel, autor do livro *Faça-se a água*. "No caso de Israel, é também um exemplo inspirador de como a visão e a liderança podem mudar uma nação e mudar o mundo."[40]

Menos de 1% da água fresca em todo o mundo é potável. A vasta maioria desse precioso recurso é usado na irrigação agrícola – sendo que a metade é desperdiçada devido à ineficiência.[41] Uma maneira de economizar é mudar a forma de irrigação das plantações e o método mais eficiente é o por gotejamento. "A água é um dos maiores desafios que a humanidade está enfrentando", diz Oded Distel, diretor do programa israelense NewTech, do Ministério da Economia e da Indústria. "A abordagem holística de Israel pode servir como modelo para superar a crise hídrica global."[42]

Atualmente, a Netafim desempenha um papel fundamental na alimentação de desnutridos crônicos e no cultivo de mais plantações. A empresa ajuda fazendeiros, cooperativas e governos a economizar mais água, beneficiando grandemente a todos. A Netafim tornou-se uma gigante multinacional com mais de 30% do mercado de irrigação por gotejamento, comercializando seus produtos em mais de 110 países. "Nosso principal concorrente é a ignorância", diz Naty Barak, diretor-executivo de sustentabilidade da empresa.[43]

Quando Mehoudar pisou no palco naquela noite no Monte Herzl, balançou a cabeça em desalento. O que ele e Simcha Blass fizeram ajuda cerca de 1 bilhão de pessoas. "E isso é apenas o começo", afirmou.[44] Blass pode ter morrido como uma pessoa amarga, mas o que ele e Mehoudar criaram já melhorou a vida de muitas pessoas – uma gota de cada vez.

Notas do Capítulo 4

1. Saiba mais sobre Simcha Blass no site: <https://jewishphilly.org/jewish-gems-simcha-blass-early-zionist-eco-warrior/>. Veja também o vídeo sobre o cofundador da Netafim, Uri Werber em: <https://www.youtube.com/watch?v=8Y54dRIgVQw> e a reportagem "A Drip Revolution around the World", publicada no *Jerusalem Post* em 22 de abril de 2015, disponível em: <https://www.jpost.com/Israel-News/A-drip-revolution-around-the-world-398660>. Acessos em: 16 fev. 2019.

2. Naty Barak em entrevista ao autor no kibutz Hatzerim, em 5 de julho de 2015.

3. Mais sobre Simcha Blass no site: <https://jewishphilly.org/jewish-gems-simcha-blass-early-zionist-eco-warrior/>. Acesso em: 16 fev. 2019.

4. "Hiding in the Shallows", de Alastair Bland, publicado na revista *Comstock's* em 15 de setembro de 2015. Disponível em: <https://www.comstocksmag.com/longreads/hiding-shallows>. Acesso em: 16 fev. 2019.

5. Veja David Tidhar na *Encyclopedia of the Founders and Builders of Israel* (em hebreu), vol. 7 (1956), 2945. Disponível em: <http://www.tidhar.tourolib.org/tidhar/search?roman-name=David+Tidhar>. Acesso em: 16 fev. 2019.

6. Ibid.

7. "Dry Land Thrives with Drip Irrigation: Systems Traced to Discovery in Arid Israel in 1960s", de Maureen Gilmer, publicado em *Dayton Daily News*, de 7 de maio de 2015.

8. *Pollution in a Promised Land: An Environmental History of Israel*, de Alon Tal (Berkeley: University of California Press, 2002), p. 228.

9. *Faça-se a água – A solução de Israel para um mundo com sede de água*, de Seth M. Siegel. São Paulo: Editora EDUC, 2017.

10. Ibid.

11. Maureen Gilmer, "Dry Land Thrives with Drip Irrigation: Systems Traced to Discovery in Arid Israel in 1960s", de Maureen Gilmer, publicado em *Dayton Daily News*, de 7 de maio de 2015.

12. *A Drop of Respect: Who Really Invented Drip Irrigation?*, de Yael Freund Avraham, disponível em: *Makor Rishon* [in Hebrew], June 7, 2015, <www.nrg.co.il/online/1/ART2/698/679.html>.

13. "The History of Drip Irrigation", publicado em 5 de dezembro de 2017 no site do *Drip Depot* e disponível em: <https://help.dripdepot.com/support/solutions/articles/11000044434-the-history-of-drip-irrigation>. Acesso em: 16 fev. 2019.

14. Segundo a Netafim, a irrigação por gotejamento é 30% mais eficiente do que o método por inundação; a combinação de irrigação por gotejamento e "fertigação" (isto é, fertilização e irrigação em conjunto) aumenta a produtividade em mais de 200%. Netafim no vídeo *7 Facts about Drip*, publicado em 25 de janeiro de 2015. Disponível em: <https://www.youtube.com/watch?v=1R_1rjgVezE>. Acesso em: 16 fev. 2019.

52 A ORDEM É INOVAR

15. "A Drip Revolution around the World", publicada no *Jerusalem Post* em 22 de abril de 2015, disponível em: <https://www.jpost.com/Israel-News/A-drip-revolution-around-the-world-398660>. Acessos em: 16 fev. 2019.

16. Vídeo sobre o cofundador da Netafim, Uri Werber disponível em: <https://www.youtube.com/watch?v=8Y54dRIgVQw>. Acesso em: 16 fev. 2019.

17. Ibid. Veja também Naty Barak em entrevista ao autor no kibutz Hatzerim, 5 de julho 2015.

18. *Faça-se a água – A solução de Israel para um mundo com sede de água*, de Seth M. Siegel. São Paulo: Editora EDUC, 2017.

19. Vídeo sobre o cofundador da Netafim, Uri Werber disponível em: <https://www.youtube.com/watch?v=8Y54dRIgVQw>. Acesso em: 16 fev. 2019.

20. Naty Barak em entrevista ao autor no kibutz Hatzerim, 5 de julho 2015.

21. *The Evolving Story of Netafim and Drip Irrigation*, publicado pela Netafim em 27 de maio de 2012. Disponível em: <https://www.youtube.com/watch?v=QAGlTo0quR4>. Acesso em: 17 fev. 2019.

22. Timeline: 1966, Netafim Legacy, <www.netafimlegacy.com/timeline>.

23. Timeline: 1967, Netafim Legacy, <www.netafimlegacy.com/timeline>.

24. "What Israeli Drips Did for the World", reportagem de David Shamah, publicada no *The Times of Israel* de 20 de agosto de 2013, disponível em: <www.timesofisrael.com/what-israeli-drips-did-for-the-world>. Acesso em: 17 fev. 2019.

25. Founders: Oded Winkler, Netafim.com, <www.netafimlegacy.com/people>.

26. Ele pediu a patente em 22 de dezembro de 1966 e foi publicada em 7 de janeiro de 1969. Veja USPTO patent number 3420064, disponível em: <https://patents.google.com/patent/US3420064>. Acesso em: 17 fev. 2019.

27. CEOs: Avinoam ("Abie") Ron, Netafim.com, <www.netafimlegacy.com/people>.

28. *Faça-se a água – A solução de Israel para um mundo com sede de água*, de Seth M. Siegel. São Paulo: Editora EDUC, 2017.

29. Vídeo sobre o cofundador da Netafim, Uri Werber disponível em: <https://www.youtube.com/watch?v=8Y54dRIgVQw>. Acesso em: 16 fev. 2019.

30. *Faça-se a água – A solução de Israel para um mundo com sede de água*, de Seth M. Siegel. São Paulo: Editora EDUC, 2017.

31. Flowing, de Diana de Bkhor Nir, publicado em *Calcalist* [em hebreu], em 19 de março de 2015. Disponível em: <https://www.calcalist.co.il/home/0,7340,L-8,00.html>. Acesso em: 17 fev. 2019.

32. Ibid.

33. Ibid.

34. "A Drip Revolution around the World", publicada no *Jerusalem Post* em 22 de abril de 2015, disponível em: <https://www.jpost.com/Israel-News/A-drip-revolution-around-the-world-398660>. Acessos em: 17 fev. 2019.

35. Homenagem ao inventor Rafi Mehoudar, vídeo publicado em Netafim em 17 de maio de 2015. Disponível em: <https://www.youtube.com/watch?v=e79KcHBvxIk>. Acesso em: 17 fev. 2019.

UMA GOTA POR VEZ   53

36. "A Drip Revolution around the World", publicada no *Jerusalem Post* em 22 de abril de 2015, disponível em: <https://www.jpost.com/Israel-News/A-drip-revolution-around-the-world-398660>. Acessos em: 17 fev. 2019.

37. De acordo com a Food and Agricultural Organization (FAO), da ONU, a população mundial crescerá dos atuais 6,9 bilhões de pessoas para 9,1 bilhões em 2050. Veja *The State of the World's Land and Water Resources*, publicado pela FAO em 2011 e disponível em: <www.fao.org/docrep/017/i1688e/i1688e.pdf>. Acesso em: 17 fev. 2019.

38. *How Can Our Blue Planet Be Running out of Fresh Water*, de Lain Stewart, na BBC, disponível em: <https://www.bbc.co.uk/iplayer/episode/b0074sgj/planet-earth-3-fresh-water>. Acesso em: 17 fev. 2019.

39. Em 2017, a Famine Early Warning System Network da USAID, uma iniciativa que rastreia situações graves de insegurança alimentar ao redor do mundo, revisou sua estimativa sobre o número máximo de pessoas necessitando de doação de alimentos de 70 milhões para 81 milhões. A nova estimativa é 20% mais alta do que a ajuda alimentar que foi necessária em 2016 e 70% mais alta do que a de 2015. Esse aumento alarmante nos números ocorre apesar dos $2,2 bilhões em ajuda oferecidos pela comunidade global para dar assistência a situações de emergência em segurança alimentar. Veja *Already Unprecedented Food Assistance Needs Grow Further; Risk of Famine Persists*, publicado pela Famine Early Warning Systems Network em 21 de junho de 2017. Disponível em: <http://fews.net/global/alert/june-2017>. Acesso em: 17 fev. 2019.

40. Seth M. Siegel em troca de e-mails com o autor, em 29 de outubro de 2016.

41. "The Impact of Drip Irrigation: More Crop per Drop", de Arin Kerstein, publicado na *Borgen Magazine* de 20 de julho de 2015. Disponível em: <www.borgenmagazine.com/impact-drip-irrigation-crop-per-drop>. Veja também "Farms Waste Much of World's Water", publicado no site da Associated Press em 19 de março de 2006. Disponível em: <https://www.wired.com/2006/03/farms-waste-much-of-worlds-water/> e ainda o vídeo da Netafim: <https://www.youtube.com/watch?v=E0MZAPZPAQ4>. Acessos em: 17 fev. 2019.

42. Oded Distel em troca de e-mails com o autor, em 16 de novembro de 2016.

43. Naty Barak em entrevista ao autor no kibutz Hatzerim, em 5 de julho 2015.

44. "Israel's Drip Irrigation Pioneer Says His Tech Feeds a Billion People", reportagem de David Shamah, publicada no *Times of Israel de 21 de abril de 2015*. Disponível em: <https://www.timesofisrael.com/israels-drip-irrigation-pioneer-our-tech-feeds-a-billion-people/>.

CAPÍTULO 5

Os verdadeiros homens de ferro

Assim como as aves pairam tranquilamente, o Senhor dos Exércitos amparará Jerusalém; Ele a libertará e protegerá e, quando passar, a resgatará.

Isaías 31:5

Bateria do Iron Dome instalada nas proximidades de Ashkelon. (Cortesia das Forças de Defesa de Israel)

OS MÍSSEIS ESTAVAM TORNANDO A VIDA INSUPORTÁVEL
As sirenes de alerta soaram em Sderot e os moradores dessa cidade israelense, que fica a apenas oitocentos metros de Gaza, rapidamente se esconderam no abrigo antibombas mais próximo. Houve um silêncio estranho e, então, todos puderam ouvir o ruído baixo e agudo de um foguete se aproximando, seguido de uma explosão ensurdecedora. As janelas se despedaçaram. O alarme dos carros disparou. Era julho de 2014 e um foguete explodiu no ponto exato em que eu estivera em pé três horas antes. Enquanto a cena se desenrolava ao vivo na televisão, eu me sentia com sorte por já estar em casa em Jerusalém. Desde 2001, os ataques com foguetes eram uma ocorrência praticamente diária no

sul de Israel porque o Hamas disparava mísseis em Sderot e em outras cidades israelenses em uma tentativa de matar as pessoas e perturbar a vida cotidiana. Ao norte, próximo à fronteira com o Líbano, a situação era mais calma, mas lá também os militares israelenses temiam que o Hezbollah pudesse criar o caos. Ao longo das últimas duas décadas, o grupo havia acumulado 10 mil foguetes e, em 2004, muitos já consideravam a guerra inevitável.

Os militares precisavam de uma solução contra esses ataques de foguetes, mas os especialistas estavam perplexos. A vida em Israel – eles temiam – estava se tornando insuportável. Mais tarde naquele mesmo ano, a responsabilidade recaiu sobre Danny Gold, diretor das Forças de Defesa de Israel (IDF) responsável pela área de desenvolvimento de novos sistemas bélicos. Em agosto, ele pediu às empresas do setor que apresentassem suas propostas. Poucas deram retorno. Assim, o general, que tem dois ph.D.s, um em engenharia eletrônica e outro em administração, passou a estudar a questão por conta própria. Sua esperança: desenvolver um sistema que pudesse interceptar os mísseis no meio da trajetória.[1]

Naquela época, a ideia soava como ficção científica. Nos anos 1980, o presidente dos Estados Unidos Ronald Reagan propôs um ambicioso sistema antimísseis chamado de Iniciativa de Defesa Estratégica, cujos críticos apelidaram satiricamente de "Star Wars". A tecnologia era extremamente complexa e os presidentes que sucederam a Reagan cancelaram o financiamento do programa. Devia ser por isso que quase nenhum militar israelense considerava que um sistema semelhante pudesse funcionar. Os colegas e superiores de Gold diziam que ele estava "completamente delirante".[2] Muitos foguetes palestinos e do Hezbollah são pequenos em largura e comprimento, têm trajetórias frequentemente erráticas e são capazes de atingir as cidades israelenses em segundos. Como um sistema antimísseis poderia frustrar essas armas imprevisíveis?[3]

Gold estava inabalável. "Eu vi o que estava acontecendo e disse a mim mesmo que há muita tecnologia em Israel, então devemos usá-la para proteger a vida humana", diz.[4]

ISSO PODE SER FEITO?

O som dos foguetes explodindo do lado de fora da casa de Chanoch Levine amargurava seu coração. Era o verão de 2006 e Levine e sua esposa estavam morando no vale de Jezreel, no norte de Israel. Seu país estava envolvido em uma guerra viciosa com o Hezbollah. O grupo estava disparando em média cem mísseis por dia, e a casa de Levine ficava próximo a um ponto onde havia a pior violência.[5]

Naquele verão, ele havia retornado depois de passar dois anos em Washington, D.C., trabalhando no Departamento de Defesa dos Estados Unidos. Como engenheiro sênior na Rafael – Sistemas Avançados de Armamento, uma empresa israelense de tecnologia de defesa, ele trabalhou para descobrir como reduzir os danos causados por dispositivos explosivos improvisados. Enquanto choviam mísseis não muito longe do escritório da Rafael no norte de Israel, Oron Oriol chamou Levine na sala dele. Oriol liderava o programa de míssil ar-ar da companhia e deu a Levine uma nova responsabilidade: descobrir como acabar com a ameaça dos mísseis de curto alcance de forma barata e efetiva. A primeira providência de Levine foi selecionar uma equipe e preparar uma proposta para Gold para que a Rafael conquistasse um novo contrato.

– Por que você está me dando essa posição? – perguntou Levine.

– Tenho cinco profissionais que são melhores do que você. E cada um deles conhece mísseis ar-ar melhor do que você. O problema é que o ministro da Defesa está insistindo que temos que conseguir isso em três anos. Cada um dos outros conseguiria fazer em quinze anos. O ministro está insistindo também que isso seja feito com $ 50 mil. Os outros fariam por um custo em torno de $ 1 milhão. Preciso de alguém que venha de fora e traga um olhar diferente – respondeu Oriol.[6]

Quando saiu da reunião, Levine ligou para a esposa e lhe disse que provavelmente não conseguiria vê-la nos próximos cinco anos. "Eu me sentia horrível. Não tinha certeza de que [o projeto] pudesse ser realizado", lembra ele.[7]

Com a continuidade da guerra, os militares tornaram-se mais insistentes de que alguém precisava encontrar uma forma de deter os foguetes. O chefe de Levine deu a ele um assistente e os colocou para trabalhar em uma sala vazia. "De início, nem sabia o que fazer", conta Levine. "Olhava para a parede e me perguntava 'por onde devo começar?'"[8]

A guerra entre Líbano e Israel durou 34 dias. Mas as mortes e a destruição foram devastadoras. Durante as batalhas, 1.200 libaneses e 165 israelenses morreram. A maioria era de civis.[9] O conflito também forçou aproximadamente 1 milhão de libaneses[10] e entre 300 e 500 mil israelenses a abandonarem suas casas.

Cerca de três meses mais tarde, em novembro de 2006, Levine e sua equipe apresentaram sua ideia a Gold no escritório do Ministério da Defesa em Tel Aviv.[11] Levine começou oferecendo uma avaliação dos recursos que seriam necessários, o custo, o alcance e demais requisitos para o projeto ser bem-sucedido. Os militares de Israel já há muito tempo reconheciam a Rafael por sua especialização em tecnologia de mísseis e a equipe de Gold ficou muito impressionada com a ideia de Levine. A Rafael propôs a criação de uma parceria com a Israel Aerospace Industries, para a construção de um sistema de radar, e com uma empresa ainda pouco conhecida, a mPrest, para fazer a análise de dados e criar controles.[12]

Depois de cerca de um mês de deliberações internas, Gold escolheu a equipe de Levine e deu a eles a insignificante soma de 20 milhões de shekels (equivalente em 2019 a cerca de 20 milhões de reais) para iniciar o projeto. O presidente da Rafael, Ilan Biran, colocou mais 20 milhões, mas só depois que Gold se comprometeu a garantir mais fundos dentro de um ou dois anos.[13]

Mesmo após a guerra de 2006, pouquíssimas pessoas acreditavam que fosse possível deter os foguetes do Hezbollah e do Hamas. De início, o primeiro-ministro Ehud Olmert recusou-se a financiar o projeto depois que a maioria de seus conselheiros militares rejeitou a ideia. Assim, a Rafael foi forçada a começar a construir um complexo sistema antimísseis com cerca de 40 milhões de shekels (hoje aproximadamente 40 milhões de reais) destinados ao projeto – uma fração do que deveria custar. É como colocou Levine: "Eu estava muito satisfeito por termos conseguido o dinheiro. Mas também estava apavorado com a ideia de não conseguirmos ter sucesso."[14]

PEÇAS DA LOJA DE BRINQUEDOS

Para construir um sistema antimísseis efetivo e de baixo custo, Levine teve que reunir uma equipe de trabalho altamente motivada e vasculhar

OS VERDADEIROS HOMENS DE FERRO

o mundo em busca de peças baratas e duráveis. O time inicial era extremamente pequeno. "Selecionamos os melhores do país", afirma Gold. "Tínhamos especialistas em mísseis de 70 anos trabalhando lado a lado com engenheiros recém-formados, sem nenhuma hierarquia. Quem estivesse certo era quem tomava a decisão."[15] Na equipe, as pessoas se revezavam em turnos para trabalhar 24 horas por dia. "Controladores e críticos se sentavam perto de nós, como aquela dupla de velhos do *Muppet Show*, e faziam suas observações críticas. Nós nunca nos aborrecemos com aquilo", lembra Gold.[16]

Foi uma etapa extremamente desafiadora para todos que faziam parte do programa. "Trabalhávamos como loucos ao longo da semana e também nos fins de semana durante o estágio de desenvolvimento. Não havia um dia em que eu chegasse em casa antes das onze da noite. Esqueci como era minha família acordada. Não tirei um único dia de folga durante três longos anos. Mas não estou nem um pouco arrependido nem por um segundo", recorda Levine.[17]

Gold e Levine compreendiam que o interceptador de mísseis teria que sair por uma décima parte do custo médio de um míssil, que custava cerca de 500 mil dólares.[18] Se não conseguissem isso, o número de interceptadores de que Israel precisava quebraria o país. Por isso, Levine encontrou meios para cortar custos nos lugares mais incomuns. Entre eles, uma loja de brinquedos. "Um dia, levei ao trabalho um dos antigos carrinhos de controle remoto do meu filho", diz. "Reviramos o objeto e constatamos que tinha componentes que poderiam funcionar para nós."

O carrinho do filho de Levine tinha ficado guardado na garagem por quinze anos e ainda funcionava perfeitamente. Imediatamente, o engenheiro foi à loja e comprou mais daquelas peças por oitenta centavos a unidade.[19] "É o único sistema antimísseis do mundo que tem peças compradas em uma loja de brinquedos", lembra.[20]

TRÊS, DOIS, UM... NADA

Levou um tempo também para eles conseguirem dar um nome ao sistema. Um dos líderes do projeto, conhecido apenas como coronel Chico,[21] foi para casa fazer um breve intervalo de fim de semana. Ele e sua esposa quebraram a cabeça em busca de nomes.

"Vamos chamar o foguete de Tamir, de *til meyaret*", um acrônimo em hebreu para "míssil interceptador". E, para o sistema em si, o coronel gostou do som de "Golden Dome". No domingo seguinte, a equipe aprovou o nome Tamir, mas não gostou de Golden Dome, porque soava com muita ostentação. Então, mudaram para "Iron Dome" e o nome pegou.[22]

A estética também teve seu papel no design do sistema. De acordo com um dos engenheiros da equipe original: "Queria que o sistema de baterias parecesse supermoderno e ameaçador, porque era óbvio que, depois de apenas uma hora de uso, seria apresentado e teria 'likes' na CNN e na Al-Jazeera."[23]

Mas, conforme o projeto progredia, levantar financiamento era o maior desafio. Levine e a empresa estavam ficando com o dinheiro curto e ainda tinham pouco a apresentar por seus esforços. Felizmente, no início de 2007, o ministro da Defesa Amir Peretz ofereceu mais $ 10 milhões.[24] E, no fim daquele mesmo ano, depois de muita discussão com o Ministério da Defesa e com toda a hierarquia da área, Olmert deu seu apoio ao projeto e as Forças de Defesa de Israel finalmente alocaram $200 milhões no projeto.[25] Naquele momento era o suficiente para a Rafael construir duas baterias completas e produzir uma grande quantidade de mísseis.

A cerimônia de assinatura do financiamento foi realizada nos escritórios do Ministério da Defesa em Tel Aviv. Foi uma ocasião feliz, mas nem todos estavam satisfeitos. O ministro da Defesa Amir Peretz foi falar com Levine e parecia nervoso. Levou o engenheiro da Rafael para um canto e olhou diretamente nos olhos dele.

– Você é capaz de fazer isso – Peretz sussurrou.

– Claro que nós podemos fazer isso.

Recordando esse momento, Levine comenta: "Não acreditava em uma única palavra do que estava dizendo naquela hora. Mas, quando o ministro da Defesa pergunta se você é capaz de fazer algo, a resposta é sempre sim".[26]

Por volta de março de 2009, a Rafael havia conseguido colocar em pé um projeto que acreditava ser o míssil que atendia às especificações do Ministério da Defesa.[27] Para testá-lo, a Rafael marcou uma demonstração na cratera Ramon no deserto de Neguev. Quase espontaneamente, os pesquisadores da Rafael deram início a uma bolsa de apostas.

OS VERDADEIROS HOMENS DE FERRO

De brincadeira, dividiram-se em três grupos. Os Antissemitas achavam que o Iron Dome perderia do foguete Qassam por, pelo menos, oitocentos metros. O grupo Boicote, Desinvestimento e Sanções (BDS), apostava que perderia por apenas uns cem metros. E os Sionistas estavam convencidos de que o Tamir chegaria a dez metros do foguete inimigo.[28]

No dia do teste, o clima estava típico do deserto, quente e seco. A Rafael lançou o foguete inimigo e, então, a contagem regressiva começou para o Iron Dome. "Naquele instante, tive dois ataques cardíacos", brinca Levine.[29] Cinco, quatro, três, dois, um. Nada. O foguete Tamir não decolou. Levine pediu à equipe para pressionar novamente o botão de lançamento. Nada de novo. Alguns minutos depois, o Qassam caiu na cratera completamente intacto.

Levine decidiu tentar novamente. Os engenheiros recarregaram o equipamento com outro míssil Tamir. Então lançaram outro Qassam, esperaram e dispararam outro Tamir. "Meu funcionário pressionou outra vez o botão e nada aconteceu novamente. Naquele momento, pensei comigo mesmo, como poderia ir até o precipício e 'acidentalmente' dar um passo a mais", conta Levine.[30] Os israelenses deixaram a cratera sentindo-se desanimados.

Em 24 horas, os engenheiros de Levine encontraram qual era o problema: um fio defeituoso. Alguém havia colocado incorretamente. Uma semana depois, os medalhões militares e os funcionários da Rafael estavam de novo a caminho do Neguev. E novamente os três grupos fizeram suas apostas. Dessa vez, a contagem regressiva começou no dez. O Qassam saiu voando. "Olhei para um dos rapazes do grupo dos Antissemitas e ele estava totalmente branco", diz Levine. "Naquela hora, perdi alguns anos de vida." Levine segurou a respiração. De repente, os dois mísseis apareceram juntos na tela do monitor e um atingiu o outro. O Iron Dome havia derrubado o Qassam do céu. O grupo explodiu de alegria.

O que havia começado como uma missão impossível se tornará uma maneira viável de proteger o país.

QUANDO A MORTE VEM DO CÉU

Havia, no entanto, alguns problemas. Quando ficou claro que o governo israelense havia gasto centenas de milhões de dólares no projeto

Iron Dome, as empresas concorrentes da Rafael fizeram *lobby* junto às autoridades para que fossem realizadas auditorias no projeto. Em 2009, Micha Lindenstrauss, um fiscal do Estado, divulgou um relatório culpando Gold por lançar uma iniciativa multibilionária sem passar pelos canais necessários.[31]

Apesar de o relatório não sugerir responsabilidades criminais ou administrativas, foi capaz de gerar muita repercussão negativa.[32] Havia centenas de engenheiros, desenvolvedores, soldados e oficiais de segurança envolvidos no projeto. Mas Gold era quem recebia a maior parte dos contragolpes. E, embora – em teoria – o sistema estivesse pronto para ser instalado, Israel não dispunha ainda do número suficiente de baterias para o lançamento nem de uma quantia significativa de foguetes Tamir, que custavam $ 75 mil cada um.[33] As duas coisas eram necessárias para que o projeto conseguisse salvar vidas. E isso queria dizer mais dinheiro.

Para ajudar, Israel abordou seu aliado e benfeitor de longa data, os Estados Unidos. Em maio de 2010, o presidente Barak Obama anunciou que buscaria 205 milhões de dólares junto ao Congresso para instalar as baterias do Iron Dome por todo Israel. No mesmo mês, os congressistas norte-americanos aprovaram o financiamento quase por unanimidade.[34] A administração Obama, com o apoio do Congresso, tinha vindo salvar Israel, afirma Aviv Ezra, diretor de Assuntos Parlamentares do Ministério de Relações Exteriores. "O desafio não era somente salvar vidas, mas também prevenir a guerra e oferecer uma janela diplomática mais ampla para os tomadores de decisão."[35]

Em março de 2011, o sistema Iron Dome estava integralmente pronto para a batalha e suas capacidades eram impressionantes. Conseguia com sucesso interceptar foguetes, artilharia e morteiros. Podia derrubar aviões, helicópteros e drones. Era capaz de interceptar mísseis de todos os tipos em uma faixa de quase setenta quilômetros. Além disso, podia ser operado nas condições climáticas mais diversas, incluindo chuva, neblina e tempestade de areia.[36]

O sistema calcula com alto grau de precisão onde os mísseis lançados devem cair e se a área é, ou não, estratégica ou densamente populosa. O Iron Dome, então, lança um Tamir programado para derrubar o alvo. Frequentemente, Israel dispara dois mísseis para o caso de o primeiro falhar.

No início de abril, as Forças de Defesa de Israel (IDF) instalaram duas baterias do Iron Dome nas proximidades de Gaza, uma em Ashkelon e outra em Beer Sheva, e o comando militar deu permissão para disparar em qualquer foguete do Hamas lançado na direção de Israel. Em 7 de abril, as IDF identificaram a primeira oportunidade. O Hamas lançou um foguete na direção da cidade costeira de Ashkelon. Segundos depois, o Iron Dome disparou.[37] Nuvens de fumaça branca envolveram o céu. Os mísseis Tamir acertaram os alvos. Cinco anos depois de Levine ter iniciado sua pesquisa, o até então chamado de projeto impossível era um clamoroso sucesso. "Na ciência dos foguetes, chamamos isso de milagre", diz Yair Ramati, o ex-diretor da Organização dos Mísseis de Defesa de Israel.[38]

O sistema entrou em operação na hora certa. Quando a guerra estourou entre Israel e o Hamas em 2012, a população percebeu as capacidades do Iron Dome. Houve um vídeo que se tornou viral na internet de um casamento que estava acontecendo em uma cidade não muito longe de Gaza.[39] Quando as sirenes de alerta tocaram, alguns convidados caminharam para um abrigo antibombas e outros olharam para o céu. O vídeo mostra o Hamas disparando mais de uma dúzia de foguetes Qassam, enquanto ao fundo continuava a tocar a música "Sunday Morning", da banda Maroon 5. A seguir, naquilo que parece um vívido show de fogos de artifício, o Iron Dome intercepta todos os mísseis inimigos. E os convidados explodem em celebração.

Em julho de 2014, o Iron Dome protegeu grande parte das cidades israelenses dos foguetes do Hamas. A taxa de sucesso foi de 90%. Finalmente, os israelenses voltaram a se sentir suficientemente seguros para seguir com suas vidas. Como resultados, dos dois lados do Oceano Atlântico, muitos especialistas consideram que o sistema tem potencial para desempenhar um papel importante, levando árabes e judeus à mesa de negociações, além de salvar muitas vidas dos dois lados da fronteira. "O Iron Dome é um investimento na diplomacia – ajuda a criar as condições que podem conduzir à paz", afirma Michael Oren, ex-embaixador israelense nos Estados Unidos.[40] Em Washington, os responsáveis pela definição das estratégias políticas tendem a concordar. "O Iron Dome é a resposta militar de Israel para todos aqueles que acreditaram que poderiam deixar o país de joelhos", diz o embaixador Dennis Ross. "O Iron Dome protege as Forças de Defesa de Israel, pois, na maioria dos casos, evita o envio de forças terrestres para lugares como Gaza, o que salva um número incontável de vidas israelenses e palestinas."[41]

A PROTEÇÃO CELESTE DE ISRAEL

Atualmente, apesar da guerra de 2014, os especialistas militares acreditam que existam dezenas de milhares de foguetes em Gaza. Também acreditam que haja ainda centenas de milhares de mísseis no Líbano. Gold, no entanto, não está temeroso. Considera que o Iron Dome pode lidar com eficácia contra essa ameaça – e com uma taxa de sucesso cada vez mais alta. "A questão é quantas baterias de lançamento de mísseis devem ser compradas e instaladas. O Iron Dome está preparado para o futuro," avalia.[42]

Entre os políticos israelenses, Gold é considerado um herói e tem sido defendido. Em 2012, Israel agraciou a ele, Levine e mais sete engenheiros da Rafael com o prestigiado *Defense Prize* pela participação de todos eles na criação do Iron Dome.[43] No fim da guerra de 2014, Israel dispunha de nove baterias e a instalação de mais algumas já estava programada para os próximos anos. Desde que o sistema foi oficialmente instalado, já abateu com sucesso mais de mil foguetes lançados pelos inimigos. "Isso faz que eu me sinta muito bem", diz Gold.[44]

Os israelenses também se sentem bem em relação ao sistema. Por todo o país, existe o comércio de roupas, adesivos e mais uma parafernália de acessórios relacionado com o Iron Dome. Mas nada disso teria sido possível sem a determinação e a engenhosidade de pessoas como Gold e Levine. Como fala o primeiro: "De vez em quando, vale a pena ser Dom Quixote".[45]

Notas do Capítulo 5

1. "The Gray Matter behind the Iron Dome", de Aharon Lapidot, publicado em *Israel Hayom* de 23 de fevereiro de 2012. Disponível em: <http://www.israelhayom.com/2012/11/23/the-gray-matter-behind-the-iron-dome/>. Veja também "Israel's Iron Dome Defense Battled to Get off Ground", de Charles Levinson e Adam Entous, publicado no *Wall Street Journal* de 26 de novembro de 2012. Disponível em: <https://www.wsj.com/articles/SB10001424127887324712504578136931078468210>. Acessos em: 18 fev. 2019. Danny Gold chefiou a Administração para o Desenvolvimento de Armas e Infraestrutura Tecnológica do Ministério da Defesa de Israel.

2. "The Gray Matter behind the Iron Dome", de Aharon Lapidot, publicado em *Israel Hayom* de 23 de fevereiro de 2012. Disponível em: <http://www.israelhayom.com/2012/11/23/the-gray-matter-behind-the-iron-dome/>. Acesso em: 18 fev. 2019.

3. "Israel's Iron Dome Defense Battled to Get off Ground", de Charles Levinson e Adam Entous, publicado no *Wall Street Journal* de 26 de novembro de 2012. Disponível em: <https://www.wsj.com/articles/SB10001424127887324712504578136931078468210>. Veja também Israel's Iconic Iron Dome: General Danny Gold, Father, de Bill Robertson, publicado no *Huffington Post* de 4 de dezembro de 2015. Disponível em: <https://www.huffingtonpost.com/billrobinson/israels-iron-dome-by-gene_b_8411436.html>. Acessos em: 17 fev. 2019.

4. *The Maverick Thinker behind Iron Dome,* de Abigail Klein Leichman, publicado em *Israel21c* de 03 de agosto de 2014. Disponível em: <https://www.israel21c.org/the-maverick-thinker-behind-iron-dome/> Acesso em: 18 fev. 2019.

5. *Hezbollah's Rocket Campaign against Northern Israel: A Preliminary Report,* de Uzi Rubin, publicado no *Jerusalem Center for Public Affairs* 6, no. 10 (31 de agosto 2006). Disponível em: <http://jcpa.org/article/hizballahs-rocket-campaign-against-northern-israel-a-preliminary-report/>. Acesso em: 18 fev. 2019.

6. Chanoch Levine em entrevista para o autor em Washington, DC, em 27 de maio de 2016.

7. Ibid.

8. Ibid.

9. *Middle East Crisis: Facts and Figures,* BBC, de 31 de agosto de 2006. Disponível em: <http://news.bbc.co.uk/2/hi/middle_east/5257128.stm>. Acesso em: 17 fev. 2019.

10. *Recovery and Reconstruction Facts,* Presidency of the Council of Ministers – Higher Relief Council, Disponível em: <https://web.archive.org/web/20071227165718/>. <http://www.lebanonundersiege.gov.lb/english/F/Main/index.aspn?>.

11. Chanoch Levine em entrevista para o autor em Washington, DC, em 27 de maio de 2016.

12. Ibid. Algumas empresas propuseram, entre outras alternativas, a criação de um sistema a laser.

A ORDEM É INOVAR

13. "Israel's Iron Dome Defense Battled to Get off Ground", de Charles Levinson e Adam Entous, publicado no *Wall Street Journal* de 26 de novembro de 2012. Disponível em: <https://www.wsj.com/articles/SB100014241278873247125 04578136931078468210>. Acesso em: 18 fev. 2019.

14. Chanoch Levine em troca de e-mails com o autor, em 27 de junho de 2016.

15. "The Gray Matter behind the Iron Dome", de Aharon Lapidot, publicado em *Israel Hayom* de 23 de fevereiro de 2012. Disponível em: <http://www.israelhayom.com/2012/11/23/the-gray-matter-behind-the-iron-dome/>. Acesso em: 18 fev. 2019.

16. Ibid. Veja também *Iron Dome Ready for Future*, de Stewart Ain, publicado no *Jewish Week*, de 10 de fevereiro de 2015. Disponível em: <https://jewishweek.timesofisrael.com/iron-dome-ready-for-future/>. Acesso em: 18 fev. 2019.

17. "Iron Dome's Secret Components", reportagem publicada no site *Jewish Press*, em 22 de novembro de 2012. Disponível em: <https://www.jewishpress.com/blogs/muqata/iron-domes-secret-components-from-toys-r-us/2012/11/22/>. Acesso em: 18 fev. 2019.

18. Chanoch Levine em entrevista para o autor em Washington, DC, em 27 de maio de 2016.

19. Ibid.

20. "Iron Dome's Secret Components", reportagem publicada no site *Jewish Press*, em 22 de novembro de 2012. Disponível em: <https://www.jewishpress.com/blogs/muqata/iron-domes-secret-components-from-toys-r-us/2012/11/22/>. Acesso em: 18 fev. 2019.

21. Como o "Coronel Chico" ainda está na ativa, Levine preferiu mantê-lo anônimo. Chanoch Levine em entrevista para o autor em Washington, DC, em 27 de maio de 2016.

22. *One Year after the First Iron Dome Interception: Success, Thanks to the Warriors* [em hebreu], de Yael Livnat, publicado no site das Forças de Defesa de Israel em 5 de abril de 2012. Acesso em: 3 set. 2016.

23. "Iron Dome's Secret Components", reportagem publicada no site *Jewish Press*, em 22 de novembro de 2012. Disponível em: <https://www.jewishpress.com/blogs/muqata/iron-domes-secret-components-from-toys-r-us/2012/11/22/>. Acesso em: 18 fev. 2019.

24. "Israel's Iron Dome Defense Battled to Get off Ground", de Charles Levinson e Adam Entous, publicado no *Wall Street Journal* de 26 de novembro de 2012. Disponível em: <https://www.wsj.com/articles/SB10001424127887324712504 578136931078468210>. Acesso em: 18 fev. 2019.

25. Ibid.

26. Chanoch Levine em entrevista para o autor em Washington, DC, em 27 de maio de 2016.

27. Chanoch Levine em troca de e-mails com o autor, em 27 de junho de 2016.

OS VERDADEIROS HOMENS DE FERRO

28. Chanoch Levine em entrevista para o autor em Washington, DC, em 27 de maio de 2016.

29. Ibid.

30. Ibid.

31. "Doutor Danny Gold contrariou a diretriz 20.02 do ministro da Defesa quando decidiu em agosto de 2005 desenvolver o Iron Dome, um sistema de defesa antimísseis, determinando um cronograma e definindo uma 'aceleração telescópica' do projeto", acusou Lindenstrauss. "[Esses passos] não foram dados sob a autoridade da Administração para o Desenvolvimento de Armas e Infraestrutura Tecnológica, neste caso, sob a autoridade do general em chefe das Forças de Defesa de Israel (IDF), do ministro da Defesa e do governo de Israel." Veja também "The Gray Matter behind the Iron Dome", de Aharon Lapidot, publicado em *Israel Hayom* de 23 de fevereiro de 2012. Disponível em: <http://www.israelhayom.com/2012/11/23/the-gray-matter-behind-the-iron-dome/>. Acesso em: 18 fev. 2019.

32. "Iron Dome Doesn't Answer Threats", de Ben Hartman, publicado no *Jerusalem Post* de 9 de maio de 2010. Disponível em: <https://www.jpost.com/Israel/Iron-Dome-doesnt-answer-threats>. Acesso em: 18 fev. 2019.

33. Chanoch Levine em entrevista para o autor em Washington, DC, de 27 de maio de 2016. Veja também *Eight Facts about Iron Dome*, de Yuval Azulai, publicado em *Globes* (Israel) em 07 de outubro de 2014. Disponível em: <https://en.globes.co.il/en/article-everything-you-wanted-to-know-about-iron-dome-1000953706>. Acesso em: 18 fev. 2019. Muitos compararam o sistema Patriot da Raytheon – bastante utilizado na primeira Guerra do Golfo – ao Iron Dome. Mas apesar de os dois terem a mesma missão, os sistemas têm também diferenças chave. Primeiro, um único míssil Patriot custa mais de US$ 2 milhões, enquanto o custo de um Tamir é de US$ 75 mil.

34. Obama Seeks $205 Million for Israel Rocket Shield, publicado pela Reuters em 14 de maio de 2010. Disponível em: <https://www.reuters.com/article/us-israel-usa-irondome/obama-seeks-205-million-for-israel-rocket-shield-idUSTRE64C5JO20100513>. Acesso em: 18 fev. 2019. No total, o investimento dos Estados Unidos na produção do Iron Dome desde o ano fiscal de 2011 foi acima de US$ 1 bilhão. Veja Department of Defense Appropriations Bill de 2015, Senado dos Estados Unidos, 17 de julho de 2014. Disponível em: <https://www.congress.gov/bill/113th-congress/house-bill/4870>. Acesso em: 18 fev. 2019.

35. Aviv Ezra em troca de e-mails com o autor, em 5 de julho de 2016.

36. *The Maverick Thinker behind Iron Dome*, de Abigail Klein Leichman, publicado em *Israel21c* de 3 de agosto de 2014. Disponível em: <https://www.israel21c.org/the-maverick-thinker-behind-iron-dome/>. Veja também "The Gray Matter behind the Iron Dome", de Aharon Lapidot, publicado em *Israel Hayom* de 23 de fevereiro de 2012. Disponível em: <http://www.israelhayom.com/2012/11/23/the-gray-matter-behind-the-iron-dome/>. Acessos em: 18 fev. 2019.

37. Em três dias após o ataque inicial, Israel conseguiu deter nos céus mais oito foguetes do Hamas. *The Gray Matter behind the Iron Dome*, de Aharon Lapidot,

68 A ORDEM É INOVAR

publicado em *Israel Hayom* de 23 de fevereiro de 2012. Disponível em: <http://www.israelhayom.com/2012/11/23/the-gray-matter-behind-the-iron-dome/>. Veja também *Israel's Iron Dome: Why America Is Investing Hundreds of Millions of Dollars*, de Lazar Berman, no site do American Enterprise Institute de 24 de setembro de 2012. Disponível em: <http://www.aei.org/publication/israels-iron-dome-why-america-is-investing-hundreds-of-millions-of-dollars/>; e *Iron Dome Successfully Intercepts Gaza Rocket for the First Time*, de Anshel Pfeffer e Yanir Yagna, publicado em *Haaretz* de 07 de abril de 2011. Disponível em: <www.haaretz.com/israel-news/iron-dome-successfully-intercepts-gaza-rocket-for-first-time-1.354696>. Acessos em: 18 fev. 2019.

38. Yair Ramati em entrevista para o autor, em 2 de março de 2016.

39. Iron Dome Intercepts Rockets from Gaza during Wedding 11–14–2012, publicado em Dusco25 em 15 de novembro de 2015. Disponível em: <https://www.haaretz.com/israel-news/watch-iron-dome-intercepts-rockets-across-israel-1.5254931>. Acesso em: 18 fev. 2019.

40. Michael Oren em entrevista por telefone com o autor, 8 de janeiro de 2017.

41. Dennis Ross em entrevista com o autor em Washington, D.C., 6 de janeiro de 2017.

42. *Iron Dome Ready for Future*, de Stewart Ain, publicado no *Jewish Week*, de 10 de fevereiro de 2015. Disponível em: <https://jewishweek.timesofisrael.com/iron-dome-ready-for-future/>. Acesso em: 18 fev. 2019.

43. *Iron Dome Developers Named as Israel Defense Prize Recipients*, publicado pelas Forças de Defesa de Israel em 25 de junho de 2012. Disponível em: <https://www.idf.il/1283%E2%80%9316384-en/Dover.aspx>.

44. *The Maverick Thinker behind Iron Dome*, de Abigail Klein Leichman, publicado em *Israel21c* de 03 de agosto de 2014. Disponível em: <https://www.israel21c.org/the-maverick-thinker-behind-iron-dome/>. Acesso em: 18 fev. 2019.

45. Ibid.

CAPÍTULO 6

José dos tempos modernos

A oração mais tradicional é por uma colheita bem-sucedida – que Deus forneça sustento –, por pão, a base da vida. A tecnologia do casulo de grãos (Grain Cocoon) é uma resposta ao anseio ancestral de todas as pessoas serem alimentadas. Shlomo Navarro, o inovador, o criador do casulo de grãos é um mensageiro de Deus. E sua história é parte da Escritura contemporânea.

Rabino Irwin Kula, correspondência pessoal

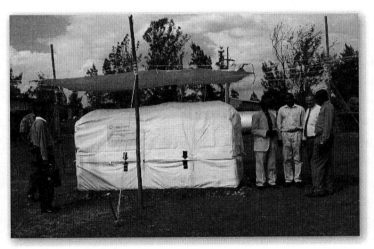

Shlomo Navarro (o segundo à direita) demonstra um casulo do tipo Grain Cocoon em Kigali, em 2002, na Ruanda. (Cortesia de Shlomo Navarro)

UM JEITO MELHOR DE PROTEGER A COLHEITA

O som era quase como o de um ralador. Em novembro de 1994, Shlomo Navarro, um especialista israelense em estocagem de alimentos, e vários de seus colegas viajaram para conhecer um pequeno armazém em um vilarejo nos arredores de Asmara, a capital da Eritreia.[1] O país tinha acabado de sair de uma sangrenta guerra civil que durou trinta anos, mas os moradores do vilarejo contaram a Navarro que estavam perdendo a batalha contra um inimigo muito mais trivial: os insetos. Nas últimas semanas, eles haviam infestado os armazéns de grãos e a escassez era elevada. Quase de imediato, Navarro percebeu que os moradores não

70 A ORDEM É INOVAR

estavam exagerando. Enquanto circulava pelo armazém, examinando os sacos de milho empilhados até o teto, o som dos insetos zumbindo ficava cada vez mais alto.[2]

Os moradores do vilarejo dependiam da agricultura local para sobreviver e, durante anos, testaram vários métodos para impedir que os insetos destruíssem os estoques de grãos. Muitos aplicavam inseticidas tóxicos que um comerciante local vendia em embalagens sem marca. Os fazendeiros espalhavam o pó branco sobre os grãos depois da colheita. Com frequência, faziam isso com as mãos, sem usar luvas, desinformados do fato de que o resíduo pode permanecer na pele até mesmo depois de ser lavada com água. Além da possibilidade de causar doenças terríveis e até a morte. Ademais, os cientistas afirmam que alguns pesticidas e outras substâncias químicas também atacam a camada de ozônio. Além disso, ao longo do tempo, os insetos podem desenvolver resistência a esses produtos, o que os torna ineficazes.[3]

Navarro achava que tinha uma maneira melhor para proteger a colheita dos fazendeiros do vilarejo. Era o chamado Grain Cocoon, um casulo grande e hermeticamente fechado, como se fosse um casulo, capaz de proteger arroz, grãos, especiarias e legumes. Essa espécie de bolsa pode conter entre cinco e trezentas toneladas de grãos. É composta de um material forte chamado cloreto de polivinila (PVC), por isso não rasga facilmente.[4] Quando os fazendeiros selam hermeticamente o casulo, os insetos e seus ovos ficam presos no interior e são privados de oxigênio, o que os sufoca até a morte. Em média, Navarro informa, o casulo pode salvar mais de 99% da colheita. O produto pode ser usado a qualquer momento após a colheita e, depois que os grãos estão fechados dentro do produto, em geral, os insetos morrem dentro de dez dias. Quando forem utilizar os grãos, entre outras técnicas, os fazendeiros podem remover facilmente os insetos mortos usando uma peneira.[5]

Os moradores do vilarejo estavam céticos, mas queriam dar uma chance àquela ideia. Navarro e sua equipe haviam viajado à Eritreia a pedido da Federação Luterana Mundial, uma organização assistencial em que os fazendeiros confiavam. Depois de tomar uma xícara de café com o pessoal local, os cientistas israelenses mostraram seu produto. Fechado, ocupa o espaço equivalente a um pequeno arquivo. Mas aberto, Navarro explicou, poderia conter mais de dez toneladas de grãos. Os moradores locais começaram a encher o casulo, buscando o maior número possível de homens fortes no vilarejo, para terminar rapidamente o trabalho. Em seguida, fecharam hermeticamente o casulo e esperaram. Dois dias depois, abriram a bolsa e examinaram cuidadosamente os grãos. Havia centenas de insetos mortos. Cumprindo sua palavra, Navarro ajudou a salvar o vilarejo, evitando a escassez e a fome.[6]

JOGOS VORAZES

Em todo o mundo, existem 815 milhões de pessoas cronicamente subnutridas.[7] Como os moradores daquele vilarejo, muitos fazendeiros nos países em desenvolvimento ainda usam sacos de aniagem para armazenar suas mercadorias. Os insetos conseguem facilmente se infiltrar pelo tecido e frequentemente destroem mais da metade da colheita. A redução dessas perdas, afirmam os especialistas, terá um papel crítico na luta contra a fome mundial. De fato, as técnicas de armazenamento ineficientes resultam em uma perda de cerca de 1,3 bilhão de toneladas de alimentos por ano. Isso representa um terço de todo alimento produzido para o consumo humano, uma quantidade suficiente para alimentar todas as pessoas com fome no mundo.[8]

A invenção de Navarro já está ajudando a enfrentar a luta nessa trincheira. Além de o Grain Cocoon proteger a colheita dos insetos e os fazendeiros dos pesticidas, também os ajuda a contra-atacar os péssimos contratos comerciais realizados diante das forças imprevisíveis do mercado. Ao estocar os grãos imediatamente após a colheita, os fazendeiros podem esperar para vender a mercadoria quando os preços estiverem mais altos. Nos casos de pobreza extrema, Navarro encoraja os agricultores a investirem em casulos comunitários para que possam armazenar coletivamente os grãos e usá-los quando necessário. Se os pequenos fazendeiros não conseguirem fazer esse tipo de escolha, eles e suas famílias estarão condenados a um ciclo de pobreza interminável.[9]

Desde que a GrainPro, empresa de Navarro,[10] introduziu o Grain Cocoon no mercado, no início dos anos 1990, uma centena de países em todo o mundo já adotou o produto, salvando suas colheitas de insetos, roedores e outras pestes.[11] A companhia já comercializou milhões de casulos junto com outras bolsas menores hermeticamente fechadas por vários Estados em desenvolvimento, incluindo países árabes (muitos dos quais não mantêm relações diplomáticas com Israel), da África, da América Latina e da Ásia. Esses casulos se tornaram especialmente atraentes para fazendeiros e agências de desenvolvimento porque podem ser reutilizados diversas vezes ao longo dos anos.[12] Como afirma Martin Gummert, cientista sênior do International Rice Research Institute (IRRI): "A ciência e a tecnologia testaram e os benefícios são ótimos. O desafio agora é informar as pessoas".[13]

O LADO BOM DOS ESTILHAÇOS

Atualmente, Navarro com seus 70 e poucos anos, é amplamente reconhecido como um José dos tempos modernos – o personagem bíblico que salvou o Egito da fome ao convencer o faraó a armazenar os grãos enterrados na terra. E, assim como José, a trajetória de Navarro até se tornar um líder bastante premiado na área de armazenamento de grãos foi improvável. Nascido em Izmir, na Turquia, Navarro decidiu imigrar para Israel em 1963. Ele não tinha passaporte nem dinheiro suficiente para a viagem. Mas, aos 23 anos de idade, o rapaz era idealista e estava ávido para ajudar a construir um país judeu. Então, quando quatro de seus amigos compraram passagens para viajar de Istambul para Haifa, Navarro pediu a eles que o escondessem a bordo. Eles concordaram e Navarro partiu sem se despedir de ninguém, porque sabia que sua família tentaria convencê-lo a ficar.[14]

Durante os quatro dias em que o navio cruzou o Mediterrâneo, Navarro ficou escondido na cabine de seus amigos, saindo apenas de vez em quando para se alimentar e esticar as pernas. Apavorado de ser pego e enviado de volta à Turquia, Navarro não tinha ainda certeza de como desembarcaria do navio e entraria em Israel sem um visto oficial. Seus amigos sugeriram contrabandeá-lo dentro de um cesto de roupa suja, mas, por fim, Navarro decidiu jogar limpo. Quando os oficiais da alfândega embarcaram no navio em Haifa para carimbar os passaportes, Navarro lhes contou a verdade. O funcionário ficou quieto e foi deliberar com seus chefes enquanto o clandestino turco esperava ansiosamente com seus amigos imigrantes. Logo em seguida, o oficial retornou e

JOSÉ DOS TEMPOS MODERNOS

73

informou que Navarro poderia desembarcar do navio. Seus amigos explodiram em festa.[15]

Naquela época, Israel tinha uma comunidade turca muito unida e Navarro possuía laços distantes com os das famílias proeminentes, os Mizrahi e os Castro. Assim que o rapaz chegou em Israel, eles lhe ofereceram abrigo e alimentação e também o ajudaram a encontrar emprego.[16]

Navarro ainda não sabia o que queria fazer da vida. Mas o rapaz tinha uma sólida educação judaica e era fascinado pela história de José. Antes de imigrar para Israel, havia se formado em engenharia agrícola na Universidade Ege, uma instituição turca bastante reconhecida. Foi lá que aprendeu sobre os inseticidas que podiam proteger as colheitas dos insetos, mas em geral causavam também consequências terríveis. Por fim, ele encontrou um emprego para trabalhar no Serviço de Proteção às Plantas de Israel.[17]

Nos primeiros anos depois de sua chegada, Navarro se dividia entre o emprego público, os estudos de especialização e o serviço militar. Em 1965, casou-se com seu amor da adolescência que também fizera a travessia da Turquia para Israel. O casal teve três filhos, mas um conflito sangrento interrompeu a paternidade e o trabalho.[18]

Navarro lutou na guerra de 1967 e voltou ileso. Dois anos depois, ele se alistou em uma unidade de blindados no vale do Jordão para lutar contra um grupo de militantes palestinos que reclamava um território perdido anos antes pela Jordânia. Os palestinos emboscaram Navarro e sua equipe em um posto remoto. Durante a batalha, um morteiro explodiu e estilhaços perfuraram suas pernas. A explosão lançou Navarro quinhentos metros para o alto. Em transe, ele olhou e viu apenas que um de seus colegas havia morrido. Em meio a morteiros explodindo e balas zunindo, os soldados de sua equipe o carregaram para um lugar seguro. As Forças de Defesa de Israel evacuaram Navarro de helicóptero para Jerusalém, onde foi submetido a uma cirurgia para retirar os estilhaços de suas pernas. Por essa batalha, ele recebeu uma medalha de honra.[19]

Navarro passou os oito meses seguintes engessado da cintura para baixo, recuperando-se no hospital. O ferimento o deixou mancando um pouco – e, por isso, seus amigos e colegas o apelidaram carinhosamente

74 A ORDEM É INOVAR

de "slow-mo", porque parecia que ele andava em "slow-motion" (câmera lenta).[20] O lado bom de tudo isso é que ele teve a oportunidade de estudar os dois temas que achava mais fascinantes: a manipulação da temperatura e o armazenamento hermético. Ambos se transformaram na base do doutorado em entomologia agrícola, que ele obteve na Universidade Hebreia de Jerusalém, em 1974.[21]

Alguns anos depois de ter saído do hospital, Navarro foi trabalhar na Agricultural Research Organization (ARO-Volcani Center), uma instituição renomada internacionalmente que promove pesquisa e desenvolvimento agrícola em irrigação hídrica, cultivo intensivo e controle de pragas. Foi ali que o cientista nascido turco criou o protótipo do que viria a ser o Grain Cocoon.

Navarro começou seus experimentos partindo de uma pergunta simples: é possível armazenar grandes quantidades de grãos por longos períodos de tempo sem quase ter perdas? Como muitos outros países naquela época, Israel estocava mercadorias para enfrentar os altos e baixos do mercado, os desastres naturais e as guerras. Ele estava pronto para provar que era possível selar hermeticamente quinze toneladas de grãos em silos. E, justamente como fez José, começou cavando uma vala profunda.[22]

O trabalho começou em 1979. A colheita tinha sido muito boa naquele ano, mas, se os dados históricos eram um indicador, o país perderia mais de 2% do total de grãos. As autoridades israelenses estocavam a maior parte da colheita ao ar livre e o país precisava de um sistema melhor do que aquele. Navarro, que já era bastante reconhecido em sua área de atuação, procurou os diretores do Ministério do Comércio e disse o seguinte: "Tenho uma solução, mas ela nunca foi testada fora do laboratório".[23]

Ele então apresentou os planos do que depois se tornou conhecido como o armazenamento em abrigo (*bunker storage*). O projeto começou a ser posto em prática aceleradamente no kibutz Magen, localizado no sul de Israel. Bem depressa, os organizadores construíram uma estrutura com 110 metros de comprimento, cinquenta metros de largura e nove metros de profundidade. Ao longo do mês seguinte, impermeabilizaram por dentro com PVC, depositaram os grãos e isolaram com outra camada protetora por cima antes de usar soldadores a quente para selar hermeticamente o abrigo.[24]

Navarro estava confiante que seu plano daria certo. Mas tinha também um enorme senso de responsabilidade. Sabia que estava coordenando um projeto que valia milhões de dólares e que aqueles grãos eram a maior parte das reservas do país. Durante os quinze meses seguintes, ele conta que teve muitas noites de insônia. Toda vez que ocorria uma chuva forte, acordava e dirigia duas horas para ir verificar as condições do abrigo. Não houve problemas, mas ele não conseguiu parar de cumprir esse ritual todas as vezes que chovia.[25]

Terminado o teste, Navarro e seus colegas descobriram que os grãos estavam tão frescos como no dia em que foram colocados no abrigo subterrâneo. A taxa de perdas foi dez vezes menor, caindo para 0,2%. E, no ano seguinte, Israel construiu mais três abrigos para armazenar grãos.[26]

Depois de anos de busca por uma maneira segura e confiável de estocar indefinidamente os grãos e prevenir que a colheita fosse atacada por insetos, Navarro finalmente tinha conseguido encontrá-la.

EXPERIMENTO NO SRI LANKA

Depois desse sucesso inicial, Navarro escreveu uma série de artigos sobre sua invenção. Em meados dos anos 1980, um deles chamou a atenção do doutor Laurence Simon, um especialista internacional em desenvolvimento e diretor da American Jewish World Service, uma entidade sem fins lucrativos sediada em Nova York. Em 1985, Simon viajou até a ARO-Volcani Center para conhecer Navarro, o vice-diretor da organização. Ele não tinha uma reunião marcada, mas estava determinado a conhecer o homem cuja invenção considerava tão promissora. Bateu na porta do escritório, entrou e disse a Navarro que gostaria de recriar aquele teste com casulos menores para ajudar o mundo a se desenvolver. O cientista israelense não se entusiasmou. "Não tenho tempo para esse projeto", respondeu. Mas Simon não desistiu. Voltou no dia seguinte, outra vez sem ser convidado, e argumentou que o povo judeu deveria dar essa importante contribuição para o resto do mundo. E então Navarro concordou.[27]

Menos de uma semana depois, Navarro começou a se dedicar seriamente ao novo projeto. Uma noite, foi para a cama dormir e surgiu a solução. No meio do sonho, acordou, deu um salto da cama e desceu a escada correndo para o escritório. "Desenhei o projeto inteiro", conta, com zíperes e presilhas. A seguir, Navarro contatou Simon e o informou que levaria alguns meses para construir a invenção. Simon ficou extasiado. Sabia o lugar exato para realizar um teste: Sri Lanka.[28]

Uma nação multiétnica que é o lar de 20 milhões de budistas, hindus, cristãos e muçulmanos, o Sri Lanka é uma pequena ilha localizada ao sul da Índia. Durante anos, Simon trabalhou em conjunto com a maior ONG do país, a Sarvodaya. Então sabia que o país era pobre e estava sofrendo com perdas massivas no pós-colheita. A equipe levou o protótipo e o primeiro teste seria realizado em três vilarejos onde a ONG tinha bom relacionamento com os fazendeiros. Os moradores locais temiam perder a totalidade dos grãos ou, no mínimo, o bastante para provocar escassez. Por isso, Navarro se comprometeu a compensá-los por toda perda que ultrapassasse o limite normalmente esperado. Depois de orientações e treinamentos extensivos, a Sarvodaya distribuiu os casulos pelo campo. Três meses depois, retornaram para descobrir que a experiência tinha sido um sucesso. Os insetos haviam morrido sufocados e os grãos estavam frescos e prontos para serem transformados em alimento.[29]

Desde então, Simon e Navarro continuaram a comercializar o produto por todo o mundo em desenvolvimento. Fizeram inclusive gestões para convencer as maiores entidades assistenciais, como o Programa Mundial de Alimentação e o escritório do Alto Comissariado Pelos Refugiados, ambas da ONU, a adotar essa tecnologia.

Em 1992, conforme mais e mais vilarejos e agências de desenvolvimento passavam a adotar a nova tecnologia, Navarro, Simon e outros especialistas israelenses em grãos decidiram dar início a GrainPro. Os dois não queriam depender de doações benemerentes ou da instabilidade das organizações de desenvolvimento. Decidiram que uma empresa com fins lucrativos era a melhor forma de produzir bastante Grain Cocoons para ajudar o mundo em desenvolvimento. "Levamos nossa missão social muito a sério. Mas, para sermos bem-sucedidos, temos que ser lucrativos – e somos", afirma Phil Villers, presidente da GrainPro.[30]

EM LUTA COM OS PESTICIDAS

Apesar de todos os benefícios dos Grain Cocoon, os pesticidas ainda são os reis supremos tanto no mundo em desenvolvimento quanto no desenvolvido. A principal razão: custo. Cada casulo, capaz de armazenar cinco toneladas, é vendido por pouco mais de $ 1 mil, um preço elevado para a maioria dos agricultores pobres. Por isso, a GrainPro desenvolveu bolsas herméticas para estocar quantidades menores, que custam bem menos, em torno de $2 a $3.[31] Mas, ainda assim, isso é caro para muitos agricultores de subsistência, que acabam dependendo que o governo ou as ONGs lhes comprem o produto.

Analisando superficialmente, o uso de pesticidas pode parecer mais barato, mas a professora Maria Otília Carvalho, da Universidade de Lisboa e especialista em entomologia, ecologia e armazenamento de alimentos, argumenta que no longo prazo os pesticidas são, de fato, mais caros. "Devido às consequências para a saúde, com perda potencial da vida e desperdício de grãos, para não falar nos prejuízos ambientais", diz ela, "o uso dos casulos herméticos é um avanço, é a tecnologia do futuro."[32]

Mas, quando se trata do mundo desenvolvido, Simon afirma que o custo não é a única razão para que os casulos herméticos não sejam mais usados. Apesar de seus efeitos nocivos, os pesticidas permanecem populares porque os maiores fornecedores de grãos não recebem incentivos reais para mudar sua forma de manejar as plantações e a armazenagem. Sob o ponto de vista deles, o armazenamento e a fumigação existem também "graças à ciência", diz Simon. Eles fornecem um produto de qualidade e matam os insetos a um custo razoável. Simon conta que ele e outros especialistas em armazenamento de grãos já tentaram convencer as empresas líderes do setor, como Archer Daniels Midland e a Continental Grain, a adotarem a tecnologia de Navarro ou outro método seguro de estocagem hermética – sem sucesso. É como ele diz: "É difícil introduzir novas tecnologias quando as pessoas não veem um problema para ser solucionado".[33]

Sendo assim, os problemas relacionados aos pesticidas persistem e pode ser apenas uma questão de tempo até que as maiores empresas

78 A ORDEM É INOVAR

fornecedoras de grãos sejam forçadas a mudar seus hábitos. À medida que os consumidores desenvolvem maior consciência sobre segurança alimentar, passam a demandar produtos orgânicos. Nos Estados Unidos, nos próximos anos, espera-se que o mercado de alimentos orgânicos cresça a uma taxa anual de 14%.[34] Conforme a demanda por orgânicos for aumentando, Simon e Navarro esperam que o setor não tenha alternativa a não ser adotar a tecnologia deles. Em outras palavras, os dois querem que os casulos herméticos matem mais do que apenas insetos.

RUANDA RECEBE UM NOVO COCOON

Em 1999, apenas cinco anos depois do fim da guerra civil em Ruanda, o doutor Tesfai Ghirmazion, ministro da Agricultura do país, viajou a Israel para se reunir com especialistas da ARO-Volcani Center. Entre outros assuntos, ele queria conhecer mais sobre o Grain Cocoon. O que viu o deixou impressionado. "Essa é a tecnologia que quero levar para Ruanda", Navarro se lembra dele dizendo.[35]

Três anos depois, no verão de 2002, Navarro estava em Lubirizi, uma cidade a cerca de uma hora de Kigali, a capital de Ruanda. Ali, Navarro ensinou a mais de duas dúzias de pessoas como deviam utilizar a tecnologia do armazenamento hermético. No fim do treinamento, encontrou-se novamente com o ministro e pediu permissão para realizar um experimento: o que aconteceria, perguntou, se guardassem um daqueles casulos por mais de uma década? O ministro concordou e eles fecharam uma bolsa cheia de milho.[36]

Doze anos mais tarde, os funcionários que trabalhavam naquela localidade abriram o casulo. O que encontraram os surpreendeu. O milho estava tão bom quanto no dia em que foi armazenado. Juntos, Navarro e o governo de Ruanda comprovaram que o Grain Cocoon também funciona em longo prazo.[37]

Gad Loebenstein, ex-diretor da ARO-Volcani Center e cientista-chefe do Ministério da Agricultura de Israel, resume da seguinte maneira: "A Grain Cocoon já tirou milhões de pessoas da pobreza. Usando uma tecnologia relativamente barata, os agricultores agora têm a possibilidade de armazenar seus alimentos por longos períodos de tempo para alimentar suas famílias".[38]

Notas do Capítulo 6

1. Shlomo Navarro em troca de e-mails com o autor, de 24 a 26 dezembro de 2015.

2. Laurence Simon em entrevista por telefone com o autor, em 29 de outubro 2015.

3. *Montreal Protocol on Substances That Deplete the Ozone Layer*, publicado pelo Programa Ambiental da Organização das Nações Unidas (ONU) em 1º de janeiro de 1989. Disponível em: <http://www.un-documents.net/mpsdol.htm>. Acesso em: 19 fev. 2019. Veja também Laurence Simon em entrevista por telefone com o autor, 29 de outubro 2015.

4. *No More Rotten Crops: Six Smart Inventions to Prevent Harvest Loss*, de Caspar van Vark, publicado no *The Guardian* (Reino Unido) de 27 de outubro de 2014. Disponível em: <https://www.theguardian.com/global-development-professionals-network/2014/oct/27/farming-post-harvest-loss-solutions-developing-world>. Acesso em: 19 fev. 2019.

5. Shlomo Navarro em troca de e-mails com o autor, de 24 a 26 dezembro de 2015. Veja também Shlomo Navarro em entrevista para o autor em Rehovot, 25 de junho de 2015.

6. Laurence Simon em entrevista por telefone com o autor, 29 de outubro 2015.

7. *2018 World Hunger and Poverty Facts and Statistics*, publicado por World Hunger Education Service. Disponível em: <https://www.worldhunger.org/world-hunger-and-poverty-facts-and-statistics/>. Acesso em: 19 fev. 2019.

8. *Save Food: Global Initiative on Food Loss and Waste Reduction*, Organização das Nações Unidas para Alimentação e Agricultura (FAO). Disponível em: <http://www.fao.org/3/a-i4068e.pdf>. Acesso em: 19 fev. 2019.

9. *E! 3747 IPM-RICE*, publicado em *Eureka Network* em 16 de março de 2011. Disponível em: <http://www.eurekanetwork.org/content/e-3747-ipm-rice>. Acesso em: 19 fev. 2019.

10. Como era um funcionário do governo israelense, Navarro só pôde receber legalmente uma pequena e simbólica quantidade de ações e a função de consultor dentro da companhia. Simon, por sua vez, tornou-se presidente do Conselho de Administração e a Volcani Center (a organização de pesquisa agrícola) recebeu todos os *royalties* pelas patentes da empresa.

11. *GrainPro: About the Company*, disponível em: <https://grainpro.com/about-us/>. Acesso em: 19 fev. 2019.

12. *Israeli Agro Expert Offers Farmers Bug-Free Solutions*, publicado pela *Xinhua News Agency* em 29 de novembro de 2011. Disponível em: <www.soyatech.com/news_story.php?id=262172>.

13. Martin Gummert em entrevista por telefone com o autor, em 17 de novembro de 2015.

14. Shlomo Navarro em entrevista por telefone com o autor, em 16 e 17 de dezembro de 2015. Veja também Shlomo Navarro, *Seventieth Birthday Book*, 2010, manuscrito não publicado.

80 A ORDEM É INOVAR

15. Ibid.

16. Shlomo Navarro, *Seventieth Birthday Book*, 2010, manuscrito não publicado.

17. Página no LinkedIn de Shlomo Navarro, recuperada em 8 de março de 2016.

18. Shlomo Navarro, *Seventieth Birthday Book*, 2010, manuscrito não publicado.

19. Shlomo Navarro em troca de e-mails com o autor, entre 16 e 17 de dezembro de 2015. Veja também Shlomo Navarro, *Seventieth Birthday Book*, 2010, manuscrito não publicado.

20. Laurence Simon em entrevista por telefone com o autor, em 29 de outubro 2015.

21. *Studies on the effect of alterations in pressure and composition of atmospheric gases on the tropical warehouse moth, Ephestia cautella (Wlk.), as a model for stored-product insect pests*, tese de PhD apresentada na Senate of Hebrew University em Jerusalém (1974).

22. Shlomo Navarro em entrevista por telefone com o autor, em 16 e 17 de dezembro de 2015.

23. Ibid.

24. Ibid.

25. Ibid.

26. Durante vinte anos, essas trincheiras possuíam de 30 a 60 mil toneladas de grãos, que o país vendia no mercado dependendo da oferta, da demanda e da chuva. Mas a partir de 2000, Israel decidiu não armazenar mais nenhuma reserva estratégica de grãos – os EUA tomaram uma decisão semelhante em 2008. A maior parte do consumo doméstico de cereais em Israel, cerca de 1,5 milhão de tonelada por ano, é importada. Em um esforço para simplificar os negócios, assim que a indústria de cereais foi privatizada em Israel, o excesso de grãos deixou de ser armazenado por longos períodos para reduzir custos – apenas o que é necessário para o mercado é comprado e imediatamente armazenado. É importante notar também que Austrália, Argentina, Brasil, Chipre, Jordânia, Turquia e Estados Unidos utilizaram com sucesso a tecnologia de bunker israelense. Em *How to Fight a Food Crisis*, de Frederick Kaufman, publicado em *Los Angeles Times* em 21 de setembro de 2012. Disponível em: <http://articles.latimes.com/2012/sep/21/opinion/la-oe-kaufman-food-hunger-drought-20120921>. Veja também o vídeo *Argentine Bunker Silo Dry Storage Grain*, de Francisco Cayol, em 23 de janeiro de 2011. Disponível em: <https://www.dailymotion.com/video/x2nw9ue>; *New Applications of Hermetic Storage for Grain Storage and Transport*, de P. Villers, S. Navarro e T. de Bruin, no site da GrainPro, publicado em junho de 2010. Disponível em: <https://www.academia.edu/22676538/New_Applications_of_Hermetic_Storage_for_Grain_Storage_and_Transport>; e *Bunker Storage Technology*, publicado em Food Technology Information Center e disponível em: <http://www.naftec.org/>. Acessos em: 19 fev. 2019. Veja também Shlomo Navarro em entrevista por telefone com o autor, entre 16 e 17 de dezembro de 2015.

27. Laurence Simon em entrevista por telefone com o autor, 29 de outubro 2015. Veja também Laurence Simon em entrevista por telefone com o autor, entre 16 de dezembro de 2015.

28. Shlomo Navarro em entrevista por telefone com o autor, entre 16 e 17 de dezembro de 2015.

29. Laurence Simon em entrevista por telefone com o autor, em 29 de outubro 2015. Veja também Laurence Simon em entrevista por telefone com o autor, em 16 de dezembro de 2015.

30. *For Phil Villers, Helping Feed the World Is in the Bag*, de Bella English, publicado no *Boston Globe* de 17 de dezembro de 2013. Disponível em: <www.bostonglobe.com/lifestyle/2013/12/17/concord-based-company-aims-help-alleviate-world-hunger/aIGEHu8DbD3nI2yViuiABP/story.html>. Acesso em: 19 fev. 2019. E, segundo Tom de Bruin, CEO da subsidiária de propriedade integral das Filipinas, a companhia agora está focada em três segmentos de mercado. O primeiro é armazenamento. As agências governamentais, particularmente na África, estão comprando casulos (cocoons) para evitar o potencial de desnutrição, garantir a segurança alimentar e prevenir grandes flutuações de preços. A empresa também está voltada ao armazenamento de grãos de café e coco, utilizando um casulo menor chamado de bolsa SuperGrain, que pode manter guardados 68 quilos. Esse produto é adequado para pequenos fazendeiros que não têm necessidade ou não querem investir em grandes casulos. O terceiro segmento é o mercado de orgânicos.

31. GrainPro: Order Form, no site da GrainPro.com, disponível em: <https://grainpro.com/product-inquiry/>. Acesso em: 19 fev. 2019.

32. Maria Otília Carvalho em entrevista por telefone com o autor, em 7 de janeiro de 2016.

33. Para Martin Gummert, pesquisador do International Rice Research Institute (IRRI), um outro obstáculo é que o sistema de casulos requer muito mais tempo e esforço do que o armazenamento dos grãos em silos, que é o método preferido nos países em desenvolvimento. Martin Gummert em entrevista por telefone com o autor, em 17 de novembro de 2015. Veja também Laurence Simon em entrevista por telefone com o autor, 29 de outubro de 2015.

34. *US Organic Food Market to Grow 14% from 2013–2018*, de Stephen Daniels, publicado em *Food Navigator* em 3 de janeiro de 2014. Disponível em: <https://www.foodnavigator-usa.com/Article/2014/01/03/US-organic-food-market-to-grow-14-from-2013-18>. Acesso em: 19 fev. 2019.

35. Shlomo Navarro em troca de e-mails com o autor, de 24 a 26 de dezembro de 2015. Veja também Laurence Simon em entrevistas por telefone com o autor, em 29 de outubro e 16 de dezembro de 2015.

36. Shlomo Navarro em entrevista por telefone com o autor, 16 e 17 de dezembro de 2015.

37. É evidente que grande parte do mundo em desenvolvimento e um número crescente de fazendeiros estão confiando na tecnologia de armazenamento hermético. Em Ruanda, por exemplo, as perdas pós-colheita de milho e arroz caíram em 2013 de 32% para 9,2% e de 25% para 15,2% respectivamente. Dados do documento *Post Harvest Handeling and Storage Task Force*, publicado pelo Ministério da Agricultura e Recursos Animais de Ruanda. Disponível em:

<www.minagri.gov.rw/index.php?id=571>. Acesso em: 19 fev. 2019. No distrito de Kabarore em Ruanda, os fazendeiros elevaram os lucros em 40% porque conseguiram armazenar os grãos por pelo menos quatro meses. Conforme mais fazendeiros forem adotando essa tecnologia, suas perdas pós-colheita serão diminuídas e os lucros aumentarão. Veja *Hermetic Storage a Viable Option*, publicado em *New Agriculturist*, de janeiro de 2008. Disponível em: <http://www.new-ag.info/en/developments.php>. Acesso em: 19 fev. 2019.

38. Gad Loebenstein em entrevista por telefone com o autor, em 7 de dezembro de 2016.

CAPÍTULO 7
O quarto dia

E fez Deus os dois grandes luminares: um maior para governar o dia e o outro menor para governar a noite; e fez também as estrelas.
E Deus os colocou no firmamento para iluminar a terra e governar o dia e a noite, separando a luz da escuridão; e Deus viu que isso era bom.

Gênesis 1:16-18

O físico Shmuel Sambursky (esq.) e David Ben-Gurion (centro) com Harry Zvi Tabor (dir.) com seu painel solar chamado Superfície Seletiva de Tabor. (Cortesia da família Tabor)

APROVEITANDO O SOL

Todo mundo estava suando em profusão. Era o verão de 1955 e o sol ardia no campo atrás do icônico edifício Generali em Jerusalém. Harry Zvi Tabor, físico e engenheiro, fora até lá para se encontrar com alguns dos fundadores de Israel. Ali estavam o primeiro-ministro David Ben-Gurion, o ministro das Finanças Levi Eshkol e Teddy Kollek, que na época era diretor-geral do escritório do primeiro-ministro.

Não se tratava de uma celebração. Alguns anos antes, o país havia derrotado seis exércitos árabes para vencer a Guerra da Independência.

Mas agora a nação enfrentava outro desafio: centenas de milhares de judeus imigrantes estavam chegando vindos de todas as partes do mundo. A economia estava em crise, havia escassez de combustível e era comum o racionamento de energia. A situação estava tão crítica que o governo proibiu o aquecimento de água entre as dez da noite e as seis da manhã.[1] Quanto mais crescia a população, mais aumentavam as chances de o país quebrar.

Tabor sabia que o Estado ainda em formação precisaria de uma fonte de energia barata e confiável para seus cidadãos. Mas onde encontrar isso? Outras nações do Oriente Médio tinham descoberto e contavam com um abundante abastecimento de petróleo. Israel não tinha nada. Não tinha nem carvão, para não falar em um suprimento estável de água. O que possuía era luz solar. Em abundância. Mas aproveitar o sol para aquecer a água e produzir energia era difícil. Durante anos, os cientistas haviam tentado e fracassado na criação de um equipamento eficiente para o consumo massivo. Tabor, no entanto, acreditava que havia encontrado uma solução. Usando seus conhecimentos em física avançada e engenharia aplicada, inventou uma engenhoca, que chamou de coletor solar. O único problema: o equipamento nunca fora testado fora de seu laboratório.

Agora, sob a observação de Ben-Gurion e dos demais, Tabor colocou a máquina no meio do campo e ligou. A engenhoca começou a bombear água pelos canos e, conforme o líquido se movia, os painéis atraíam a luz do sol para aquecer a água.

Ben-Gurion ficou em êxtase e soube imediatamente que o coletor solar mudaria a futura trajetória do país e talvez até mesmo do mundo.[2] O primeiro-ministro ficou tão entusiasmado que enviou o cientista nascido na Inglaterra aos Estados Unidos para participar da primeira conferência mundial sobre energia solar no Arizona. E insistiu para que Tabor levasse seu coletor solar para ser exibido no evento (o físico achava que bastaria levar um pôster).[3] A máquina tornou-se o maior sucesso da conferência e, de repente, Israel, aquele país pequeno e recém-formado, estava a caminho de se tornar um dos pioneiros mundiais em energia solar.

UMA ATIVIDADE PARA EXCÊNTRICOS

Tabor nasceu em 1917, filho de pais judeus imigrantes que haviam fugido dos pogroms na Rússia para se instalar no Reino Unido.[4] Quando rapaz, fez parte do movimento de jovens sionistas Habonim, uma organização que incentivava os valores sionistas, judeus e socialistas.

Ao crescer, interessou-se por física, que começou a estudar na Universidade de Londres em meados dos anos 1940. Ali, conheceu Shmuel Sambursky, professor de física na Universidade Hebreia e um discípulo de Ben-Gurion. Naquela época, Sambursky era secretário do Mandato Britânico no Conselho de Pesquisa Científica e Industrial, uma organização que tentava utilizar o conhecimento científico do mundo judaico em benefício do Estado judeu que em breve seria criado.[5] Frequentemente, viajava a Londres e, durante uma dessas visitas, conheceu o jovem judeu inglês, apresentado pela então namorada de Tabor (depois esposa).

Os dois cientistas compartilhavam interesses não apenas em física, mas também no sionismo. A primeira conversa entre eles, que aconteceu no Escritório Colonial Britânico – um edifício imponente construído para impressionar os visitantes estrangeiros – foi longa e espirituosa. Tabor explicou a Sambursky que a Palestina tinha três sistemas métricos: o decimal, o britânico e o otomano. "Eles medem as coisas em 'okers', ou o que quer que seja isso, e esse sistema não é para um país moderno", Tabor explicou. "É preciso que haja um sistema único."[6] Os dois concordaram que a Palestina precisava de um equivalente ao Laboratório Nacional de Física da Inglaterra para endereçar esse problema, entre outros.

Quando Sambursky retornou para a Palestina, transmitiu suas impressões sobre Tabor para Ben-Gurion, que disse: "Oh, então, temos um físico".[7] E um patriota também. Em 1947, Tabor foi recrutado pelo Haganá – a organização paramilitar na Palestina – para ir à França e usar seu conhecimento em engenharia, transformando barcos de frete em embarcações que pudessem levar imigrantes ilegais para Israel. Como os judeus estavam ainda vulneráveis na Europa depois do Holocausto, Tabor fez o que podia para ajudar os sobreviventes a seguirem para a Terra Sagrada.

Dois anos mais tarde, Tabor decidiu que estava na hora de ele mesmo fazer essa jornada. Sem emprego ou perspectiva de trabalho no recém-formado Estado judeu, reuniu suas posses e estava pronto para deixar Londres. "Meus pais estavam temerosos de que eu fosse sem emprego", diz. "Achavam que eu estava maluco e, olhando em retrospectiva, talvez eu estivesse mesmo."[8] No entanto, dez dias antes de sua partida, Ben-Gurion enviou a ele um telegrama, convidando-o a assumir a diretoria de física e engenharia no escritório científico que reportava diretamente ao primeiro-ministro.[9] "Isso tornou minha vida muito mais fácil", lembra Tabor.[10]

Um dos primeiros projetos em que trabalhou foi aquele sobre o qual Sambursky e ele conversaram em Londres: a unificação do sistema de pesos e medidas. "A gente via comerciantes medindo coisas, colocando pedras em escalas", descreve.[11] Mas Ben-Gurion e Sambursky tinham planos maiores para ele. Em 1950, fundaram o Laboratório Nacional de Física de Israel, e Tabor se tornou seu primeiro diretor.

Com o laboratório de física em funcionamento, ele começou a pensar sobre as possibilidades de pesquisa e desenvolvimento. A energia solar, segundo ele, era um bom ponto de partida.[12] "Em um país sem matérias-primas e sem combustível, o sol é algo óbvio", diz Tabor. "Mas não era óbvio para mais ninguém. Naquele tempo, aproveitar a energia solar era geralmente considerada uma atividade para excêntricos."[13]

FÍSICA BÁSICA

Os romanos foram o primeiro povo a usar a energia solar. E eles fizeram isso – há cerca de 25 séculos – por uma razão muito simples e importante: aquecer a água do banho. Os balneários romanos ficavam de frente para o sol da tarde e tinham grandes janelas de vidro transparente, que permitiam que a luz entrasse e ficasse presa aquecendo o interior do cômodo. Os prédios com vidros se tornaram tão populares que os romanos fizeram uma lei para criminalizar o vizinho que bloqueasse o acesso dos outros ao sol.[14]

A tecnologia solar quase não progrediu até meados do século XIX, quando as pessoas – primeiro nos Estados Unidos – começaram a usar tanques de metal para esquentar água. No fim do dia, esses tanques tinham água quente o bastante para possibilitar que as pessoas tomassem uma chuveirada aquecida.[15] Em 1891, Clarence Kept, um inventor de Baltimore, desenvolveu o primeiro "Climax", o primeiro sistema de aquecimento de água com energia solar viável comercialmente. Tratava-se de vários cilindros de metal dentro de uma caixa coberta de vidro.[16] Era melhor do que deixar os tanques de metal do lado de fora da casa, porque assim a água se mantinha aquecida por mais tempo. Mas, mesmo nas condições mais próximas do ideal, ainda assim demorava um dia inteiro para aquecer a água. À noite, ela esfriava rapidamente porque o sistema não contava com nenhum tipo de isolamento.

Cerca de vinte anos depois, William J. Bailey de Los Angeles solucionou esse problema dividindo seu Aquecedor Solar de Água Dia e Noite em duas unidades separadas. O coletor de calor de Bailey tinha tubos presos a uma folha de metal pintada de preto, colocada em uma caixa coberta de vidro – muito parecido com os de hoje. A água passava por canos estreitos, o que reduzia o volume de água exposto ao sol e a aquecia muito mais depressa. A água, em seguida, ia para um tanque com isolamento térmico que a mantinha aquecida por 24 horas.[17] Era um bom sistema para a época, mas ainda era ineficiente e relativamente caro. Logo depois que Bailey começou a vender seu equipamento, as autoridades da Califórnia descobriram uma grande quantidade de fontes baratas de gás natural, que fez forte concorrência e destruiu o negócio.[18]

No início dos anos 1950, quando Tabor começou a pensar em construir um novo equipamento, encontrou em Israel vários modelos semelhantes ao de Bailey. Como físico, sabia que a única substância que poderia capturar e manter uma quantidade considerável de calor era metal polido, mas os dispositivos disponíveis no mercado usavam a variedade mais comum. Tabor tinha a solução. Para tornar o metal mais eficiente, escureceria a peça sem destruir as propriedades de retenção de calor.

Em 1955, Tabor enviou sua equipe para buscar por diversos processos usados para escurecer metais, que eram normalmente empregados como recurso decorativo ou anticorrosivo. Quase em seguida, encontraram dois revestimentos que dariam os resultados desejados. "Agora, eu tive sorte, porque fiz um desenvolvimento que nenhum encanador conseguiria fazer", conta Tabor. "Um físico conseguiu fazer isso porque tem um conhecimento específico. Física básica, mas ainda assim física."[19]

Tabor e sua equipe testaram o aparelho no laboratório e, de imediato, a engenhoca já foi duas vezes mais eficiente do que qualquer outra criada antes.[20] A inovação produziu mais água quente e deu ao aquecedor solar o potencial para gerar eletricidade em quantidades significativas, utilizando uma pequena turbina ou motor.[21] Tabor conseguiu isso sem aumentar o tamanho do aparelho, cujo nome era: Superfície Seletiva de Tabor. Ou em hebreu, *dud shemesh* (pronuncia-se dud SHEMM-mesh).

Tabor demonstrou sua engenhoca a Ben-Gurion em 1955 e recebeu o prestigiado prêmio Weizmann de Ciências Exatas no ano seguinte.[22] Mas nada disso foi suficiente para disseminar sua inovação. Para isso, ele precisaria ainda de um golpe de sorte.

ISSO É PROPRIEDADE DO ESTADO

De início, as grandes fábricas israelenses não se interessaram pelo produto de Tabor. Apesar do sucesso na conferência, para a maioria das pessoas, aproveitar a luz solar em escala de consumo de massa ainda parecia uma ideia extremamente maluca. Mas em 1961 a Meromit-Olympia, uma empresa israelense que construía e vendia os antigos e ineficientes coletores de energia solar, abordou o governo de Israel para assegurar o direito de uso da inovação de Tabor.[23] "O coletor pertencia ao governo e eu era um funcionário público", conta. "Naquele tempo era diferente. Os sionistas eram sionistas. O aparelho era propriedade do Estado porque eu trabalhava para eles."[24] Três anos mais tarde, a Meromit começou a vender os aquecedores de água com a tecnologia da Superfície Seletiva de Tabor.

Mas, ao longo da década seguinte, o crescimento de mercado para esses aparelhos foi lento e ainda encontrava resistência de grande parte das pessoas. O governo israelense não encorajava os cidadãos a adotarem a invenção de Tabor. Além disso, a companhia nacional de eletricidade se recusava a oferecer aos usuários um preço com desconto.[25] O que eles faziam, porém, era influenciar os usuários a comprar aquecedores de água elétricos ineficientes. "A empresa elétrica, na verdade, se opunha porque se sentia ameaçada", afirma Lucien Yehuda Bronicki, fundador da Ormat Technologies, uma das maiores empresas do mundo

O QUARTO DIA   89

em tecnologia geotérmica. "Eles se viam como concorrentes, então baixavam os preços para que as pessoas não usassem a energia solar."[26]

O Sindicato dos Trabalhadores da Construção também se opunha à inovação de Tabor, principalmente, por considerá-la "desagradável de se ver". Ao longo dos anos 1960, o grupo ergueu mais de 55 mil apartamentos por todo o país. E se recusou a instalar o equipamento de Tabor em qualquer um desses imóveis. Em vez disso, oferecia aos moradores o aquecedor de água elétrico.[27] "Quando criei o *dud shemesh*, pensei em eficiência – quem liga para a aparência?", questiona Tabor. "Algumas pessoas eram contra porque achavam que era feio. Vamos ver se tomam banho em água fria por alguns dias. Vamos ver o que dirão depois. O design do aquecedor solar de água é uma concessão."[28]

Mas tudo mudou depois da crise energética de 1973, um período no qual as forças do mundo industrial enfrentaram uma enorme escassez de petróleo. Seis dias após Síria e Egito haverem feito um ataque surpresa a Israel, que depois foi chamado de a Guerra do Yom Kippur, os Estados Unidos forneceram armas para o país se proteger. Isso fez que a Organização dos Países Exportadores de Petróleo (OPEP) fizesse um embargo contra Canadá, Japão, Holanda, Reino Unido e Estados Unidos. Resultado: recessão mundial e inflação em alta.

No entanto houve um lado bom desse embargo, pelo menos para a invenção de Tabor. Em 1976, o Knesset, o parlamento de Israel, aprovou uma lei exigindo que todo imóvel construído no país a partir de 1980 fosse obrigado a ter coletores de energia solar. Essa lei economizou para Israel e seus milhões de cidadãos uma enorme quantia de dinheiro em custos de energia.

Atualmente, cerca de 90% das casas em Israel usam a invenção de Tabor – e muitos edifícios por todo o país operam usando exclusivamente energia solar.[29] Muito antes de haver o reconhecimento global da importância da energia solar, o israelense Harry Zvi Tabor liderou o primeiro esforço para implementar seu uso em grande escala. "Com seu foco e sua criatividade, Tabor transformou o que era um aparelho especializado em uma aplicação padronizada que agora está instalada na maioria das casas pelo país", diz Amit Shafrir, ex-presidente dos serviços premium da AOL. O *dud shemesh* "é uma fonte de água quente para gerações de israelenses por um preço razoável".[30]

90 A ORDEM É INOVAR

Em 2012, o centro de pesquisa do parlamento estimou que o *dud shemesh* economizou 8% do consumo de energia em Israel.[31] O relatório afirma que essa economia equivale à capacidade de geração elétrica de uma usina de 900 megawatts. Como diz Abraham Kribus, professor de energia renovável da Universidade de Tel Aviv: "Sem essa invenção, indústrias inteiras não existiriam".[32]

NECESSIDADE: A MÃE JUDIA DA INVENÇÃO

A afirmação de Kribus é verdadeira não apenas para Israel, mas também para muitos outros países. A Superfície Seletiva de Tabor serviu como base científica e deu origem a uma porção de inovações posteriores. "Todo mundo sabe que Zvi Tabor é pioneiro em energia solar e o pai da energia solar em Israel", fala Lucien Yehuda Bronicki, fundador da Ormat. O que muita gente ainda não sabe é que "ele também é o pai da energia solar no mundo".[33]

Nos anos 1980, a companhia israelense Luz usou a superfície de Tabor como modelo para estruturar a primeira estação de energia solar do mundo (e uma das maiores usinas de energia do mundo) no deserto de Mojave, na Califórnia. A Luz provou que a energia solar é confiável para a produção comercial de eletricidade.[34] "Quase sempre que começo a me aprofundar em algum tema relacionado à energia solar, lá está ele, bem no início de tudo... Seja porque Harry teve a ideia primeiro ou porque chegou muito, muito perto dela", afirma David R. Mills, presidente da Sociedade Internacional de Energia Solar.[35]

Tabor faleceu no fim de 2015, mas é amplamente reconhecido por sua habilidade única de aproveitar a energia do sol "não para ganhar dinheiro, mas para melhorar o mundo", como destaca Kribus.[36] Quando completou 98 anos de idade, o Energy and Business Convention, um prestigiado evento para líderes empresariais israelenses, nomeou Tabor como o Homem do Ano no setor de energia.[37] Para muitos cientistas, no entanto, ele é "o homem do século", assegura Amit Mor, CEO da consultoria israelense EcoEnergy. "Não há pessoa em Israel e no mundo que tenha contribuído tanto para a independência energética, a sustentabilidade e para o campo da energia de um modo geral."[38] Shimon Peres, que foi presidente de Israel, concorda: "Doutor Zvi Tabor foi um símbolo da

O QUARTO DIA

91

inovação israelense por ter inventado o coletor de energia solar moderno e por ter inspirado gerações de cientistas e empresários no campo da energia solar".[39]

Realmente, ao longo dos últimos cinquenta anos ou um pouco mais, o interesse no aquecimento da água com energia solar foi se espalhando silenciosamente pelo globo. Os governos estão aumentando os incentivos pelo aproveitamento da energia solar porque o preço das fontes renováveis está caindo enquanto os combustíveis fósseis se tornam ainda mais caros. Os responsáveis pela definição de políticas públicas em todo o mundo percebem que devem tentar mitigar as mudanças climáticas. Com um número crescente de secas, tempestades, ondas de calor, elevação do nível do mar, derretimento de geleiras e aquecimento dos oceanos, a inovação de Tabor terá uma demanda global cada vez maior.

Em outras palavras, quando viu a invenção de Tabor naquele dia ensolarado de 1955, Ben-Gurion estava certo. Como um Josué dos dias atuais, aquele cientista israelense nascido em Londres havia descoberto como fazer o sol parar em benefício do Estado judeu – e do resto do mundo.

Notas do Capítulo 7

1. *Solar Energy Water Heating System Monitoring*, publicado no site da Adventech. com em julho de 2013. Disponível em: <https://www.advantech.com/power-and-energy/Case%20Studies/951D511C-991F-4282-83FD-26887A18CD93/>. Acesso em: 20 fev. 2019.

2. *A Thriving Green Economy*, publicado no *Ynet* [em hebreu] em 15 de dezembro de 2015. Disponível em: <http://www.ynet.co.il/articles/0,7340,L-4739893,00.html09->. Acesso em: 20 fev. 2019.

3. *Answers to a Journalist's Questions*, de Harry Zvi Tabor. Coleção particular do autor, janeiro de 1996.

4. *Selected Reprints of Papers* de Harry Zvi Tabor, no livro *Solar Energy Pioneer*. Rehovot: Balaban Publishers and International Solar Energy Society, 1999, ix.

5. Ele serviu nesse posto de 1945 a 1948. Veja Sambursky, Samuel, na Jewish Virtual Library. Disponível em: <https://www.jewishvirtuallibrary.org/sambursky-samuel>. Acesso em: 20 fev. 2019.

6. *Bright Ideas*, de Ehud Zion Waldoks, publicado no *Jerusalem Post* de 1º de outubro de 2008. Disponível em: <https://www.jpost.com/Features/Bright-ideas>. Acesso em: 20 fev. 2019.

7. Ibid.

8. *A Thriving Green Economy*, publicado no *Ynet* [em hebreu] em 15 de dezembro de 2015. Disponível em: <http://www.ynet.co.il/articles/0,7340,L-4739893,00.html09->. Acesso em: 20 fev. 2019.

9. *Answers to a Journalist's Questions*, de Harry Zvi Tabor. Coleção particular do autor, janeiro de 1996. Veja também *A Lifetime in Solar Energy*, de Abigail Klein Leichman, publicado em Israel21c de 05 de maio de 2009. Disponível em: <https://www.israel21c.org/a-lifetime-in-solar-energy/>. Acesso em: 20 fev. 2019.

10. *Bright Ideas*, de Ehud Zion Waldoks, publicado no *Jerusalem Post* de 1º de outubro de 2008. Disponível em: <https://www.jpost.com/Features/Bright-ideas>. Acesso em: 20 fev. 2019.

11. *96-Year-Old Solar Energy Genius Harry Zvi Tabor Talks to NoCamels about Pioneering Solar Power*, de Paul Sánchez Keighley, publicado em NoCamels em 13 de agosto de 2006. Disponível em: <http://nocamels.com/2013/08/96-year-old-solar-energy-genius-harry-zvi-tabor-talks-to-nocamels-about-pioneering-solar-power/>. Acesso em: 20 fev. 2019. Veja também *A Center of Exactness Has Been Established in the Israeli Physics Lab, Mishmar* [em hebreu] em 04 de janeiro de 1953. Disponível em: <http://goo.gl/jLc83w3>.

12. *A Thriving Green Economy*, publicado no *Ynet* [em hebreu] em 15 de dezembro de 2015. Disponível em: <http://www.ynet.co.il/articles/0,7340,L-4739893,00.html09->. Acesso em: 20 fev. 2019.

13. *A Lifetime in Solar Energy*, de Abigail Klein Leichman, publicado em Israel21c de 5 de maio de 2009. Disponível em: <https://www.israel21c.org/a-lifetime-in-solar-energy/>. Acesso em: 20 fev. 2019.

O QUARTO DIA

93

14. John Perlin no livro *Let It Shine – The 6,000-Year Story of Solar Energy*. Novato, CA: New World Library.

15. *Solar Thermal*, de John Perlin, publicado em California Solar Center. Disponível em: <http://californiasolarcenter.org/history-solarthermal/>. Acesso em: 20 fev. 2019.

16. *A (Very) Brief History of the American Solar Water Heating Industry, publicado por Holocene Technologies. Disponível em:* <https://www.solarthermalworld. org/sites/gstec/files/story/2015-05-31/holocene_-_solar_thermal_systems. pdf>. Acesso em: 20 fev. 2019. Veja também: <https://patents.google.com/ patent/US45138485>.

17. *Solar Thermal*, de John Perlin, publicado em California Solar Center. Disponível em: <http://californiasolarcenter.org/history-solarthermal/>. Acesso em: 20 fev. 2019.

18. Cutler J. Cleveland, no livro *Concise Encyclopedia of the History of Energy*. São Diego: Else- vier, 2009, 270.

19. *Bright Ideas*, de Ehud Zion Waldoks, publicado no *Jerusalem Post* de 01 de outubro de 2008. Disponível em: <https://www.jpost.com/Features/Bright-ideas>. Acesso em: 20 fev. 2019.

20. Ibid.

21. *A Lifetime in Solar Energy*, de Abigail Klein Leichman, publicado em Israel21c de 05 de maio de 2009. Disponível em: <https://www.israel21c.org/a-lifetime-in-solar-energy/>. Acesso em: 20 fev. 2019.

22. Weizmann Prize Winners for 1956, publicado em *Davar* [em hebreu] em 20 de julho de 1956. Disponível em: <http://jpress.org.il/Olive/APA/NLI_Heb/ SharedView.Article. aspx?parm=WdLBrJdQ1sLHY%2BXA0uRnlduVTKOTIa-Q6%2Bc6ThEAWGCUDulvhlFYBmeST1A8cYin2Yw%3D%3D&mode=ima-ge&href=DAV/1956/06/20&page=3&rtl=true>. Acesso em: 20 fev. 2019.

23. Black Brings Light, publicado em *Davar* [em hebreu] em 26 de julho de 1961.Disponível em: <http://jpress.org.il/Olive/APA/NLI_Heb/SharedView.Article. aspx?parm=JW-g%2BxkVblgwkrxBOOQgWJkoH7bC3LwSYF5OFH7Vwswom1eTZ4IrGsqJTU-C0HQcr2Yw%3D%3D&mode=image&href=DAV/1961/07/26&page=1&rtl=true>. Acesso em: 20 fev. 2019.

24. Harry Zvi Tabor em entrevista com o autor, em 16 de julho de 2015.

25. *Why Do Users of the Dud Shemesh Get Special Electric Meters?*, publicado em *Maariv* [em hebreu], 1o de janeiro de 1960. Disponível em: <http://jpress.org.il/ Olive/APA/NLI_Heb/SharedView.Article.aspx?parm=C2wkgkt6BMUdKsxrJxf-Fi3%2BznleH97mJIlWVJRv/2SHOZh4mEAOq1mhYfIaJeVffYw%3D%3D&mo-de=image&href=MAR/1960/01/01&page=13&rtl=true>. Acesso em: 20 fev. 2019.

26. *A Thriving Green Economy*, publicado no *Ynet* [em hebreu] em 15 de dezembro de 2015. Disponível em: <http://www.ynet.co.il/articles/0,7340,L-4739893,00. html09->. Acesso em: 20 fev. 2019.

27. The Opposition to Installing the *Dud Shemesh* in the Workers Housing Union's Apartments, publicado em *Davar* [em hebreu] em 27 de maio de 1971. Disponível em: <http://jpress.org.il/Olive/APA/NLI_Heb/SharedView. Article.aspx?parm=zAlpD50V5iDNTXYLW4RvIeUh1DAEFYof1yFHKoe-oCyYJCPyNVthQnw5PuCCdkaenYw%3D%3D&mode=image&href=DA-V/1971/05/27&page=4&rtl=true>. Acesso em: 20 fev. 2019.

28. *A Thriving Green Economy*, publicado no *Ynet* [em hebreu] em 15 de dezembro de 2015. Disponível em: <http://www.ynet.co.il/articles/0,7340,L-4739893,00.html09->. Acesso em: 20 fev. 2019.

29. *Israel's Special Relationship with the Solar Water Heater*, de Rhonda Winter, publicado no site da Reuters em 18 de março de 2011. Disponível em: <https://www.reuters.com/article/idUS311612153620110318>. Acesso em: 20 fev. 2019.

30. Amit Shafrir em troca de e-mails com o autor, em 11 de janeiro de 2017.

31. *The Possibility of Installing the Dud Shemesh in Tall Buildings above Nine Floors* [em hebreu], do dr. Yaniv Ronen do Knesset's Research and Information Center, em 29 de novembro de 2012. Disponível em: <http://www.knesset.gov.il/mmm/data/pdf/m03028.pdf8>.

32. Abraham Kribus em entrevista por telefone com o autor, em 27 de junho de 2016.

33. *A Thriving Green Economy*, publicado no *Ynet* [em hebreu] em 15 de dezembro de 2015. Disponível em: <http://www.ynet.co.il/articles/0,7340,L-4739893,00.html09->. Acesso em: 20 fev. 2019.

34. *Bright Ideas*, de Ehud Zion Waldoks, publicado no *Jerusalem Post* de 01 de outubro de 2008. Disponível em: <https://www.jpost.com/Features/Bright-ideas>. Acesso em: 20 fev. 2019. Veja também *Solar Power unto the Nations*, de Merav Ankori, publicado em *Globes* de 28 de outubro de 2007. Disponível em: <https://en.globes.co.il/en/article-1000268154>. Acesso em: 20 fev. 2019.

35. *Selected Reprints of Papers* de Harry Zvi Tabor, no livro *Solar Energy Pioneer*. Rehovot: Balaban Publishers and International Solar Energy Society, 1999, III.

36. Abraham Kribus em entrevista por telefone com o autor, em 27 de junho de 2016.

37. *Zvi Tabor, Solar Pioneer, Dies at 98*, de Sharon Udasin, publicado em *Jerusalem Post* de 17 de dezembro de 2015. Disponível em: <https://www.jpost.com/Israel-News/Zvi-Tabor-solar-pioneer-dies-at-98-437563>.

38. Ibid.

39. Shimon Peres no Facebook, em 15 de dezembro de 2015.

PARTE III

Tecnologia para fazer o bem

CAPÍTULO 8
Levanta-te e anda

Bendito és tu, rei do universo, que endireita aqueles que estão curvados.

Oração matinal diária judaica

Radi Kaiuf utilizando um exoesqueleto ReWalk. (Mikhnenko773)

ELE NÃO VOLTARIA A ANDAR

Tudo começou com um cupom de desconto recebido pelo correio. Em 1996, Lily Goffer foi ao shopping em Nazaré, a maior cidade do distrito norte de Israel para comprar calças jeans para o marido. De brincadeira, preencheu um formulário para ganhar um buggy e, algumas semanas depois, descobriu que havia vencido o concurso.[1]

O marido dela, o doutor Amit Goffer, não tinha interesse no buggy. Por isso, quando o veículo chegou, vendeu-o a um vizinho pela metade do valor. Mas seus filhos reclamaram tanto que decidiu fazer as pazes com eles. Certa manhã, Goffer alugou alguns quadriciclos e se preparou para rodar em uma área desértica não muito longe de casa. Achou que as crianças iam gostar da diversão.[2]

Nos arredores de Sepporis, uma idílica aldeia bíblica, Goffer rodava com a filha, enquanto o filho corria à frente sozinho, jogando terra para trás, e as máquinas roncavam pelas trilhas empoeiradas. Mas, logo depois que a brincadeira começou, os freios do quadricículo de Goffer falharam. Saiu da trilha e colidiu em uma árvore. Sua filha ficou ilesa, mas ele bateu o pescoço contra o tronco.[3]

Deitado no chão, sentiu-se apavorado. "Não sentia nada e compreendi imediatamente o que havia acontecido comigo", conta.[4] Antes do acidente, Goffer havia fundado uma empresa que produzia equipamentos de ressonância magnética (RM) para salas de cirurgia.[5] Portanto, conhecia a ciência por trás das deficiências. Quando as crianças correram na direção dele, Goffer disse a eles para se afastarem. "Não toquem em mim", avisou, "fiquei tetraplégico".[6] Sabia que nunca voltaria a andar novamente.

Os nove meses seguintes foram sombrios. Goffer estava paralisado. Conseguia somente fazer alguns movimentos leves com os braços e, posteriormente pôde aprender a usar uma cadeira de rodas elétrica. Isso ajudou, mas constantemente sentia-se limitado e frustrado. "Não conseguia ficar sentado por mais de duas horas."[7] Goffer recorda: "Era como estar no escuro dentro de um grande buraco".[8]

Um de seus maiores desafios era ir ao banheiro. Para muitas pessoas presas a uma cadeira de rodas, além de os acidentes serem comuns, os movimentos intestinais ficam irregulares, podendo levar a infecções ou até a morte. Algumas pessoas paralisadas são forçadas a pedir que alguém coloque dois dedos em seu reto para estimular o intestino. O processo é doloroso e pode levar horas. Finalmente, há quem escolha passar por uma cirurgia para criar uma abertura permanente direta do colo do intestino para a superfície do abdome, onde as fezes são coletadas em uma bolsa plástica.[9]

Apesar de suas frustrações, Goffer estava determinado a ficar com alguma independência. No começo, não era capaz de escovar os dentes. O médico lhe ofereceu uma maquininha para ajudar, mas ele se recusou a usá-la. E reaprendeu a escovar os dentes sozinho. Durante meses, Goffer não tinha força suficiente para escrever, mas, por fim, conseguiu reaprender essa habilidade também.[10] "Quando você está no fundo de um buraco como esse, só existe um caminho: para cima. Não dá para você se afundar mais", diz.[11]

O maior sofrimento dele era mental. Para ajudar na recuperação, os médicos deram a ele um pesado coquetel de analgésicos e outros medicamentos. Mas os efeitos colaterais deixavam sua mente confusa. "Meu QI despencou e eu me sentia estúpido", afirma.[12]

Mas não desistiu. Em janeiro de 1997, o hospital mandou Goffer de volta para casa e logo ele parou de tomar aquela medicação.[13] Foi uma das melhores decisões que aplicou na vida. Conforme as ideias foram clareando, Goffer começou a pensar sobre o que poderia fazer em relação à sua condição. "Voltei a me sentir um ser humano", lembra.[14]

Tendo reconquistado a capacidade de pensar, Goffer começou a compreender como a paralisia o tirava do controle do dia a dia. Quanto mais pensava sobre isso, mais ficava determinado a criar uma maneira para que as pessoas deficientes pudessem reconquistar algum senso de autonomia e dignidade. "Minha motivação", conta, "era dar ao deficiente físico um dispositivo completo para que pudesse [usá-lo] para ir ao cinema, teatro ou a restaurantes sem ter que perguntar antes: 'Tem escadas lá?'" Ele também queria ajudar os deficientes a olharem as pessoas amadas nos olhos – algo que a maioria das pessoas acham que continua acontecendo.[15]

Devido à sua condição, Goffer tornou-se obcecado por esse dilema. Achava que viver em uma cadeira de rodas não era o bastante.

UMA REVOLUÇÃO SEM RODAS

As primeiras cadeiras de rodas, na verdade, não eram cadeiras, eram carrinhos de mão, uma invenção criada na China durante o segundo século da E.C. A primeira imagem de uma cadeira de rodas foi daquele país em 525 E.C. Durante os próximos mil anos, não houve outro registro fora da China até que um artista pintou o rei Felipe da Espanha (1527-1598), usando uma. Desde então, os inventores têm melhorado a ideia e adicionado facilidades para dar conforto e aumentar a mobilidade de quem a usa. Mas o conceito básico permanece o mesmo.[16]

Uma das tentativas para mudar a cadeira de rodas ocorreu em meados dos anos 1990. Foi quando um inventor chamado Dean Kamen[17] fez parceria com a Johnson & Johnson para criar o iBOT, uma cadeira de rodas que supostamente podia ficar sobre duas rodas para subir e descer escadas, além de rodar na areia, cascalho ou na água. O iBOT nunca decolou. Seu preço, que girava em torno de $25 mil, era muito elevado e a invenção não sobreviveu às próprias promessas: os degraus foram um desafio muito alto.[18]

Enquanto pesquisava a história da cadeira de rodas, Goffer não conseguia acreditar como os humanos tinham feito tão pouco para mudá-la. Com certeza, havíamos encontrado maneiras de ajudar as pessoas paralisadas. Aprendemos muito sobre o cérebro e realizamos pesquisas vitais sobre células-tronco e lesões na medula espinhal. No entanto nada disso ajudou alguém a voltar a andar. Nem tampouco reduziu as complicações associadas ao uso da cadeira de rodas, incluindo a diminuição da circulação sanguínea, a perda de densidade óssea e massa muscular, o aumento das infecções urinárias e as feridas causadas por compressão (escaras).

Com sólida formação acadêmica em engenharia elétrica e computação em Israel e nos Estados Unidos,[19] Goffer tinha confiança de que seria capaz de criar um dispositivo que pudesse ajudar os deficientes físicos. Durante os anos 1990, a indústria robótica havia passado por diversos avanços, incluindo os primeiros robôs verdadeiramente inteligentes e a capacidade de sincronizar os movimentos dessas máquinas.[20] Goffer considerava que isso poderia ajudá-lo a criar algo que pudesse auxiliar um paraplégico a andar novamente, utilizando um suporte leve motorizado com baterias recarregáveis.

Começou sua pesquisa determinando quanta energia um ser humano precisa gastar para caminhar e subir escadas. "Temia que a resposta fosse um carrinho cheio de baterias", diz, "ou um caminhãozinho levado atrás pela pessoa." Mas Goffer descobriu que só seria preciso uma bateria pequena.[21]

Cerca de um ano depois de seu acidente, ocorreu-lhe uma ideia enquanto navegava na internet: os deficientes poderiam caminhar novamente utilizando uma "concha" ou um exoesqueleto. Animais, como o porco-espinho e o escorpião, fazem isso o tempo todo. "Como é possível que ninguém tenha pensado nisso?", imaginou.[22] Apressadamente, começou a desenhar rascunhos de protótipos, pensando como esse conceito poderia funcionar.

Em 2004, sete anos depois de ter tido a ideia, Goffer finalmente havia construído o primeiro equipamento: um exoesqueleto que abraça

as pernas junto com muletas e estabiliza a pessoa enquanto ela caminha.[23] O usuário leva um controle remoto preso ao pulso para dominar a máquina. Enquanto anda, um sensor de inclinação garante que o
peito fique erguido e equilibrado, possibilitando que a pessoa se mova
sem cair. As muletas permitem que o usuário se levante e estabilize o
próprio peso.

Goffer chamou a invenção de ReWalk e decidiu testá-la. Preparou
o aparelho na entrada da garagem de sua casa. Dois paraplégicos e um
tetraplégico se voluntariaram para fazer o teste. Os filhos colocaram
o primeiro ReWalk em um dos paraplégicos e o conectaram. O rapaz
ficou de prontidão para fazer a desconexão se ocorresse algum problema e a filha controlava o sensor de inclinação. Goffer usou seus
movimentos limitados para acionar a máquina. E, então, aconteceu: o
paraplégico deu um passo e depois outro e, em seguida, mais alguns.
Goffer estava tão focado naqueles passos que nem notou que o paraplégico estava chorando.[24]

FOI TÃO HUMILHANTE

Durante os dois anos seguintes, Goffer continuou trabalhando no dispositivo. Certificou-se de que o aparelho poderia funcionar por mais
de quatro horas sem recarregamento, desde que a pessoa o utilizasse
regularmente. E, embora o primeiro ReWalk pesasse cerca de 22 quilos, encontrou uma maneira de torná-lo mais leve e mais amigável para
o usuário.[25]

De início, Goffer bancou tudo que se relacionava com sua invenção.
Mas, em 2006, foi aceito pela prestigiada incubadora israelense chamada
Technion, que dá apoio a startups e empresas em estágio inicial, oferecendo financiamento, mentoria e treinamento, entre outros recursos.
Ele também recebeu uma verba do programa de incentivo do governo
de Israel, denominado Tnufa. Se a empresa se torna bem-sucedida, a
verba é considerada um empréstimo. Caso o negócio fracasse, o estado
assume a perda. Nos dois casos, o governo não fica com nenhuma participação em ações da companhia. O Tnufa conectou Goffer a uma rede
formada pelos melhores e mais brilhantes profissionais israelenses com
quem ele poderia trocar ideias e receber consultoria.[26]

Mesmo assim, o dispositivo não decolou como Goffer gostaria. Talvez por causa do fracasso do iBOT, muitos contemporâneos acreditavam que o ReWalk também nunca funcionaria. Seu maior desapontamento ocorreu em 2006 quando falou em uma conferência sobre robótica em Zurique. Durante a palestra, ele apresentou vídeos mostrando uma jovem mulher deficiente usando o ReWalk. Muitas pessoas presentes se mantiveram céticas e outras estavam convencidas de que os vídeos eram falsos. Depois, Goffer enviou outro vídeo ao doutor Zev Rymer, o presidente da conferência e professor de medicina e reabilitação na Universidade Northwestern. Rymer respondeu a Goffer com uma pergunta concisa: "Posso receber um vídeo mostrando como ele [o sujeito do teste] caminha sem o dispositivo?"[27]

"Foi tão humilhante", Goffer diz. Apesar da contrariedade, seguiu em frente. Quatro anos depois, enquanto continuava a aprimorar o aparelho, Goffer finalmente recebeu um impulso. Em agosto de 2010, entrou em contato com o Centro Nacional de Excelência em Reabilitação, Pesquisa e Desenvolvimento Médico para Consequências de Lesão Medular em Veteranos, que fica em Nova York. A entidade é líder nessa área e Goffer queria apresentar o ReWalk aos doutores William Bauman e Ann Spungen, que são seus melhores especialistas. "Esses dispositivos não podem funcionar", Spungen lembra-se de ter pensado. "Eles devem estar superestimando as próprias capacidades."[28] Goffer percebeu a reticência dela, mas viajou a Nova York assim mesmo. Queria provar que Spungen estava errada.

Eles se encontraram em uma pequena sala onde os pacientes costumavam assistir ao futebol, jogar sinuca e se divertir. Cerca de 25 pessoas se juntaram – entre pesquisadores, médicos, enfermeiras e pacientes – para ver a demonstração ao vivo.[29] Enquanto um sujeito de teste cruzou a sala, subiu e desceu uma escada e percorreu um longo corredor, Spungen olhava com ceticismo. "Estava convencida de que aquela pessoa não estava paralisada, porque estava caminhando muito bem", diz. Todos os 25 presentes à demonstração acompanharam o sujeito de teste pelo corredor. Enquanto ele atravessou o saguão, todo mundo – dos pacientes às enfermeiras – observou com admiração.

LEVANTA-TE E ANDA

"Era como acompanhar o Flautista de Hamelin. Ninguém conseguia acreditar no que via", recorda Spungen.[30]

Quando o sujeito de teste tirou o exoesqueleto, Spungen viu os pés dele balançarem e ficarem flácidos, um sinal claro de paralisia. A demonstração de Goffer não era falsa. Assim que conseguiu superar a surpresa, Spungen virou-se para Bauman, o diretor do centro, e afirmou: "Nós temos que fazer isso".[31]

UMA MARATONA DIFERENTE

O apoio de Spungen foi uma reviravolta para o ReWalk. Mas o que realmente deu novo impulso ao equipamento foi uma mulher extraordinária que provou que os paraplégicos podem não apenas andar, mas também correr. O nome dela é Claire Lomas, uma quiroprática inglesa praticante de equitação.

Em maio de 2007, durante a competição do Osberton Horse Trials, um torneio de equitação de alto nível no Reino Unido, seu cavalo, Rolled Oats, prendeu seu ombro em uma árvore e Lomas saiu voando contra os galhos. Deitada no chão, ela já não conseguia mais mover as pernas. Mais tarde, soube que havia fraturado o pescoço, as costas e o quadril e tinha lesionado a espinha dorsal. Os médicos implantaram hastes de titânio em suas costas para tentar consertar a espinha, mas o dano estava feito e ela estava paralisada da cintura para baixo. Os médicos lhe disseram que não voltaria a andar nunca mais.[32]

No entanto, Lomas era tão determinada quanto Goffer. Pesquisando na internet, ela descobriu o ReWalk. Com a ajuda da família e de amigos, juntou cerca de $70 mil para adquirir um destes aparelhos.[33] Praticava com o ReWalk, caminhando regularmente por mais de duas horas entre sua casa em Leicestershire até o East Riding de Yorkshire para aprender a usar corretamente o exoesqueleto.[34] Depois de alguns meses, estava tão hábil que focou um novo desafio: a maratona de Londres.

Em maio de 2012, centenas de pessoas estavam nas ruas para ver Lomas concluir a prova. Caminhando cerca de três quilômetros por dia, ela completou os 42 quilômetros da maratona depois de dezesseis dias.[35] Quando Lomas cruzou a linha de chegada, ladeada por seu marido e o filho de um ano, a multidão comemorou.[36]

FICANDO EM PÉ E CAINDO

Atualmente, o ReWalk foi aprovado para comercialização na Europa e nos Estados Unidos. Há cerca de quatrocentos usuários ao redor do mundo, incluindo uma parcela de policiais e veteranos de guerra norte-americanos. As ações da empresa são negociadas na Bolsa de Valores de Nova York, o que proporciona a Goffer milhões de dólares para investir em pesquisa e desenvolvimento.[37] Nos próximos anos, o inventor israelense espera que mais pessoas como Lomas sejam capazes de usar o dispositivo. O potencial de mercado é grande: Goffer estima que haja aproximadamente 6 milhões de usuários de cadeira de rodas nos Estados Unidos e na Europa, sendo que 250 mil deles poderiam ser capazes de utilizar o equipamento.[38]

Apesar disso, o ReWalk – e seus concorrentes[39] – ainda recebem críticas. Uma das razões é a segurança. Geralmente, são necessárias entre doze e quinze sessões para aprender a usar o exoesqueleto.[40] Alguns pacientes, dependendo do grau de paralisia, nunca dominarão essa habilidade. O dispositivo pode ser arriscado. Os paraplégicos têm os ossos frágeis e, por isso, a empresa não encoraja a utilização do aparelho em superfícies escorregadias, inclinadas ou irregulares. Os acidentes, claro, acontecem e alguns não consideram que os benefícios do ReWalk superem os riscos. "Só é preciso que uma ou duas pessoas caiam e se machuquem gravemente para que o Departamento de Alimentos e Drogas dos Estados Unidos (FDA) volte atrás na comercialização", afirma o doutor Arun Jayaraman, especialista em exoesqueletos no mundialmente reconhecido Instituto de Reabilitação de Chicago. "Já aconteceu antes com outras tecnologias."[41]

Outro desafio é o preço. Como custa entre $69 [42] e $85 mil [43], a compra de um exoesqueleto não é acessível a pessoas mais pobres. As seguradoras de saúde nos Estados Unidos não quiseram cobrir essa despesa. (Os especialistas em seguros de saúde explicam que as companhias do setor são geralmente lentas para reconhecer a utilidade de novas tecnologias.)

Alguns críticos afirmam ainda que o aparelho de Goffer não é terapêutico, e sim uma ajuda à performance e à mobilidade das pessoas

LEVANTA-TE E ANDA

paralisadas. A diferença pode parecer inconsequente, mas não é. Com um dispositivo de mobilidade, os benefícios são intuitivos, óbvios e universalmente aceitos. Os paraplégicos agora podem usar o aparelho em casa, na rua e no trabalho. No entanto, os críticos consideram que, para que o exoesqueleto seja reconhecido como terapêutico, Goffer precisaria comprovar cientificamente que as vantagens médicas superam os riscos. Ele também teria que comprovar que os mesmos benefícios não podem ser obtidos com o uso de outros aparelhos, talvez mais seguros – como caminhar na esteira ou usar uma bicicleta estacionária. "O ReWalk é vendido na base do *deveria* ajudar a circulação sanguínea, a função renal e a motilidade do intestino", afirma Rymer, o professor da Universidade Northwestern. "Não há fortes evidências que demonstrem que isso realmente acontece."[44]

Comprovar que o ReWalk é terapêutico consumirá tempo e dinheiro, mas Goffer segue otimista. Considera que, por fim, o dispositivo consegue aliviar os sintomas que são comuns entre as pessoas presas a uma cadeira de rodas. O doutor Alberto Esquenazi, presidente e diretor-médico do MossRehab do Einstein Healthcare Network em Filadélfia, concorda.[45] Ele selecionou quatorze sujeitos de teste e conseguiu completar o treinamento de dez deles com o ReWalk, determinando que alguns usuários relataram "melhora da dor, das funções intestinais e da bexiga e menos espasmos".[46] Seu estudo também registrou que os usuários tiveram "melhora da resistência física" sem "efeitos colaterais adversos" e desejavam continuar utilizando o equipamento regularmente.[47]

Com base nesse e em outros estudos, Goffer afirma que as companhias de seguros de saúde poderiam economizar aproximadamente $30 mil por ano devido aos benefícios trazidos pelo ReWalk.[48] Jayaraman, o especialista do Instituto de Reabilitação de Chicago, calcula que a economia pode ser ainda maior, já que os exercícios regulares com a utilização do aparelho também ajudam a saúde do paciente como um todo.[49] Se as seguradoras cobrissem o exoesqueleto, Goffer e outros especialistas da área afirmam que isso aumentaria o número de usuários e traria mais concorrentes, o que puxaria o preço ainda mais para baixo.

Mesmo com todo esse entusiasmo em torno do exoesqueleto, existe uma pessoa que não pode se beneficiar dele: Amit Goffer, o homem que o inventou.

O ÚLTIMO HOMEM SENTADO?

Quando encontrei Goffer perto do elevador em seu escritório no norte de Israel, ele estava sentado em uma cadeira de rodas elétrica e tinha mobilidade somente para balançar minha mão para cima e para baixo. Ele gastou centenas de horas para conseguir voltar a fazer essa tarefa simples, para não falar o tempo que levou para reaprender a digitar no computador e atender ao telefone. No entanto, para utilizar o ReWalk, os pacientes precisam ter controle integral sobre a parte superior do corpo, o que Goffer não tem.

Aos 62 anos, ele está com sobrepeso, porque passa o dia inteiro sentado. Mas, enquanto me guiou para seu escritório e começou a falar sobre sua invenção, os olhos dele brilhavam de entusiasmo por trás dos óculos de aro de metal. Na mesa do escritório, há uma foto de Goffer e seus pacientes na Times Square, em Nova York tirada no dia em que a empresa dele tornou-se pública na Bolsa de Valores – e eles estão com as mãos erguidas festejando a vitória.

Enquanto conversávamos, um homem usando um ReWalk entrou caminhando na sala. O nome dele é Radi Kaiuf e ele nasceu na aldeia árabe drusa de Ishfiya. Na primavera de 1988, alguns meses antes de concluir o serviço militar em Israel, um grupo de guerrilheiros do Hezbollah atirou em sua barriga durante uma operação na cidade libanesa de Maydun. "Acabou", ele recorda ter pensado pouco antes de perder a consciência. "Foi um tiro no meio do corpo e eu ia morrer."[50] Sob fogo pesado, os colegas de Kaiuf o levaram de helicóptero para o Hospital Rambam em Haifa. Por dezenove dias, esteve inconsciente e em estado grave. Quando acordou, não conseguia se mover. Os médicos lhe disseram que seus dias de caminhante haviam acabado.[51]

Como Goffer, Kaiuf ficou deprimido. Preso a uma cadeira de rodas, não conseguia trabalhar e tentou duas vezes se matar. Mas, com a ajuda da família e dos amigos, decidiu procurar ajuda. Começou a fazer terapia e reabilitação física, que lhe deram um novo ânimo psicológico. E, ao longo dos cinco anos seguintes, Kaiuf casou e sua esposa deu à luz quatro filhos.[52]

Em 2007, ele conheceu Goffer no Centro de Reabilitação Tel Hashomer e os dois rapidamente se tornaram amigos. Durante a primeira conversa entre eles, Goffer contou a Kaiuf que tinha desenvolvido um aparelho que poderia ajudar as pessoas paralisadas a voltarem a andar.

LEVANTA-TE E ANDA

"Não acreditava que voltaria a ficar em pé", diz Kaiuf. "Mas depois que experimentei o exoesqueleto fiquei maravilhado. Naquela época, minha filha estava com 3 anos. Ela olhou para mim e falou: 'Papai, como você é alto!' Isso fez o meu dia!"[53]

Atualmente, Kaiuf vive com a esposa e os filhos nos arredores de Carmiel, ao norte de Israel, onde participa de atividades que jamais pensou que poderia realizar. Terminou um curso de mergulho e uma vez até esquiou, usando um dispositivo semelhante a uma cadeira.[54] "Não há dúvida", assegura, "com o ReWalk, sou mais saudável como jamais poderia ser."[55]

Quando Kaiuf e eu nos despedimos, Goffer me contou que o ex-soldado passa mais tempo no exterior do que em Israel: ele praticamente se tornou o garoto-propaganda do dispositivo. A ideia de um árabe viajar o mundo para divulgar uma invenção israelense soa como uma fantasia. Mas Kaiuf é apenas um dos árabes que trabalham em favor do ReWalk, onde Goffer afirma que muçulmanos e judeus trabalham em paz lado a lado. Parece menos improvável nesse lugar onde todos estão focados em ajudar as pessoas paralisadas a dar novos passos.

É por isso que Goffer não desistiu do seu sonho de voltar a caminhar. Antes de eu sair do escritório, ele me contou sobre sua nova invenção, o UpNRide, um dispositivo semelhante ao Segway, que ajuda os tetraplégicos a se colocarem em pé.

Dois meses depois, Goffer usou o novo aparelho no jardim de sua casa em Yokneam. Foi a primeira vez que ele se levantou da cadeira nos últimos dezoito anos.[56]

Notas do Capítulo 8

1. *An Invention with Legs*, de Ari Libsker (em hebreu), publicado em *Calcalist* (Israel) em 5 de agosto de 2010. Disponível em: <www.calcalist.co.il/local/articles/0,7340,L-3413629,00.html0>. Acesso em: 24 fev. 2019.

2. Ibid.

3. Ibid. Veja também *This Computerized Exoskeleton Could Help Millions of People Walk Again*, de Issie Lapowsky, publicado em *Wired* em 22 de julho de 2014. Disponível em: <https://www.wired.com/2014/07/rewalk/>. Acesso em: 24 fev. 2019.

4. *An Invention with Legs*, de Ari Libsker (em hebreu), publicado em *Calcalist* (Israel) em 5 de agosto de 2010. Disponível em: <www.calcalist.co.il/local/articles/0,7340,L-3413629,00.html0>. Acesso em: 24 fev. 2019.

5. Amit Goffer em entrevista com o autor em ReWalk Office, Yokneam, em 05 de junho de 2015.

6. *This Computerized Exoskeleton Could Help Millions of People Walk Again*, de Issie Lapowsky, publicado em *Wired* em 22 de julho de 2014. Disponível em: <https://www.wired.com/2014/07/rewalk/>. Acesso em: 24 fev. 2019.

7. *An Invention with Legs*, de Ari Libsker (em hebreu), publicado em *Calcalist* (Israel) em 5 de agosto de 2010. Disponível em: <www.calcalist.co.il/local/articles/0,7340,L-3413629,00.html0>. Acesso em: 24 fev. 2019

8. Amit Goffer em entrevista com o autor em ReWalk Office, Yokneam, em 5 de junho de 2015.

9. *Shitty Day*, de Christina Symanski, no blog *Life; Paralyzed*, publicado em 8 de março de 2011. Disponível em: <http://lifeparalyzed.blogspot.com/>. Acesso em: 24 fev. 2019.

10. *An Invention with Legs*, de Ari Libsker, (em hebreu), publicado em *Calcalist* (Israel) em 05 de agosto de 2010. Disponível em: <www.calcalist.co.il/local/articles/0,7340,L-3413629,00.html0>. Acesso em: 24 fev. 2019.

11. *This Computerized Exoskeleton Could Help Millions of People Walk Again*, de Issie Lapowsky, publicado em *Wired* em 22 de julho de 2014. Disponível em: <https://www.wired.com/2014/07/rewalk/>. Acesso em: 24 fev. 2019.

12. Amit Goffer em entrevista com o autor em ReWalk Office, Yokneam, em 5 de junho de 2015.

13. Ibid. Veja também *An Inventio with Legs*, de Ari Libsker (em hebreu), publicado em *Calcalist* (Israel) em 5 de agosto de 2010. Disponível em: <www.calcalist.co.il/local/articles/0,7340,L-3413629,00.html0>. Acesso em: 24 fev. 2019

14. Amit Goffer em entrevista com o autor em ReWalk Office, Yokneam, em 5 de junho de 2015.

15. Ibid.

16. *Wheeling in a New Millennium: The History of the Wheelchair and the Driving Force of the Wheelchair Design of Today*, de dra. Bonita Sawatzky. Disponível em: <http://icord.org/researchers/dr-bonnie-sawatzky/>. Acesso em: 24 fev. 2019.

LEVANTA-TE E ANDA

17. É interessante observar que Dean Kamen seguiu em frente e criou o Segway. Veja *Segway Inventor Dean Kamen: Science Isn't a Spectator Sport*, de Bill Sobel, em *CMS Wire* de 06 de janeiro de 2015. Disponível em: <https://www.cmswire.com/cms/customer-experience/segway-inventor-dean-kamen-science-isnt-a-spectator-sport-027638.php>. Acesso em: 24 fev. 2019.

18. *Independence Technology Discontinues the iBOT*, de Lauri Wantanbe, em *Mobility Management* de 1º de fevereiro de 2009. Disponível em: <https://mobilitymgmt.com/Articles/2009/02/01/Independence-Technology-Discontinues-the-iBOT.aspx>. Acesso em: 24 fev. 2019.

19. Goffer graduou-se em Artes na Technion, fez mestrado na Universidade de Tel Aviv e PhD na Universidade Drexel.

20. *The History of Robotics in Manufacturing*, de Adam Robinson em *Cerasis de 06 de outubro de* 2014. Disponível em: <https://cerasis.com/2014/10/06/robotics-in-manufacturing/>. Acesso em: 24 fev. 2019.

21. Amit Goffer em entrevista com o autor em ReWalk Office, Yokneam, em 05 de junho de 2015.

22. *An Invention with Legs*, de Ari Libsker (em hebreu), publicado em *Calcalist* (Israel) em 5 de agosto de 2010. Disponível em: <www.calcalist.co.il/local/articles/0,7340,L-3413629,00.html0>. Acesso em: 24 fev. 2019

23. Amit Goffer em entrevista com o autor em ReWalk Office, Yokneam, em 5 de junho de 2015.

24. Ibid.

25. Ibid.

26. Ibid.

27. Ibid.

28. Doutora Ann Spungen em entrevista por telefone com o autor, 10 de novembro 2015.

29. Ibid.

30. Ibid.

31. Ibid.

32. *Claire Lomas' Inspiring Story: My Life Has Been Amazing since I Was Paralyzed*, de Nilufer Atik, publicado em *Mirror* (Reino Unido), 10 de maio de 2013. Disponível em: www.mirror.co.uk/news/real-life-stories/claire-lomas-inspiring-story-life-1879107. Veja também *Paralyzed Marathon Heroine Claire Lomas: 'Things Go Wrong in Life but You Have to Fight Back*, de Bianca London, em *Daily Mail* (Reino Unido), 16 de maio de 2013. Disponível em: <www.dailymail.co.uk/femail/article-2325463/Paralysed-Marathon-heroine-Claire-Lomas-Things-wrong-life-fight-make-lu ck.html> e *Fundraiser Claire Lomas to Set on Her Next Big Challenge from Nottingham Trent University* no site da Nottingham Trent University em 22 de abril de 2013. Disponível em: <https://www.ntu.ac.uk/about-us/news/browse-our-news>. Acessos em: 24 fev. 2019.

110 A ORDEM É INOVAR

33. *Bionic' Claire Lomas Trained for London Marathon in East Yorkshire*, publicado em *Hull Daily Mail* (Reino Unido), 10 de maio de 2012. Disponível em: <https://www.bbc.com/news/uk-england-leicestershire-17988848>. Acesso em: 24 fev. 2019.

34. Ibid.

35. *Bionic Woman' Claire Lomas Is First Woman to Take Robotic Suit Home*, de Chris Wickham, publicado em *Independent* (Reino Unido) em 4 de setembro de 2012. Disponível em: <www.independent.co.uk/news/science/bionic-woman-claire-lomas-is-first-woman-to-take-robotic-suit-home-8104838.html>. Acesso em: 24 fev. 2019.

36. *Bionic' Claire Lomas Trained for London Marathon in East Yorkshire*, publicado em *Hull Daily Mail* (Reino Unido), 10 de maio de 2012. Disponível em: <https://www.bbc.com/news/uk-england-leicestershire-17988848>. Acesso em: 24 fev. 2019.

37. *IPO Preview* em *Seeking Alpha* de 12 de setembro de 2014. Disponível em: <http://seekingalpha.com/article/2489765-ipo-preview-rewalk-roboticso>. Acesso em: 24 fev. 2019.

38. *Bionic Woman' Claire Lomas Is First Woman to Take Robotic Suit Home*, de Chris Wickham, publicado em *Independent* (Reino Unido) em 4 de setembro de 2012. Disponível em: <www.independent.co.uk/news/science/bionic-woman-claire-lomas-is-first-woman-to-take-robotic-suit-home-8104838.html>. Acesso em: 24 fev. 2019.

39. *Ekso's Exoskeletons Let Paraplegics Walk, Will Anyone Actually Wear One?*, de Ted Greenwald, publicado em *Fast Company* de 19 de março de 2012. Disponível em: <www.fastcompany.com/1822791/eksos-exoskeletons-let-paraplegics-walk-will-anyone-actually-wear-onewt>. Acesso em: 24 fev. 2019.

40. Doutora Ann Spungen em entrevista por telefone com o autor, em 10 de novembro 2015.

41. Doutor Arun Jayaraman em entrevista por telefone com o autor, em 15 de outubro de 2015.

42. *FDA Approved First Robotic Exoskeleton for Paralyzed Users*, de Adario Strange, em 30 de junho de 2014. Disponível em: <https://mashable.com/2014/06/30/fda-approves-robotic-exoskeleton-paralyzed-rewalk/#yBedV7GGFOqs>. Acesso em: 24 fev. 2019.

43. *ReWalk Robotic Exoskeletons Let Paraplegics Walk Again*, de Shane McGlaun, publicado em *Technabob* de 03 de maio de 2012. Disponível em: <https://rewalk.com/robotic-exoskeletons-helping-paraplegics-walk-again/>. Acesso em: 24 fev. 2019.

44. Doutor Zev Rymer em entrevista por telefone com o autor, 4 de outubro 2015.

45. *What Is Rewalk?* No site Einstein Health Care Network. Disponível em: <https://382.thankyou4caring.org/page.aspx?pid=374=?>. Acesso em: 24 fev. 2019.

46. *The ReWalk Powered Exoskeleton to Restore Ambulatory Function to Individuals with Thoracic-Level Motor-Complete Spinal Cord Injury*, de A. Esquenazi, M. Talaty, A. Packel, e M. Saulino, publicado em National Center for Biotechnology Information de novembro de 2012. Disponível em: <https://www.ncbi.nlm.nih.gov/pubmed/23085703>. Acesso em: 24 fev. 2019.

LEVANTA-TE E ANDA

47. *What Is Rewalk?* No site Einstein Health Care Network. Disponível em: <https://382. thankyou4caring.org/page.aspx?pid=374=?>. Acesso em: 24 fev. 2019.

48. *ReWalk Exoskeleton Puts the Disabled Back on Their Feet*, de Hiawatha Bray, publicado em *Boston Globe* de 07 de julho de 2014. Disponível em: <https://www.bostonglobe.com/business/2014/07/06/putting-disabled-back-their-feet/8gFcM33JyTuL92J2kReDeI/story.html>. Acesso em: 24 fev. 2019.

49. Doutor Arun Jayaraman em entrevista por telefone com o autor, em 15 de outubro de 2015.

50. *The Israeli Innovation That Has Changed the Lives of the Disabled* [em hebreu], de Danny Deutch, em Arutz 2 (Israel) de 15 de março de 2013. Disponível em: <http://www.mako.co.il/news-israel/health/Article-3e947df9a7f6d31004.htm07>. Acesso em: 24 fev. 2019.

51. Ibid.

52. Ibid.

53. *Made in Israel – Medicine* em The 700 Club de 05 de setembro de 2013. Disponível em: <https://www.youtube.com/watch?v=20Zfk8uQXak>. Acesso em: 24 fev. 2019.

54. *The Israeli Innovation That Has Changed the Lives of the Disabled* [em hebreu], de Danny Deutch, em Arutz 2 (Israel) de 15 de março de 2013. Disponível em: <http://www.mako.co.il/news-israel/health/Article-3e947df9a7f6d31004.htm07>. Acesso em: 24 fev. 2019.

55. *ReWalk's Benefits Go beyond Ambulation, Company Says*, de David Shamah, publicado em *Times of Israel* de 20 de maio de 2015. Disponível em: <https://www.timesofisrael.com/rewalks-benefits-go-beyond-ambulation-company-says/>. Acesso em: 24 fev. 2019.

56. *Driven to Success: Amit Goffer's Quest to Hold His Head High*, de Jennifer L. Schenker, publicado em *Informilo* de 7 de setembro de 2015. Disponível em: <http://www.informilo.com/2015/09/driven-to-success-amit-goffers-quest-to-hold-his-head-high/>. Acesso em: 24 fev. 2019.

CAPÍTULO 9
Um GPS para o cérebro

Contra quase todas as probabilidades, Imad e Reem Younis construíram uma fantástica empresa de tecnologia para combater doenças neurológicas e salvar vidas. Eles são um exemplo brilhante do que podemos conquistar quando trabalhamos juntos em um país com diferentes minorias religiosas e culturais.

Yoram Yaacovi, diretor-geral da Microsoft em Israel

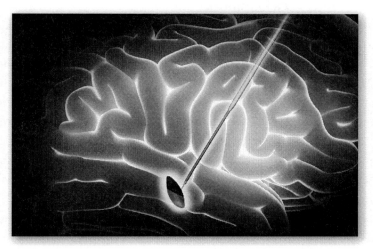

Implante de eletrodo para estimulação profunda do cérebro. (Cortesia da Alpha Omega)

UM BRINDE À SAÚDE

Enquanto Charlene estava deitada de costas na mesa de cirurgia, tentando relaxar, o doutor Kim Burchiel perfurava dois buracos do tamanho de uma moeda em seu crânio. O cirurgião, em seguida, implantou dois eletrodos permanentes em seu cérebro. Sob a pele de Charlene, um pequeno fio conectou os dois eletrodos a uma bateria em seu abdome, fazendo-os pulsar como um marca-passo, estimulando seus neurônios.

Durante anos, ela sofreu da doença de Parkinson e continuamente sentia tremores dolorosos da cintura para cima. Tinha dificuldade para falar e havia perdido os movimentos do lado esquerdo do corpo.[1]

114 A ORDEM É INOVAR

O procedimento, conhecido como Estimulação Cerebral Profunda (ECP), deveria reduzir esses sintomas.

O único problema: para localizar os neurônios, Charlene teve que ficar acordada durante toda a cirurgia.[2] É que a equipe de Burchiel usou um dispositivo médico especial, que depende dos registros de microeletrodos e ondas sonoras, para guiá-lo até seu alvo neurológico. O sistema representava graficamente os sons na tela do computador, servindo como um GPS, que era seguido por Burchiel e sua equipe.

Quando os médicos completaram a operação, Charlene não estava curada da doença de Parkinson, mas muitos dos sintomas haviam desaparecido. Encerrado o procedimento, ela foi a uma festa de seu grupo de apoio, onde tomou champanhe para celebrar com os amigos. "É maravilhoso ser independente de novo. Vamos fazer um brinde à saúde", disse.[3] Atualmente, mais de uma década depois da cirurgia de Charlene, a estimulação cerebral profunda é usada para tratar muitos tipos de doenças neurológicas, desde desordem obsessivo-compulsiva até depressão.[4] E testes clínicos estão sendo realizados para verificar o efeito do procedimento em uma variedade de outras doenças, incluindo doença de Alzheimer, síndrome de Tourette, dor crônica, desordem de estresse pós-traumático, epilepsia e até esquizofrenia.

Mais de 150 mil pessoas já se submeteram à estimulação cerebral profunda, de acordo com Hagai Nergman, um dos maiores neurologistas do mundo. E muitos deles foram tratados com a utilização dos dispositivos produzidos pela Alpha Omega, a maior empresa tecnológica árabe de Israel. "A Alpha Omega", afirma Bergman, "é de longe a mais confiável e experiente companhia na obtenção de dados por múltiplos eletrodos."[5]

Fundada por Imad e Reem Younis, um casal de Nazaré, a empresa é bastante conhecida por neurologistas do mundo inteiro. Devido aos obstáculos que tiveram que superar – desde a quebra de normas societárias até serem de minoria árabe em um país predominantemente judeu –, o sucesso da companhia é tão notável quanto sua inovação tecnológica.

O CÉREBRO FANTÁSTICO

Desde os anos 1960, os pesquisadores já utilizavam a estimulação elétrica para localizar e distinguir áreas específicas do cérebro. Em décadas mais

UM GPS PARA O CÉREBRO

recentes, os cientistas começaram a usar neuroestimuladores, frequentemente chamados de "marca-passos cerebrais", para tratar com impulsos elétricos algumas doenças psiquiátricas e relacionadas a paralisias. Mas foi apenas em 1987, quando o neurocirurgião francês Alim-Louis Benabid empregou com sucesso a estimulação cerebral profunda para localizar o tremor essencial, a doença mais comum dos movimentos, que os pesquisadores perceberam todo o potencial desse procedimento.[6] Logo em seguida, os cientistas de todo o mundo começaram uma corrida para mapear o cérebro e usar a estimulação profunda para reduzir os efeitos de várias doenças incuráveis.

Enquanto essa corrida acontecia, Imad e Reem se conheceram e se apaixonaram. Estavam na faculdade e estudavam engenharia no Technion, o mundialmente renomado instituto de tecnologia. Mas, quando se formaram, tiveram dificuldade para encontrar emprego. Naquela época, a maioria das empresas israelenses de alta tecnologia focava suas operações na área militar e de segurança e poucas estavam dispostas a contratar árabes.

Imad encontrou seu primeiro emprego na faculdade de medicina do Technion. Lá, era responsável por assegurar que os cientistas contassem com as ferramentas e equipamentos para realizar suas pesquisas. Quando não conseguiam encontrar soluções de prateleira para fazer seus trabalhos, Imad e seus colegas ajudavam os pesquisadores a customizar os produtos necessários. Essa posição deu a ele uma compreensão profunda das tendências médicas, além da visão do potencial das oportunidades de negócios.[7] Depois, Reem foi contratada como engenheira em uma construtora de Nazaré.[8]

Esses empregos eram bons, mas como muitos engenheiros árabe-israelenses, Imad e Reem queriam mais.

"Conversando com nossos amigos, engenheiros também formados no Technion [chegamos à conclusão] que vivíamos em um país de alta tecnologia, mas sem alta tecnologia na comunidade árabe", recorda Imad. "Não havia nada."[9] Então, em 1993, o casal decidiu começar sua própria empresa. "Não tínhamos dinheiro", conta Reem, "daí vendemos nosso carro", um Jetta da Volkswagen, e completamos a soma necessária com quatro moedas de ouro que recebemos de presente de casamento.[10] E com isso nasceu a Alpha Omega.

AME TEU ESTRANHO

De início, as famílias de Imad e Reem estavam contra essa decisão. "Achavam que éramos loucos", lembra Reem. "Disseram: 'Como vocês abrem mão de salários estáveis? Dois engenheiros graduados no Technion? Como é que podem tomar essa decisão?'"[11]

E talvez eles fossem mesmo loucos. Como muitos empreendedores, os dois criaram a empresa sem produto, sem ideia e sem problema para resolver. Eles simplesmente tomaram a decisão. O casal contava com uma sólida formação em pesquisa e desenvolvimento e, sendo graduados no Technion, tinham também uma forte rede de cientistas, engenheiros e professores. Começaram sendo subcontratados, ajudando cientistas e outras companhias a terceirizarem seus projetos de Pesquisa e Desenvolvimento (P&D). Foi daí que eles tiraram o nome para o empreendimento deles. "Podíamos fazer qualquer coisa de A a Z", Imad diz. "Só era preciso nos dar as especificações."[12]

Mas foi só depois de começarem a trabalhar com Hagai Bergman, o renomado neurologista da Universidade Hebreia, que desenvolveram seu futuro nicho de trabalho. Imad o conheceu em 1983, logo depois de se formar no Technion, quando Bergman estava completando a graduação e um doutorado em medicina. No começo, os dois se ligaram pelo interesse comum em dispositivos médicos e em neurônios. Com a aproximação do Natal, os Younis convidaram Bergman e a família dele para passar as festividades na casa deles em Nazaré – a cidade bíblica onde Jesus nasceu.[13] Um dos mais impressionantes festivais natalinos ocorre ali todos os anos. Os moradores montam grandes árvores iluminadas, enquanto bandas de música se apresentam nas ruas. "Para os meus filhos", diz Bergman, "Imad é o Papai Noel."

Como Imad nasceu católico e Reem é de uma família grega ortodoxa, o casal celebra o Natal duas vezes por ano.[15] E os Bergmans também. "Somos as únicas pessoas judias do mundo que já tiveram dois Natais", Bergman afirma. "Tenho muito orgulho de ser amigo de Imad, Reem e seus filhos. Sinceramente, espero que o trabalho deles possa mostrar ao mundo que os israelenses e os palestinos podem fazer algo melhor juntos do que lutar e matar [uns aos outros]."[16]

No começo da Alpha Omega, Bergman encaminhou um grande número de contratos para eles. Nos anos 1990, ele foi o primeiro cientista a descobrir que os médicos poderiam tratar o mal de Parkinson com a estimulação cerebral profunda.[17] No entanto, encontrar o ponto exato para estimular era um desafio enorme. Os Younis passaram a trabalhar no desenvolvimento de ferramentas proprietárias para solucionar esse problema. Os dispositivos da Alpha Omega são como um GPS dentro do cérebro que guia os médicos à região precisa onde devem implantar o eletrodo permanente.

Depois que viu o que haviam criado, Bergman passou a divulgar o equipamento da Alpha Omega no mundo inteiro. Os Younis rapidamente perceberam que a maior parte do trabalho deles vinha dos neurologistas. Logo começaram a comercializar as máquinas em Israel e, finalmente, nos mercados da Europa e da América.

Imad afirma que entrou para a área da neurociência no início dos anos 1990 e foi fisgado porque a considerava muito recompensadora. "Cada vez que olho para nossos dispositivos", diz, "fico impressionado e penso: 'Uau, esse equipamento realmente ajuda os pacientes.'"[18] Além disso, para Reem, ajudar pessoas com Parkinson é também uma questão pessoal. Seu pai teve essa terrível doença, mas não pôde se beneficiar dos dispositivos da Alpha Omega. Ele morreu há mais de uma década, mas Reem fica agradecida por poder ajudar outras pessoas.[19]

Em 1993, Bergman apresentou o casal a Benabid, o padrinho da estimulação cerebral profunda.[20] Benabid trabalhava para a Medtronic, companhia norte-americana de dispositivos médicos, e estava procurando alguém para ajudá-lo a criar um equipamento capaz de registrar a atividade elétrica no cérebro. Rapidamente, ele fez o convite para que os Younis fossem testar o equipamento deles em Grenoble, na França.[21]

Algumas semanas depois desse contato inicial, Imad e Reem voaram para Grenoble para assistir a uma das cirurgias de Benabid e compreender as necessidades dele. Foi a primeira de muitas visitas e deu início a um relacionamento de trabalho que prossegue até hoje. "Eles têm capacidade de dar respostas, o que nem sempre é o caso das empresas comerciais", comenta Benabid. "São o Rolls Royce dos equipamentos para estimulação cerebral."[22]

SOMOS ISRAELENSES E TAMBÉM PALESTINOS

Em 2003, o casal mudou-se para os Estados Unidos para ficar mais próximo de sua base de prospecção de clientes. Começaram atravessando o país para apresentar seus produtos onde quer que estivessem. Foram morar em Atlanta, mas não permaneceram ali por muito tempo. Depois de dois anos, decidiram voltar para Israel. "Nunca tiramos Nazaré da cabeça", afirma Reem. "A única razão para retornar era viver em Nazaré e gerar impacto em Israel. Queríamos ter um papel na transformação de Nazaré em um lugar melhor para se viver."[23]

Os desafios enfrentados por Nazaré – e por 1,7 milhão de árabes israelenses – são significativos, especialmente no setor de tecnologia onde os árabes israelenses são periféricos. "Somos 20% da população de Israel", explica Reem. "Temos que ser 20% também da cena da alta tecnologia israelense, mas não somos."[24] O número de árabes nas melhores universidades do país é proporcional ao seu percentual populacional. Mas apenas dois por cento dos trabalhadores israelenses do setor de tecnologia são desse estrato demográfico, tornando-os participantes marginais da explosão tecnológica de Israel. "O setor tecnológico israelense precisa de paz e educação", avalia Yossi Vardi, considerado o embaixador não oficial da inovação no país. "Também precisa se tornar mais inclusivo [com os árabes]."[25]

No entanto, com o grande apetite dos programadores altamente formados e competentes, o número de árabes israelenses ingressando no campo da tecnologia está aumentando. Em 2015, houve o registro de cerca de 2 mil árabes engenheiros de tecnologia em Israel, um total que cresceu de 350 em 2008.[26] E, conforme centenas de milhões de falantes árabes vão construindo sua trajetória na internet, as empresas multinacionais com filiais em Israel – da Intel a Microsoft – ampliam a contratação desses profissionais. Aqueles que não encontram emprego nessas gigantes tecnológicas tendem a migrar para startups focadas nos árabes, geralmente financiadas por fundos de capital de risco especialistas nesse mercado.

Mesmo assim, permanece uma grande disparidade. Imad acredita que há duas razões básicas para isso. Primeira, a maioria dos árabes israelenses não mora em Tel Aviv, o centro do setor tecnológico de

Israel, mas sim no norte ou no interior do país, em suas vilas e cidades ancestrais. Segunda, a maioria dos árabes israelenses não cumpre o serviço militar. Fazer isso, muitos acreditam, seria o mesmo que empunhar armas contra seus companheiros palestinos ou vizinhos dos outros países árabes. Além disso, muitos – incluindo Imad e Reem – opõem-se fundamentalmente à presença israelense naqueles territórios e a qualquer instituição que mantenha Israel ali.

Essa falta de cumprimento do serviço militar deixa os árabes israelenses em desvantagem. As Forças de Defesa de Israel (IDF) são uma das principais portas de entrada de israelenses no setor de tecnologia. As unidades de elite na área de inteligência, por exemplo, fornecem trainees com competências tecnológicas excepcionais, além de oferecem treinamento altamente especializado e do coleguismo que, por fim, resulta em uma forte rede de networking. Nos Estados Unidos, é importante a faculdade em que o profissional se gradua. Mas, em Israel, a unidade militar em que a pessoa serve é um indicador decisivo.[27] Todo israelense que procura emprego ouve a pergunta: "Onde você serviu o exército?" Prestar serviço militar em determinadas unidades, como a 8200, que é o equivalente em Israel à Agência de Segurança Nacional dos Estados Unidos, aumenta a probabilidade de alguém conseguir uma colocação no mercado. Isso é tão importante que muitas vagas divulgadas na internet e também anúncios de empregos especificam que estão buscando por ex-alunos de unidades especiais das IDF.

Diante dessa realidade, Imad e Reem consideram que a missão deles é ser líderes de sua comunidade, ensinar pelo exemplo e fazer todo o possível para apoiar o sucesso de seus vizinhos árabes. Os dois estão envolvidos em diversas organizações sem fins lucrativos árabes e israelenses que têm por objetivo oferecer educação de alto nível a jovens em desvantagem socioeconômica, implementar iniciativas árabes no setor de alta tecnologia e promover a coexistência pacífica entre árabes e judeus.[28] "Sim, existem coisas que a prefeitura pode fazer e outras que o governo israelense deveria fazer, mas como uma pessoa que vive em Israel considero que tenho que fazer a diferença também", afirma Reem. "Acho que Imad e eu somos exemplos para que os jovens percebam que podem ser agentes de mudança e ousar sair para fazer algo que nunca foi feito antes."[29]

120 A ORDEM É INOVAR

Imad concorda. "Existe discriminação", diz. "O Estado [israelense] acordou agora e está fazendo sérios esforços para mudar isso. Por outro lado, nós, árabes, andamos de um lado pro outro com sentimentos de inferioridade desde a infância."[30]

Os Younis dão grande importância e encorajam a liderança de seus colaboradores. Nos anos mais recentes, quatro engenheiros saíram da Alpha Omega para começar seus próprios negócios, dois deles como competidores diretos. O casal apoiou essas iniciativas por causa do impacto positivo que teriam sobre os árabes israelenses.

Muitos funcionários da Alpha Omega são formados pelo Technion ou pela Universidade de Tel Aviv, duas das melhores escolas de engenharia de Israel. A empresa também tem como política contratar funcionários saídos diretamente das universidades ainda sem nenhuma experiência profissional no mundo real "porque existem muitos bons engenheiros árabes que não são contratados pelas companhias 'judias'", afirma Imad.[31]

Além disso, a Alpha Omega contrata muitas pessoas com perfis diversificados: católicos, protestantes, cristãos ortodoxos, muçulmanos e judeus. "Imad e Reem representam a rica diversidade existente no país da alta tecnologia e na cultura das startups", comenta o presidente israelense Reuven Rivlin. "Eles reúnem todas as comunidades de Israel em torno de uma visão compartilhada de futuro."[32] E os colaboradores da empresa concordam com isso. "Um engenheiro é um engenheiro", fala um dos funcionários de Reem e Imad. "Trabalhamos juntos profissional e objetivamente."[33] Esse tipo de sentimento é comum na Alpha Omega. "Ao dar emprego a pessoas de diferentes culturas, podemos ir mais longe porque cada uma delas pensa de um modo diferente", garante Imad. "E isso pode gerar inovação. Temos o mesmo pai [isto é, Abraão]. Podemos trabalhar juntos para atingir metas comuns."[34]

É por isso que Imad e Reem não veem a si mesmos apenas como israelenses ou apenas como árabes. "Nós nos apresentamos no exterior como sendo das duas nacionalidades", Imad explica. "Isso é o que somos."[35]

UM CARRO SEM MOTORISTA NO CÉREBRO

Atualmente, os dispositivos da Alpha Omega são utilizados em mais de uma centena de hospitais e em cerca de 500 laboratórios em todo o mundo.[36] Os sofisticados equipamentos são fabricados localmente em

Nazaré, mas comercializados pelas filiais existentes nos Estados Unidos, Alemanha e Israel, assim como pelos seus representantes na China, Japão e na América Latina.[37] Suas vendas têm crescido a uma taxa anual entre quinze e 24 por cento ao longo dos últimos cinco anos.[38] O faturamento da empresa representa a maior parte das exportações árabes de alta tecnologia internacionalmente.[39]

E a companhia só começou. Bergman e os Younis estão colaborando agora para desenvolver o que pode se tornar uma das maiores reviravoltas na história da estimulação cerebral profunda. Em 2015, criaram uma ferramenta que não precisa da intervenção humana para implantar um eletrodo no cérebro. "Você aperta um botão e o sistema faz tudo", assegura Bergman. Como um carro sem motorista, Bergman explica que sonha em criar um dispositivo que substitua os humanos na maioria das funções cirúrgicas. "As pessoas me perguntam: 'Você acredita que um sistema automático de navegação possa ser melhor do que você?' Minha resposta é não." Bergman acredita que "não há maneira de a máquina ser melhor do que o melhor ser humano, [mas] se você não contar com o melhor ser humano especialista – só tiver alguém mediano – então, os sistemas automáticos desempenharão muito melhor."[40]

Os especialistas consideram que esse tipo de tecnologia será mais adequada ao mundo em desenvolvimento, onde existe muita necessidade, mas também escassez de eletrofisiologistas. Para os pacientes que não têm acesso aos melhores serviços de saúde, essa solução pode significar a diferença entre uma vida normal e aquela mantida com sofrimento contínuo. "Nós estamos só começando", diz Imad. A meta é "tornar a localização das áreas cerebrais mais fácil, mais eficiente e mais precisa e também fazer com que a terapia traga melhores resultados."[41]

Até agora, os pesquisadores testaram a tecnologia dos Younis em cerca de vinte casos em Jerusalém e mais de quinze vezes nos Estados Unidos. "A Alpha Omega está em uma posição superior à de todos os seus competidores", Bergman afirma. "Com todo meu melhor conhecimento, nenhuma das empresas concorrentes nem sequer pensou sobre isso."[42]

Estar na vanguarda em seu campo de atuação é recompensador para os Younis. Mas o melhor, no entanto, é saber que a empresa deles está ajudando dezenas de milhares de pessoas. É como afirma Reem: "Trazemos as pessoas de volta à vida."[43]

Notas do Capítulo 9

1. *Evergreen Is Changing Lives with Expert Deep Brain Stimulation Programming*, em Macmillan em 26 de maio de 2010. Disponível em: <http://macmillan.articlealley.com/dbs-programming-deep-brain-stimulation-programming-1568730.html3>. Acesso em: 25 fev. 2019.

2. *Clinical Programs*, publicado no site da Universidade da Califórnia, São Francisco. Disponível em: <http://neurosurgery.uc sf.edu/index.php/movement_disorders_parkinsons.htmlGhow_surgery_mo>. Acesso em: 25 fev. 2019.

3. TAUVOD em Alpha Omega – The Journey, vídeo postado em 4 de dezembro de 2011. Disponível em: <https://www.youtube.com/watch?v=hTauLLZnUTQ>. Acesso em: 25 fev. 2019.

4. O Food and Drug Administration (FDA) dos Estados Unidos aprovou o DBS como tratamento essencial para tremores em 1997, para Parkinson em 2002, distonia em 2003 e para transtorno obsessivo compulsivo em 2009.

5. Hagai Bergman em entrevista com o autor por telefone, em 1ª de janeiro de 2016.

6. *Origin and Evolution of Deep Brain Stimulation*, de Vittorio A. Sironi, publicado em *Front Integrated Neuroscience* 5, no. 42 (2011). Disponível em: <https://www.ncbi.nlm.nih.gov/pmc/articles/PMC3157831/>. Acesso em: 25 fev. 2019.

7. Imad Younis em entrevista com o autor em Jerusalém, de 23 de junho de 2015. Veja também *Arab High-Tech Blooming in Galilee*, de Tani Goldstein, publicado em *Ynet*, 21 de abril de 2011. Disponível em: <www.ynetnews.com/articles/0,7340,L-4057013,00.html35>. Acesso em: 25 fev. 2019.

8. Reem Younis em entrevista com o autor em Washington, DC, em 29 de fevereiro de 2016.

9. Imad Younis em entrevista com o autor em Nazaré, em 23 junho de 2015.

10. Reem Younis em entrevista com o autor em Washington, DC, 29 de fevereiro de 2016. Veja também Unique Neuroscience Tools Developed in Nazareth, de Avigayil Kadesh, no site do Ministério da Relações Exteriores de Israel, em 12 de janeiro 2014. Disponível em: <http://mfa.gov.il/MFA/InnovativeIsrael/ScienceTech/Pages/Neuroscience-tool-company-12-January-20140112–5841.aspx>. Veja também *What It's Like to Be an Arab Entrepreneur in a Divided Israel*, de Drake Bennett no site da Bloomberg em 26 de novembro de 2014. Disponível em: <https://www.bloomberg.com/news/articles/2014-11-26/what-its-like-to-run-an-arab-tech-startup-in-israel>. Acesso em: 25 fev. 2019.

11. TAUVOD em Alpha Omega – The Journey, vídeo postado em 04 de dezembro de 2011. Disponível em: <https://www.youtube.com/watch?v=hTauLLZnUTQ>. Acesso em: 25 fev. 2019.

12. Imad Younis em entrevista com o autor em Nazaré, em 23 junho de 2015.

13. Hagai Bergman em entrevista com o autor por telefone, 1ª de janeiro de 2016.

14. Ibid.

UM GPS PARA O CÉREBRO

15. Imad Younis em entrevista com o autor em Nazaré, em 23 junho de 2015. Veja também Reem Younis em entrevista com o autor em Latrun, em 17 de julho de 2015 e *What It's Like to Be an Arab Entrepreneur in a Divided Israel*, de Drake Bennett no site da Bloomberg em 26 de novembro de 2014. Disponível em: <https://www.bloomberg.com/news/articles/2014-11-26/what-its-like-to-run-an-arab-tech-startup-in-israel>. Acessos em: 25 fev. 2019. Os cristãos ortodoxos celebram o Natal em torno do dia 07 de janeiro, seguindo o calendário juliano, que difere do calendário gregoriano comumente adotado pela maioria dos países.

16. Hagai Bergman em entrevista com o autor por telefone, 1º de janeiro de 2016.

17. *Reversal of Experimental Parkinsonism by Lesions of the Subthalamic Nucleus*, de H. Bergman, T. Wichmann e M.R. DeLong, publicado na revista *Science* 249 (1990): 1436–1438. Disponível em: <https://www.ncbi.nlm.nih.gov/pubmed/2402638>. Acesso em: 25 fev. 2019.

18. *Alpha Omega: The Largest Arab Israeli Hi Tech Company,* Israel, 29 de outubro de 2013. Disponível em: <www.youtube.com/watch?v=fAvWODm3uaEa>. Acesso em: 25 fev. 2019.

19. Reem Younis em entrevista com o autor em Washington, DC, em 29 de fevereiro de 2016. Veja também TAUVOD em Alpha Omega – The Journey, vídeo postado em 4 de dezembro de 2011. Disponível em: <https://www.youtube.com/watch?v=hTauLLZnUTQ>. Acesso em: 25 fev. 2019.

20. Hagai Bergman em entrevista com o autor por telefone, 01 de janeiro de 2016.

21. Alim-Louis Benabid em entrevista por telefone com o autor, em 12 de janeiro de 2016. Veja também *History of Deep Brain Stimulation*, no site The Parkinson's Appeal. Disponível em: <https://www.ncbi.nlm.nih.gov/pmc/articles/PMC3785222/>. Acesso em: 25 fev. 2019.

22. Alim-Louis Benabid em entrevista por telefone com o autor, em 12 de janeiro de 2016.

23. Reem Younis em entrevista com o autor em Washington, DC, em 29 de fevereiro de 2016. Veja também TAUVOD em Alpha Omega – The Journey, vídeo postado em 4 de dezembro de 2011. Disponível em: <https://www.youtube.com/watch?v=hTauLLZnUTQ>. Acesso em: 25 fev. 2019.

24. *GPS for Brain Surgeons*, de Abigail Klein Leichman, publicado em Israel21c, em 07 de janeiro de 2013. Disponível em: <https://www.israel21c.org/gps-for-brain-surgeons/>. Acesso em: 25 fev. 2019.

25. *Israeli Tech Needs to Be More Inclusive, Says Yossi Vardi*, de Orr Hirschauge, em *Wall Street Journal*, de 11 de setembro de 2014. Disponível em: <https://blogs.wsj.com/digits/2014/09/11/israeli-tech-needs-to-be-more-inclusive-says-yossi-vardi/>. Acesso em: 25 fev. 2019.

26. Biblical Nazareth Goes High-Tech Thanks to Arab Push, de Ken Shuttleworth, no *USA Today*, de 20 de fevereiro de 2015. Disponível em: <www.usatoday.com/story/tech/2015/02/18/nazareth- tech-sector/224595032>. Acesso em: 25 fev. 2019.

27. *The Unit*, publicado no site da *Forbes*, em 08 de fevereiro de 2007. Disponível em: <https://www.forbes.com/2007/02/07/israel-military-unit-ventures-biz-cx_gk_0208israel.html#17e701214d3c>. Acesso em: 25 fev. 2019.

A ORDEM É INOVAR

28. As organizações incluem: Technion; o Serviço de Emprego de Israel; o ORT Braude College of Engineering; Tsofen, uma entidade sem fins lucrativos que integra os cidadãos árabes de Israel à indústria de alta tecnologia; o New Israel Fund; o Breaking the Impasse (BTI), cujos membros são proeminentes empresários palestinos e israelenses e a sociedade civil que estão empenhados em encontrar uma solução pacífica para o conflito entre Israel e Palestina com o respeito à criação de dois estados; e Kav Mashve, que encoraja estudantes árabes do ensino médio a se graduar em engenharia e apoia estudantes universitários árabes a encontrar emprego em empresas de alta tecnologia. Reem Younis em entrevista com o autor em Latrun, em 17 de julho de 2015.

29. *Arabs Make Gains in Joining Israel's High-Growth, High-Tech Industries*, de Judith Sudilovsky, em Catholic News Service, em 7 de janeiro de 2013.

30. *Arab High-Tech Blooming in Galilee*, de Tani Goldstein, publicado em *Ynet*, 21 de abril de 2011. Disponível em: <www.ynetnews.com/articles/0,7340,L-4057013,00.html35>. Acesso em: 25 fev. 2019.

31. Ibid.

32. President Reuven Rivlin em troca de e-mails com o autor, 1º de janeiro de 2017.

33. *Alpha Omega: The Largest Arab Israeli Hi Tech Company*, Israel, em 29 de outubro de 2013. Disponível em: <www.youtube.com/watch?v=fAvWODm3uaEa>. Acesso em: 25 fev. 2019.

34. Ibid.

35. *Arab High-Tech Blooming in Galilee*, de Tani Goldstein, publicado em *Ynet*, 21 de abril de 2011. Disponível em: <www.ynetnews.com/articles/0,7340,L-4057013,00.html35>. Acesso em: 25 fev. 2019.

36. *GPS for Brain Surgeons*, de Abigail Klein Leichman, publicado em Israel21c, em 07 de janeiro de 2013. Disponível em: <https://www.israel21c.org/gps-for-brain-surgeons/>. Acesso em: 25 fev. 2019.

37. Ibid.

38. *A Spotlight on the Israeli NeuroTech Industry*, em Israel Brain Technologies, de 07 de novembro de 2013. Disponível em: <https://www.youtube.com/watch?v=mo5qvZftpsw>. Veja também *2011 Professional Seminar: Imad Younis, CEO Alpha Omega*, no Conexx, 2011. Disponível em: <https://vimeo.com/28211724>. Acessos em: 25 fev. 2019.

39. *Arab High-Tech Blooming in Galilee*, de Tani Goldstein, publicado em *Ynet*, em 21 de abril de 2011. Disponível em: <www.ynetnews.com/articles/0,7340,L-4057013,00.html35>. Acesso em: 25 fev. 2019.

40. Hagai Bergman em entrevista com o autor por telefone, em 1º de janeiro de 2016.

41. Imad Younis em entrevista com o autor em Nazaré, em 23 junho de 2015.

42. Hagai Bergman em entrevista com o autor por telefone, em 1º de janeiro de 2016.

43. TAUVOD em Alpha Omega – The Journey, vídeo postado em 4 de dezembro de 2011. Disponível em: <https://www.youtube.com/watch?v=hTauLLZnUTQ>. Acesso em: 25 fev. 2019.

CAPÍTULO 10

O *firewall* de ouro

Pois eu, diz o Senhor, erguerei um muro de fogo ao redor de Jerusalém e estarei em glória em meio a seus habitantes..

Zacarias 2:9 (2:5 na Bíblia cristã)

Gil Shwed. (Cortesia da Check Point)

DERROTANDO O ROCKET KITTEN

Em 9 de novembro de 2015, logo depois das seis da tarde, Yaser Balaghi, um experiente especialista em cibernética, estava navegando na internet em seu smartphone para ler as últimas notícias. Parecia que os especialistas ocidentais haviam finalmente descoberto seu grupo. Durante anos, Balaghi e seus colegas usaram a internet para atacar mais de 1.600 personalidades de destaque em todo o mundo, incluindo integrantes da família real saudita, cientistas nucleares israelenses, oficiais da Organização do Tratado do Atlântico Norte (OTAN), jornalistas, dissidentes iranianos e ativistas dos direitos humanos. Mas o especialista em cibernética não conseguiu conter um sorriso quando leu que o pessoal de segurança de três diferentes continentes havia apelidado seu grupo de: Rocket Kitten (em tradução livre, algo como, "Gatinhos Ligeiros").[1]

126 A ORDEM É INOVAR

Por mais de dois anos, a Check Point, uma das melhores empresas de segurança cibernética do mundo, havia perseguido a gangue, que era associada à Guarda Revolucionária Iraniana. Entre seus muitos esquemas, esses piratas da internet (hackers) seduziam suas vítimas a abrir e-mails que automaticamente baixavam *spyware*, permitindo que o grupo roubasse informações diretamente dos computadores dessas pessoas. Mas Balaghi deixou uma porta aberta que possibilitou que os engenheiros localizassem o banco de dados do grupo, seus nomes de usuário, senhas, endereços de e-mail, as páginas na web infectadas com o *malware* usado por eles, os servidores com os quais realizavam seus ataques e a lista de todas as pessoas que estavam buscando.[2] Ao contrário de outros criminosos, Balaghi não vive escondido nas sombras – tem um site público na internet e leciona em várias universidades iranianas renomadas. Seus cursos sobre pirataria cibernética estão disponíveis on-line.[3]

Antes de divulgar o relatório sobre o grupo Rocket Kitten, os executivos seniores da Check Point entraram em contato com os oficiais de segurança nacional da Europa, dos Estados Unidos e de Israel para compartilhar suas descobertas.

O dano causado foi grande, mas poderia ter sido muito pior. O que evitou que um número incontável de pessoas fosse atacado tinha sido o *firewall* instalado em seus computadores, uma invenção criada pelo executivo-chefe da Check Point, Gil Shwed.

BEM-VINDO À UNIDADE 8200

A maioria das pessoas nunca ouviu falar sobre Gil Shwed, mas, se você tem um computador, é grande a probabilidade de que já tenha usado um dos produtos da empresa. Nascido em 1968, Shwed cresceu no bucólico bairro de Ein Karem, em Jerusalém, o suposto local de nascimento de João Batista. De família classe média, seu pai era analista de sistemas no Ministério das Finanças de Israel.[4] Aos 10 anos de idade, Shwed inscreveu-se em um curso semanal de computação e rapidamente começou a aprender sozinho.[5] Dois anos depois, conseguiu um emprego em uma empresa de software e, aos 14 anos, perguntou aos pais se poderia ter aulas na Universidade Hebreia. "Meus pais davam apoio", Shwed recorda. "E fizeram algo muito positivo que foi não me forçar a nada. A única coisa a que me obrigaram foi equilibrar minha vida."[6]

O *FIREWALL* DE OURO 127

Na adolescência, Shwed tinha dois empregos, um na Universidade Hebreia como administrador de sistemas e outro na empresa de computação EMET, especializada em soluções de arquitetura e infraestrutura.[7]

Aos 18 anos, no entanto, foi chamado a prestar serviço militar. Recebeu convocação das IDF e se juntou a uma das unidades de elite, a 8200. Esse grupo, que equivale à Força de Segurança Nacional dos Estados Unidos, concentra-se em inteligência de sinais e decodificação de códigos. Durante o serviço militar, desenvolveu uma rede de computadores capaz de dar acesso a alguns usuários a material secreto e negar o mesmo acesso a outras pessoas.[8] "Estive exposto a muitas questões de segurança e a muita informação confidencial, que é classificada e acessível somente por determinados níveis hierárquicos", conta Shwed. "Tive que compreender diferentes aspectos, pois todo mundo precisa trabalhar na mesma rede só que com níveis diferentes de acesso."[9]

Durante o serviço militar, Shwed também descobriu o que gostaria de fazer em sua carreira. "Desde os primeiros dias nas Forças de Defesa, tive a ideia de criar algo", diz. "Nunca tinha sido muito estimulante trabalhar para os outros, que foi o que fiz durante toda minha adolescência. Queria criar um produto para oferecer segurança às redes de computadores, mas avaliei a ideia com meus amigos e decidi que não havia mercado para isso [ainda]."[10]

Em 1991, saiu das IDF e, contra a vontade de seus pais, decidiu não fazer faculdade.[11] Em vez disso, foi trabalhar como desenvolvedor de *software* na Optrotech,[12] uma startup israelense. Foi uma das melhores decisões de sua vida. Não só aprendeu como criar, embalar e comercializar novos produtos,[13] como também conheceu Marius Nacht, um programador muito talentoso.[14] Os dois se conectaram em parte por causa da formação no serviço militar. Nacht se graduou pelo programa de elite Talpiot, em que os participantes recebem educação de primeira linha, enquanto prestam o serviço militar e, então, utilizam esse conhecimento para pesquisar e desenvolver soluções para atender às necessidades das IDF.[15] Shwed dividiu com Natch sua ideia de criar um sistema de proteção para redes. A internet ainda era pequena e usada, principalmente, por governos e universidades. Mas os dois sabiam que era apenas uma questão de tempo para a web se tornar global. "Sabia que a internet seria algo enorme. Uma revolução", lembra Shwed. "Só não calculava a dimensão disso."[16]

PARTINDO DO ZERO

No início dos anos 1990, conforme a internet foi ficando mais popular, Shwed descobriu uma série de fóruns focados em proteção.[17] "Estava já bem claro que as empresas queriam se conectar à internet, mas estavam preocupadas com a segurança", afirma Shwed. "Sabíamos que, por fim, as pessoas iriam se dar conta de que precisavam de proteção."[18] Enviou e-mails a várias companhias para entender o grau de preocupação delas com segurança, determinar que produtos gostariam de comprar e reunir informações sobre os potenciais concorrentes. O jovem especialista em segurança compreendeu que havia ali uma grande oportunidade.

Shwed entrou em contato com seu amigo Shlomo Kramer da unidade 8200 e vendeu a ele a ideia de criar uma empresa voltada à segurança na internet e criação de *firewalls*. Kramer concordou e Shwed ficou entusiasmado.[19] Em fevereiro, Shwed e Natch participaram de uma conferência de desenvolvedores em computação em São Diego para dar continuidade à pesquisa de mercado. A inscrição nessa conferência custava $2.500, o que representava a metade de todas as economias de Shwed.[20] Mas ele tinha a impressão de que o dinheiro seria bem investido.

E estava certo. Os dois rapazes saíram da conferência chocados. "A maioria das pessoas não via a internet como algo que seria para o mercado de massa", recorda Shwed. E Natch lembra de ter pensado "ali estão os caras felizes e sortudos que se divertem desenvolvendo ferramentas".[21] A maioria das pessoas não estava focada em como proteger os dados na internet. Os dois voltaram para Israel, conversaram com Kramer e começaram a preparar um plano de negócio.

Logo em seguida, os três jovens engenheiros pediram demissão de seus empregos e montaram a própria startup. Começaram a trabalhar no apartamento da avó de Kramer, investindo cerca de doze a quatorze horas por dia para escrever o código do software. A meta era que o programa funcionasse como a segurança dos aeroportos. Verificaria o Protocolo de Internet (endereço IP)[22] de cada computador para permitir ou negar acesso a informações. Também possibilitaria que essa inspeção fosse feita por um único ponto de entrada.[23] Dessa forma, o sistema conseguiria verificar com sucesso todos os dados de entrada. "Parti do zero", diz Shwed. "Não usei nem uma linha do código das Forças de

Defesa. A ideia era a mesma, mas esperei pelo mercado e construí um negócio em torno disso."[24]

Alguns meses depois, decidiram acelerar o processo e passaram a se revezar em turnos de oito horas. Comeram muita pizza, beberam muito refrigerante e trocaram muitos cartuchos da impressora.[25] Também investiram muito tempo contatando e tentando marcar reuniões com investidores potenciais. "Nós só cruzávamos os dedos para que ninguém surgisse com alguma ideia parecida", lembra Natch.[26]

COMO SE FAZ ISSO?

Menos de três meses depois de terem começado a escrever o programa, os três rapazes conseguiram um financiamento para começar a empresa. Decidiram chamá-la de Check Point. Em junho de 1993, a BRM Technologies, uma companhia de software sediada em Jerusalém, pagou $250 mil por uma participação minoritária no negócio. "Shwed tem profundo conhecimento sobre o que fala", afirma Nir Barkat, fundador da BRM e atual prefeito de Jerusalém. "Nem todo mundo consegue identificar oportunidades como ele. Parece um garoto apostando o dobro ou nada. O fato é que ele não é. Ele compreende o mercado."[27]

Em setembro, o trio terminou de escrever o código e tinham um produto inteiramente funcional. "Era um mercado novo entre 1993 e 1994 e ninguém sabia como transformar aquilo em um negócio", diz Shwed. Eles começaram a testar o produto durante à noite em empresas de diferentes setores, em Israel. Houve um caso angustiante: "Em menos de uma hora tentaram entrar no sistema, apesar de ser a primeira vez que aquela empresa estava se conectando externamente", lembra. "O alarme soou e achamos impossível, mas duas semanas depois a polícia foi capaz de prender o responsável. Foi uma boa confirmação para nós."[28]

No entanto, o maior desafio para os três era como comercializar o produto. "Estávamos ali sentados em um apartamento em Ramat Gan e os clientes estavam nos Estados Unidos ou espalhados pelo resto do mundo", conta Shwed.[29] "Como é que se faz isso?" O trio sabia que o produto deles precisava ser vendido e enviado a dez fusos horários de distância. "Tinha que se vender sozinho e ser fácil de instalar", comenta.[30]

Logo, viajaram para os Estados Unidos e tiveram reuniões com vinte empresas para tentar vender o sistema chamado FireWall-1. Entre elas, estavam State Street Bank, Goldman Sachs e National Semiconductor. Ficavam hospedados em hotéis baratos e, em geral, usavam ternos pretos porque pareciam uniformes e eles poderiam levar menos roupa na bagagem. Durante as apresentações, a equipe instalava uma versão teste do FireWall-1 para demonstrar como o produto era simples. "Os clientes diziam: 'Firewalls são complicadas' e respondíamos: 'Então, vamos instalar e testar o nosso agora mesmo'", recorda Shwed. Havia uma surpresa geral, pois rapidamente começavam a pipocar mensagens avisando que os piratas estavam entrando na rede das empresas para procurar por vulnerabilidades.[31]

Ficava imediatamente claro para os especialistas em tecnologia que o FireWall-1 era revolucionário. Não somente porque o produto da Check Point era capaz de extrair informações sobre a origem, destino e propósito dos dados que estavam tentando instalar na rede, mas porque a interface com o usuário era muito intuitiva. O sistema não exigia um profissional de TI para instalá-lo e, com um pouco de treinamento, qualquer pessoa conseguia operá-lo.

Com parte da verba que receberam da BRM, contrataram em São Francisco o capitalista de risco David J. Blumberg para abrir frentes de negócios nos Estados Unidos. Era crítico "penetrar no mercado norte-americano primeiro e depois escalar para o resto do mundo", refletiram. "Seria muito difícil conseguir fazer ao contrário." Em vez de comercializar diretamente o produto, decidiram, então, apenas distribui-lo.

De início, a Check Point enfrentou grandes desafios. Conquistar clientes não era fácil em parte porque somente as grandes companhias tinham conexão de internet dedicada e a segurança não era a maior prioridade delas. A Check Point tinha também um problema de imagem. Estavam circulando rumores de que a empresa era, na verdade, uma frente do Mossad. Em uma ocasião, Blumberg teve que fazer sozinho uma apresentação no Serviço Nacional de Segurança dos Estados Unidos, enquanto Nacht aguardava no estacionamento de visitantes sob a suspeita de que trabalhava para a inteligência de Israel.[32] Além disso, não estavam presentes no mercado norte-americano para facilitar a conquista

O *FIREWALL* DE OURO 131

de novos clientes. Então, Shwed olhou a lista telefônica e encontrou um serviço de atendimento em Boston. "Trocávamos mensagens e faxes e eles encaminhavam os clientes para nós. Nunca estive lá, mas a secretária eletrônica dizia: 'Gil não está aqui'", recorda Shwed.[33]

QUATRO MIL ATAQUES POR DIA

Apesar desses contratempos iniciais, houve três eventos cruciais em 1994 que consolidaram a Check Point e impulsionaram a inovação de Shwed. No fim de março, o trio levou o produto para a feira NetWorld+Interop em Las Vegas e fez a primeira apresentação pública do *firewall*. Sendo bem conscientes quanto aos custos, dividiram um estande com outra empresa e não levaram folhetos promocionais. "Divulgamos um press-release, mas, naquela época, não sabíamos muito bem o que era um", conta Shwed. "Aquela feira em Las Vegas nos deu uma ótima sensação – foi o melhor momento que compartilhamos, pois pudemos reconhecer que estávamos no caminho certo."[34] O *firewall* deles fez tanto sucesso que recebeu o prêmio de melhor produto apresentado no evento.[35]

Em seguida, a Check Point fez sua primeira grande venda com a Sun Microsystems. Aquela gigante da computação foi incapaz de conseguir entrar no mercado de firewalls, então, resolveu juntar o FireWall-1 como parte de sua proposta de valor. Como resultado, as vendas da Check Point naquele ano saltaram para $800 mil.

No fim de fevereiro de 1995, a Check Point apareceu no programa de TV *60 Minutes*. Os produtores queriam descobrir se o produto de Shwed era tão bom quanto ele dizia. A Check Point concordou em deixar os computadores da própria empresa sob o ataque de hackers ao vivo diante das câmeras. "Participar não foi uma ideia feliz. É legal para mostrar para seus pais e amigos, mas os clientes não compram um *firewall* porque o produto apareceu na TV", lembra Shwed.[36]

Para iniciar o duelo cibernético, o *60 Minutes* trouxe um integrante da Masters of Deception, uma gangue de hackers de Nova York famosa no fim dos anos 1980. Diante das câmeras ligadas, Mike Wallace e David Blumberg, da Check Point, estavam sentados em uma sala, enquanto um hacker, que se escondeu sob o nome de Noam Chomsky, estava em outra, usando um chapéu de feltro e uma máscara de bandido. "Ele parecia o Zorro. Usei aquela roupa no Halloween do ano passado", comentou Blumberg.

Antes de o duelo começar, o telefone de David Blumberg tocou. Era Shwed, que parecia em pânico. Os piratas estavam bombardeando a Check Point. Durante as 24 horas anteriores o FireWall-1 tinha sido atacado mais de 60 mil vezes. "Cada hacker perguntava ao seu amigo hacker: 'Você sabe se consegue quebrar o código do FireWall-1?'", lembra Shwed.[37] Um dia antes de o episódio ocorrer ao vivo na TV, alguém vazou que haveria o duelo em uma conferência de hackers realizada no Citicorp Center de Nova York.[38] Muitos participantes tentaram romper o sistema, mas nenhum deles foi bem-sucedido. No fim do programa, porém, a marca Check Point tinha se tornando conhecida.

A quantidade de crimes cibernéticos acontecendo ao redor do mundo é estonteante, tornando a inovação de Shwed indispensável. Mais de 1,5 milhão de ataques ocorrem a cada ano. Isso significa que são quatro mil por dia, 170 por hora ou três a cada minuto.[39] Em 2014, os piratas roubaram as informações pessoais de aproximadamente 47% da população norte-americana adulta.[40] E, em 2013, os criminosos cibernéticos conseguiram violar os sistemas de cerca de 43% das empresas dos Estados Unidos.[41] A McAfee, a maior companhia do mundo em tecnologia de segurança, estima que o custo global relacionado a crimes cibernéticos esteja em mais de $400 bilhões.[42] "O sistema de *firewall* é a seiva vital da segurança cibernética", garante Yoav Adler, diretor de inovação e tecnologia cibernética do Ministério de Relações Exteriores de Israel. "Essa extraordinária inovação foi a primeira das muitas inovações israelenses que asseguram a comunicação global."[43]

Atualmente, o *firewall* da Check Point protege mais de 100 mil companhias, incluindo 94% daquelas que estão no *ranking* da revista *Fortune* e quase todos os governos ao redor do mundo.[44] O valor de mercado da Check Point é maior do que $15 bilhões[45] e conta com mais de 29 mil colaboradores em seus escritórios localizados na Austrália, na Bielorrússia, no Canadá, em Israel, na Suécia e nos Estados Unidos.[46] "Na era da transformação digital, a vida sem o *firewall* é inconcebível", diz Orna Berry, ex-cientista chefe em Israel.[47]

O *FIREWALL* DE OURO

Talvez tão importante quanto tudo isso seja que "Gil Shwed [tem] teve um impacto fundamental sobre a sociedade israelense", afirma Charlie Federman, da BRM Capital, a empresa que ajudou a fundar a Check Point. "[Ele] mudou o dogma das mães judias que durante os últimos cem anos acreditaram que seus filhos deveriam ser médicos ou advogados. Gil fez uma revolução e agora os filhos também podem ser designers de *software*, engenheiro ou empreendedores."[48]

Com carinho, muitos chamam o criador da indiscutivelmente mais bem-sucedida empresa de segurança na internet do mundo de "Gil Bates". Apesar desse sucesso, os piratas continuam tentando cavar uma passagem para dentro dos computadores dos governos, negócios e indivíduos. "Vejo a segurança na internet como algo proativo e positivo que se opõe a essa coisa negativa de combater o crime", afirma Shwed.[49] "Não vejo isso como se fôssemos a polícia."

E o que teria acontecido se Gil Shwed tivesse seguido o conselho dos pais e feito faculdade? Talvez jamais tivesse criado o *firewall*, uma ferramenta de segurança na internet que, com toda certeza, tornou o mundo um lugar melhor para se viver.

134   A ORDEM É INOVAR
Notas do Capítulo 10

1. *Rocket Kitten: A Campaign with 9 Lives*, publicado no blog da Check Point em 09 de novembro de 2015. Disponível em: <https://blog.checkpoint.com/wp-content/uploads/2015/11/rocket-kitten-report.pdf>. Veja também *Iranian Hackers Attack State Department via Social Media Accounts*, de David Sanger e Nicole Perlroth, no *New York Times*, de 24 de novembro de 2015. Disponível em: <https://www.nytimes.com/2015/11/25/world/middleeast/iran-hackers-cyberespionage-state-department-social-media.html>. Acessos em: 26 fev. 2019.

2. *Rocket Kitten: A Campaign with 9 Lives*, publicado no blog da Check Point em 9 de novembro de 2015. Disponível em: <https://blog.checkpoint.com/wp-content/uploads/2015/11/rocket-kitten-report.pdf>. Veja também *Bumbling Iran Hackers Target Israelis, Saudis... Badly Report Shows*, de David Shamah, *Times of Israel*, 10 de novembro de 2015. Disponível em: <www.timesofisrael.com/bumbling-iran-hackers-target-israelis-saudis-badly-report-shows/>; *Iran Said to Hack Former Israeli Army Chief-of-Staff, Access His Entire Computer*, em *Times of Israel*, 9 de fevereiro de 2016. Disponível em: <https://www.timesofisrael.com/iran-said-to-hack-former-israeli-army-chief-of-staff-access-his-entire-computer/>; *Israeli Generals Said among 1,600 Global Targets of Iran Cyber-Attack* em *Times of Israel*, de 28 de janeiro de 2016. Disponível em: <https://www.timesofisrael.com/israeli-generals-said-among-1600-global-targets-of-iran-cyber-attack/>; *Iran 'Rocket Kitten' Cyber Group Hit in European Raids after Targeting Israeli Scientists*, no site da Reuters, em 9 de novembro de 2015. Disponível em: <https://www.jpost.com/Middle-East/Iran/Iran-Rocket-Kitten-cyber-group-hit-in-European-raids-after-targeting-Israeli-scientists-432485>. Acesso: em 26 fev. 2019.

3. *Wool3NH4T–RocketKitten–RawVideos*, em Treadstone71, de 16 de janeiro de 2016. Disponível em: <https://cybershafarat.com/2016/01/16/woolenhat/>. Veja também *What It's Like to Be a Hacker in Iran*, de Jeff Bardin, em *Business Insider*, de 23 de fevereiro de 2016. Disponível em: <https://www.businessinsider.com/what-its-like-to-be-a-hacker-in-iran-2016-2>. Acesso em: 27 fev. 2019.

4. *Hi-Tech: Gil Shwed*, em *Ynet* [em hebreu]. Disponível em: <www.ynet.co.il/Ext/App/Ency/Items/CdaAppEncyEconomyPerson/0,8925,L-3836,00.html/>. Acesso em: 27 fev. 2019.

5. *Checking in with Check Point's Gil Shwed*, em Israel21c, de 3 de junho de 2003. Disponível em: <www.israel21c.org/checking-in-with-check-points-gil-shwed->. Acesso em: 27 fev. 2019.

6. Ibid.

7. *Checking in with Check Point's Gil Shwed*, em Israel21c, de 3 de junho de 2003. Disponível em: <www.israel21c.org/checking-in-with-check-points-gil-shwed->. Acesso em: 27 fev. 2019. Veja também *Army Fired an Enthusiasm to Wage War on Hackers*, de Rupert Steiner, em *Sunday Times* (Londres), de 13 de julho de 1997.

8. *Checking in with Check Point's Gil Shwed*, em Israel21c, de 3 de junho de 2003. Disponível em: www.israel21c.org/checking-in-with-check-points-gil-shwed- Veja

O *FIREWALL* DE OURO

135

também *A Fortune in Firewalls*, em *Forbes*, de 18 de março de 2002. Disponível em: <https://www.forbes.com/forbes/2002/0318/102.html#7c3368d4deec>. Acessos em: 27 fev. 2019.

9. *Army Fired an Enthusiasm to Wage War on Hackers*, de Rupert Steiner, em *Sunday Times* (Londres), de 13 de julho de 1997. Veja também *Check Point Copes with Competition*, de Donna Howell, em *Investor's Business Daily*, de 13 de maio de 2002.

10. *Army Fired an Enthusiasm to Wage War on Hackers*, de Rupert Steiner, em *Sunday Times* (Londres), de 13 de julho de 1997.

11. *A Fortune in Firewalls*, em *Forbes*, de 18 de março de 2002. Disponível em: <https://www.forbes.com/forbes/2002/0318/102.html#7c3368d4deec>. Acesso em: 27 fev. 2019.

12. Atualmente, Orbotech.

13. *Army Fired an Enthusiasm to Wage War on Hackers*, de Rupert Steiner, em *Sunday Times* (Londres), de 13 de julho de 1997.

14. *A Fortune in Firewalls*, em *Forbes*, de 18 de março de 2002. Disponível em: <https://www.forbes.com/forbes/2002/0318/102.html#7c3368d4deec>. Acesso em: 27 fev. 2019.

15. *Number 73: Marius Nacht*, em *Forbes Israel* [em hebreu], 14 de abril de 2014. Disponível em: <www.forbes.co.il/news/new.aspx?0r9VQ=IEEJ=?>.

16. I Work for the Interest and the Challenge, de Hagai Golan, em *Globes* (Israel), de 6 de junho de 2013.

17. *Check Point's Gil Shwed: He Joined Interest and Opportunity to Fill a Computer Niche*, de Reinhardt Krause, em *Investor's Business Daily*, 12 de setembro de 2000.

18. Ibid. Veja também *Checking in with Check Point's Gil Shwed*, em Israel21c, de 03 de junho de 2003. Disponível em: <www.israel21c.org/checking-in-with-check-points-gil-shwed->. Acesso em: 27 fev. 2019.

19. *Getting to the Point on Security Software*, de David Neiger, em *The Age* (Austrália), 21 de outubro de 2003.

20. Check Point's Gil Shwed: He Joined Interest and Opportunity *to Fill a Computer Niche*, de Reinhardt Krause, em *Investor's Business Daily*, em 12 de setembro de 2000.

21. *A Fortune in Firewalls*, em *Forbes*, de 18 de março de 2002. Disponível em: <https://www.forbes.com/forbes/2002/0318/102.html#7c3368d4deec>. Acesso em: 27 fev. 2019.

22. O endereço IP permite que os computadores (ou outros dispositivos digitais) se comuniquem pela internet. Semelhante a um endereço postal, quando uma carta é enviada, um endereço IP indica a localização exata de bilhões de dispositivos digitais que estão conectados à internet para diferenciar um do outro.

23. *Check Point Copes with Competition*, de Donna Howell, em *Investor's Business Daily*, de 13 de maio de 2002

24. *Spies, Inc.: Business Innovation from Israel's Masters of Espionage, de* Stacy Perman, (Upper Saddle River, NJ: Pearson, 2005), 174.

25. *Army Fired an Enthusiasm to Wage War on Hackers*, de Rupert Steiner, em *Sunday Times* (Londres), de 13 de julho de 1997. Veja também *A Fortune in Firewalls*, em *Forbes*, de 18 de março de 2002. Disponível em: <https://www.forbes.com/forbes/2002/0318/102.html#7c3368d4deec>. Acesso em: 27 fev. 2019.

26. *Firm Building a 'Firewall' against Competitors*, de Avi Machlis, em *Financial Post*, de 7 de março de 1998.

27. *Army Fired an Enthusiasm to Wage War on Hackers*, de Rupert Steiner, em *Sunday Times* (Londres), de 13 de julho de 1997.

28. Ibid.

29. *Checking in with Check Point's Gil Shwed*, em Israel21c, de 3 de junho de 2003. Disponível em: <www.israel21c.org/checking-in-with-check-points-gil-shwed->. Acesso em: 27 fev. 2019.

30. *Getting to the Point on Security Software*, de David Neiger, em *The Age* (Austrália), de 21 de outubro de 2003.

31. *A Fortune in Firewalls*, em *Forbes*, de 18 de março de 2002. Disponível em: <https://www.forbes.com/forbes/2002/0318/102.html#7c3368d4deec>. Acesso em: 27 fev. 2019.

32. Ibid.

33. *Spies, Inc.: Business Innovation from Israel's Masters of Espionage*, de Stacy Perman, (Upper Saddle River, NJ: Pearson, 2005), 175.

34. *Checking in with Check Point's Gil Shwed*, em Israel21c, de 3 de junho de 2003. Disponível em: <www.israel21c.org/checking-in-with-check-points-gil-shwed->. Acesso em: 27 fev. 2019.

35. *Check Point FireWall-1 Continues to Garner Top Industry Honors*, em *PR Newswire*, de 25 de abril de 1997. Disponível em: <www.prnewswire.com/news-releases/check-point-firewall-1-continues-to-garner-top-industry-honors-75333602.html>. Veja também *Firm Building a 'Firewall' against Competitors*, de Avi Machlis, em *Financial Post*, de 7 de março de 1998.

36. *Spies, Inc.: Business Innovation from Israel's Masters of Espionage*, de Stacy Perman, (Upper Saddle River, NJ: Pearson, 2005), 176.

37. Ibid.

38. *Even "60 Minutes" Couldn't Turn Computer Crime into High Drama*, de Jared Sandberg, em Associated Press News Archive, de 24 de fevereiro de 1995. Disponível em: <www.apnewsarchive.com/1995/Even-60-Minutes-Couldn-t-Turn-Computer-Crime-Into-High-Drama/id-fd7547b1c7a6cf738de5ad02bfaf44315b>.

39. *These Cybercrime Statistics Will Make You Think Twice about your Password: Where's the CSI Cyber Team When You Need Them?*, em CBS, de 13 de março de 2015. Disponível em: <www.cbs.com/shows/csi-cyber/news/1003888/these-cybercrime-statistics-will-make-you-think-twice-about-your-password-where-s-the-csi-cyber-team-when-you-need-them-es>. Acesso em: 27 fev. 2019.

40. *Half of American Adults Hacked this Year*, de Jose Pagliery, em *CNN Tech*, de 28 de maio de 2014. Disponível em: <https://money.cnn.com/2014/05/28/technology/security/hack-data-breach/>. Acesso em: 27 fev. 2019.

O FIREWALL DE OURO   137

41. *43% of Companies Had a Data Breach This Past Year*, de Elizabeth Weise, em *USA Today*, de 24 de setembro de 2014. Disponível em: <www.usatoday.com/story/tech/2014/09/24/data-breach-companies-60/16106197/n>. Acesso em: 27 fev. 2019.

42. *Net Losses: Estimating the Global Cost of Cybercrime*, em McAfee, de junho de 2014. Disponível em: <https://www.mcafee.com/enterprise/en-us/solutions/lp/economics-cybercrime.html>. Acesso em: 27 fev. 2019.

43. Yoav Adler em entrevista por telefone com o autor, em 18 de abril de 2016.

44. Customer Stories, no site da Check Point. Disponível em: <https://www.checkpoint.com/>. Acesso em: 27 fev. 2019.

45. O valor de mercado das ações em circulação de uma companhia é calculado pelo preço unitário multiplicado pelo total de ações em circulação. Veja *Check Point Launches Malware Protection Solution*, de Shiri Habib-Valdhorn, em *Globes* (Israel), de 10 de março de 2015. Veja também *How Check Point Became the Fortune 500's Cybersecurity Favorite*, de Neal Ungerleider, em *Fast Company*, de 04 de junho de 2013. Disponível em: <www.fastcompany.com/3012414/the-code-war/how-check-point-became-the-fortune-500s-cybersecurity-favorite>; e Customer Stories, no site da Check Point. Disponível em: <https://www.checkpoint.com/>. Acessos em: 27 fev. 2019.

46. *Spies, Inc.: Business Innovation from Israel's Masters of Espionage*, de Stacy Perman, (Upper Saddle River, NJ: Pearson, 2005), 172.

47. Orna Berry em entrevista por telefone com o autor, em 22 de dezembro de 2016.

48. *BRM Bets Big on the Internet*, de David Rosenberg, em *Jerusalem Post*, de 5 de março de 2000.

49. *Army Fired an Enthusiasm to Wage War on Hackers*, de Rupert Steiner, em *Sunday Times* (Londres), de 13 de julho de 1997.

CAPÍTULO 11

Engula essa câmera, por favor

Tu terás grande enfermidade por causa de uma doença em tuas entranhas.

Crônicas II 21:15

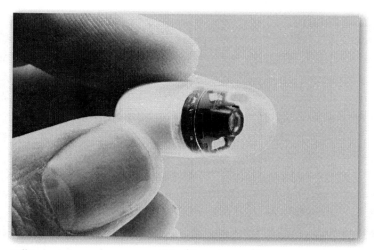

PillCam, a câmera para ser engolida. (Getty Imagens)

UMA CÂMERA EM CÁPSULA

Os investidores em capital de risco não paravam de dar risada. "Sério?", um deles perguntou. "Você realmente acredita que seja possível ver alguma coisa com essa câmera? Terá que colocar limpadores de para-brisa nela."[1] Eram meados dos anos 1990 e Gavriel Iddan estava reunido em uma sala com um grupo de investidores potenciais. A ideia: uma câmera deglutível com um rádio transmissor do tamanho mais ou menos de um comprimido multivitamínico, que poderia viajar pelo trato gastrointestinal para tirar fotos das pessoas pelo lado de dentro.

Naquela época, os médicos ainda dependiam de endoscópios para visualizar o colo e o intestino delgado – aquele trecho enrolado de quatro metros e meio entre o estômago e o intestino grosso. Os endoscópios, em geral, são longos tubos finos e flexíveis com câmeras de vídeo de alta definição nas pontas. Mas esses aparelhos **não conseguem mostrar o órgão inteiro**, podem ver somente uma parte do intestino delgado, o que com frequência leva a cirurgias desnecessárias. Com o objetivo de visualizar melhor, os médicos solicitam uma colonoscopia, um procedimento desconfortável para o paciente. Durante um exame que dura pouco mais de uma hora, os médicos bombeiam ar pelo ânus da pessoa para inflar o colo e inserem um tubo de dois metros de comprimento pelo reto.[2] Normalmente, os pacientes tomam sedativos para aliviar o desconforto.

Somente nos Estados Unidos, aproximadamente 19 milhões de pessoas têm pequenos desarranjos intestinais – desde doença celíaca até tumores incipientes.[3] Três milhões de indivíduos sofrem de doenças gastrointestinais sérias o bastante para precisarem de hospitalização. Em mais de um terço dos casos, porém, os médicos nunca descobrem a causa.[4]

Iddan sabia que sua ideia poderia ajudar a diagnosticar melhor essas doenças.[5] Conforme a pequena câmera vai avançando por dentro da pessoa, tira cerca de 10 mil fotos, oferecendo uma visão mais completa e abrangente do corpo por dentro. Além disso, explicou, a cápsula tornaria o exame bem mais confortável para os pacientes.[6]

Infelizmente, a maioria dos investidores em capital de risco ficou cética, pois temiam que talvez fosse impossível criar aquele produto. Mas Iddan foi perseverante. Acreditava que seu dispositivo pudesse salvar a vida de milhões de pessoas e, em última instância, mudar o mundo. Tudo que ele precisava era de financiamento.

Para encontrar recursos financeiros, buscou uma fonte improvável.

HOMEM-FOGUETE

Tudo começou com uma conversa entre ele e seu vizinho, um gastroenterologista renomado chamado Eitan Scapa. Era 1981 e Iddan morava em Boston, trabalhando para uma empresa que desenvolvia tubos de raios X e sondas ultrassônicas com capacidade de gerar imagens.[7] Ele e Scapa, que também é israelense, tinham se tornado amigos e sempre trocavam histórias sobre seus trabalhos. Um dia, Scapa mencionou as limitações dos endoscópios de fibra ótica. Iddan – um engenheiro de formação – sugeriu que deveria haver uma solução melhor.

ENGULA ESSA CÂMERA, POR FAVOR

"Você é um cientista inteligente, por que não encontra uma?", Scapa perguntou. "Me dá só uns dias", respondeu o engenheiro.[8]

Iddan não tinha um plano, mas não conseguia tirar aquela ideia da cabeça. Como não sabia quase nada sobre gastroenterologia, começou a estudar a história do endoscópio. O campo da endoscopia – em grego, "olhar por dentro" – foi criado por Philip Bozzini, um inventor alemão, em 1806. Bozzini construiu um aparelho em formato de tubo que chamou de *lichtleiter* ou instrumento para guiar a luz, capaz de entrar no corpo através de uma abertura, seja a boca ou o ânus.[9] Desde então, os cientistas têm aperfeiçoado o aparelho, acrescentando hastes mais flexíveis e capacidade de ampliação da visualização. No entanto, os modernos endoscópios só podiam fazer diagnósticos apenas na parte superior do trato intestinal.[10] Os outros aparelhos não ajudavam muito. Os de raio X não oferecem imagens muito úteis nem os de ultrassom. Quanto mais Iddan estudava, mais tinha certeza de que conseguiria criar algo melhor.

Naquela época, ele não sabia quase nada sobre o intestino delgado. Mas sabia muitíssimo bem sobre duas coisas: foguetes e câmeras. Antes de trabalhar em Boston, havia sido engenheiro na Rafael, a principal fornecedora de produtos de defesa de Israel. Lá, tinha ajudado a desenvolver a "visão" de um foguete, a câmera que possibilita acertar o alvo. Entre outras coisas, também trabalhou no desenvolvimento de um dispositivo infravermelho para mísseis ar-ar.[11] Quando pensava no endoscópio, começou a imaginar um sensor de míssil que fosse pequeno o bastante para caber dentro do corpo humano. O único problema: a tecnologia ainda não existia. Deixou essa ideia de lado.

Dez anos mais tarde, em 1991, Iddan visitou Scapa nos Estados Unidos, que voltou a desafiar o engenheiro a encontrar um meio melhor para os médicos visualizarem o intestino delgado.[12] Mas Iddan já sabia que havia grandes obstáculos para a câmera em cápsulas. "Não havia nenhuma esperança", Iddan lembra. "As baterias duravam dez minutos e precisávamos de uma que durasse dez horas. E, mesmo que houvesse, que médico ficaria oito horas ao lado de um paciente, olhando no monitor enquanto a cápsula se movia dentro do corpo da pessoa?"[13]

Mesmo assim, Iddan voltou a mergulhar naquele desafio. Naquela época trabalhava em tempo integral na Rafael e, por isso, aproximou-se de seus superiores para que o apoiassem no projeto. Os chefes dele consideraram a ideia ótima para os filmes de Hollywood, não para o exército israelense, mas permitiram que Iddan usasse os laboratórios da Rafael para trabalhar.

Em 1993, fez uma série de experimentos importantes. Primeiro, porque a tecnologia tinha melhorado, construiu um transmissor e uma câmera menores do que uma moeda. Então, conseguiu inserir esse dispositivo dentro de uma galinha congelada.[14] Iddan viu os intestinos do animal e as imagens estavam bem nítidas. A mesma coisa, esperava, funcionaria com os humanos. A seguir, começou a lidar com o problema das baterias. Encontrou o que estava procurando na Nasa, que havia sido bem-sucedida em desenvolver baterias extremamente pequenas com capacidade de duração de pelo menos dez horas.[15]

Um ano depois, Iddan buscou patentear o dispositivo em Israel e nos Estados Unidos. Assim, com todos os componentes à disposição, precisava começar um negócio. Mas, primeiro, tinha que conseguir dinheiro.

UM MÍSSIL QUE NÃO EXPLODE

Em 1995, quando Iddan buscou uma parceria, aproximou-se de Gavriel Meron, que era CEO na Applitec, uma empresa israelense fornecedora de câmeras de vídeo para endoscópios.[16] Embora os dois já fossem colegas e amigos, Meron não aderiu imediatamente à ideia a ponto de deixar sua posição poderosa de CEO. De início, tentou convencer os acionistas da Applitec a investirem na ideia de Iddan. Mas, quando ficou claro que a Applitec não estava interessada, Meron sabia que tinha que escolher: permanecer no emprego confortável ou apostar a vida naquela ideia.[17] "Era uma ideia interessante com muitos riscos tecnológicos",[18] comenta Meron sobre o empreendimento de Iddan. Não estava querendo fazer um movimento profissional, porém o projeto o atraía muito, e ele foi em frente.

Meron rapidamente começou a trabalhar em um plano de investimento. Mas os investidores em capital de risco e as empresas de participações privadas passaram a evitá-lo. Dois anos depois, ele e Iddan abordaram a Rafael Development Corporation (TDC) – uma joint

ENGULA ESSA CÂMERA, POR FAVOR

venture que incluía a Rafael, Elron Electronic Industries e a Discount Investment Corporation. Ao contrário dos outros investidores, a RDC gostou da ideia e o grupo investiu $600 mil. Em retorno, Iddan e Meron deram 10% de participação na empresa chamada Given Imaging.[19] O único problema era que Iddan e Meron ainda não sabiam se a cápsula funcionava em humanos.

Para descobrir isso, procuraram a equipe científica do Reino Unido liderada por C. Paul Swain. Era especialista em anatomia – em especial, a do intestino delgado. No outono de 1999, realizaram o primeiro experimento com humanos. Scapa, o antigo vizinho de Iddan, supervisionou o procedimento, enquanto Swain engolia a cápsula.[20] Esperaram alguns minutos e, então de repente, começaram a ver algumas imagens embaçadas. Os pesquisadores ficaram confusos. Iddan segurava uma antena que recebia informações da pequena câmera e as reproduzia em uma tela com imagem granulada. Ele girava a antena para todos os lados, mas a qualidade da imagem não ficava nem um pouco melhor. Com base nos sinais enviados pela cápsula, porém, certificaram-se de que ela havia passado com sucesso pelo intestino delgado. Ficaram todos tão felizes, que Swain concordou em engolir outra cápsula. Mantendo a antena em diferentes posições, a equipe finalmente pôde receber imagens de alta qualidade e visualizar o intestino delgado. Iddan e Swain compararam a experiência à aventura de "engolir um míssil que não explode".[21]

Em 2001, depois que Iddan e Meron conduziram estudos clínicos provando que o produto era seguro e eficaz, as autoridades de saúde da Europa e dos Estados Unidos autorizaram a comercialização do dispositivo. No mesmo ano, a Given Imaging foi preparada para abrir capital na Nasdaq, a bolsa de valores dos Estados Unidos. E então ocorreram os eventos de 11 de setembro com os ataques aéreos ao World Trade Center e ao Pentágono.[22] "Pensei que nossa Oferta Pública Inicial (IPO) de ações não iria dar resultado, que não tínhamos mais a menor chance", avalia Iddan.[23] Algumas semanas depois, porém, a Given Imaging foi a primeira empresa a reiniciar os IPOs na Nasdaq. A economia estava arrasada, mas Iddan e a companhia conseguiram levantar $60 milhões. "Depois daquelas mortes trágicas, minha maior esperança era que a cápsula poderia salvar milhares de vidas", conta Iddan. "Seria o que a Bíblia fala sobre 'transformar espadas em arados'."[24]

FÁCIL DE ENGOLIR

Apesar de a invenção de Iddan ter vantagens claras em relação aos endoscópios tradicionais, inicialmente os médicos não aderiram à ideia. O equipamento de que dispunham não era perfeito, mas era o suficiente e muitas clínicas de diagnóstico não quiseram investir dinheiro em algo novo. Além disso, havia o temor de utilizar uma cápsula que seria engolida pelo paciente e poderia causar uma série de complicações desconhecidas.

Finalmente, cederam à inovação. A evidência da superioridade da PillCam era muito grande. O endoscópio tradicional podia perfurar o tecido gastrointestinal e essa perfuração levaria a infecções graves com risco de morte. De acordo com o doutor Mark Pochapin, diretor de gastroenterologia do Centro Médico Langone da Universidade de Nova York, as endoscopias também não visualizam cerca de 10% dos pólipos grandes (alguns evoluem para câncer). "A colonoscopia é um procedimento maravilhoso, que já se mostrou capaz de salvar vidas", afirma o doutor Pochapin. "Mas queríamos fazer melhor."[25]

E tinham feito melhor. A invenção de Iddan possibilita que os médicos enxerguem o intestino delgado inteiro e oferece imagens detalhadas. "Até a criação da PillCam, o intestino delgado era uma caixa preta para os gastroenterologistas", diz Eric Goldberg, diretor de endoscopia capsular da Faculdade de Medicina da Universidade de Maryland.[26] Para os pacientes, também é um procedimento muito mais confortável do que a endoscopia tradicional.[27] A PillCam é minimamente invasiva e não é necessário tempo de recuperação dos sedativos. E, enquanto a cápsula está dentro do corpo, os pacientes podem manter a rotina normal – salvo atividades muito extenuantes.[28]

Utilizar a PillCam também é mais barato: custa aos pacientes cerca de $500 em comparação aos $800 a $4000 pagos pela endoscopia tradicional.[29] Teoricamente, a cápsula também é reutilizável. "Mas quem gostaria de revirar as próprias fezes para 'resgatá-la'? O preço é baixo o bastante para ninguém se dar a esse trabalho", afirma Meron.[30]

De fato, a única desvantagem da PillCam é que, ao contrário do endoscópio, que pode remover os pólipos encontrados, as imagens da cápsula apenas identificam esses tecidos. Quando um médico diagnostica o problema, tem que realizar um procedimento separado para extirpar os

ENGULA ESSA CÂMERA, POR FAVOR

pólipos. Também há casos raros em que a cápsula fica presa no intestino e é necessária uma cirurgia para removê-la.[31]

Atualmente, em alguns países, as imagens capsulares são o modo mais comum de realizar uma endoscopia. E, apesar de já haver concorrentes, a PillCam tem 90% de participação no mercado. Mais de 2 milhões de pessoas já engoliram uma PillCam desde 1998 e mais de 5 mil clínicas e hospitais em mais de 75 países estão utilizando o dispositivo.[32] "Fomos um dos primeiros hospitais universitários a usar a cápsula de imagens e prevejo que, dentro de cinco anos, todos os gastroenterologistas vão escolhê-la", afirma Ira Schmelin, um especialista da área no Noble Hospital em Massachusetts. "É definitivamente um instrumento para salvar vidas ao diagnosticar tumores cancerígenos."[33]

Apesar de todo ceticismo inicial dos investidores em capital de risco e das empresas de participações privadas, Iddan já ajudou milhões de pessoas em todo o mundo – simplesmente por ter coragem de buscar a inovação.[34]

Notas do Capítulo 11

1. *The Long and Winding Road*, de Avishai Ovadia, em *Globes* (em hebreu), 7 de agosto de 2003. Disponível em: <www.globes.co.il/news/article.aspx?did=7128167>.

2. Endoscopia é um termo genérico para qualquer tipo de exame com imagem interna do paciente. A enteroscopia é a endoscopia do intestino delgado. A colonoscopia é a do cólon e a gastroscopia é a imagem do esôfago e do estômago.

3. *Strategic Management: An Integrated Approach,* de Charles W.L. Hill, Melissa A. Schilling e Gareth R. Jones. Boston: Cengage Learning, 2016, 75–83. Veja também *The Long and Winding Road,* de Avishai Ovadia, em *Globes* (em hebreu), 7 de agosto de 2003. Disponível em: <www.globes.co.il/news/article. aspx?did=7128167>.

4. *Swallowable-Capsule Technology,* de Colm McCaffrey, Olivier Chevalerias, Clan O'Mathuna e Karen Twomey, em *IEEE Pervasive Computing* 7, n.1 (janeiro-março de 2008).

5. *New Israeli Export an Easy Pill for Patients to Swallow,* de Rachel Sarah, em *Jewish News of Northern California,* 4 de novembro de 2005. Disponível em: <www. jweekly.com/article/full/27605/new-israeli-export-an-easy-pill-for-patients-to-swallow/>. Acesso em: 27 fev. 2019. Veja também *Going Live to the Small Intestine,* em *Hayadan* [em hebreu], 6 de julho de 2000. Disponível em: <www. hayadan.org.il/given-imagings-breakthrough-technology060700170>.

6. O procedimento também reduz as chances de que haja reações alérgicas aos sedativos com risco de vida para o paciente ou a perfuração do intestino, o que raramente ocorre em colonoscopias. *Swallowable Imaging Capsules Not Widely Used,* de Deborah Kotz, em *Boston Globe,* de 19 de agosto de 2013. Disponível em: <https://www.bostonglobe.com/lifestyle/health-wellness/2013/08/18/ swallowable-imaging-capsule-keeps-improving-but-still-not-routine-here-why/ jVhJGvrS25u014saRdi8EK/story.html>.

7. *History and Development of Capsule Endoscopy,* de Gavriel J. Iddan e Paul Swain, em *Gastrointestinal Endoscopy Clinics of North America* 14 (2004). Disponível em: <www.giendo.theclinics.com/article/S1052–5157(03)00145–4/abstract>. Acesso em: 27 fev. 2019.

8. *Os israelenses – Pessoas comuns em uma terra extraordinária,* de Donna Rosenthal. São Paulo: Évora, 2013.

9. *Inventor Makes New Strides in Medical Diagnostics Technology,* no European Patent Office, 2011. Disponível em: <https://www.epo.org/learning-events/ european-inventor/finalists/2011/iddan/impact.html>. Acesso em: 27 fev. 2019.

10. Ibid.

11. *History and Development of Capsule Endoscopy,* de Gavriel J. Iddan e Paul Swain, em *Gastrointestinal Endoscopy Clinics of North America* 14 (2004). Disponível em: <www.giendo.theclinics.com/article/S1052–5157(03)00145–4/ abstract>. Veja também *Live from the Small Intestine,* de Miri Eder, em *Ma'ariv* [em hebreu], 6 de maio de 2012. Disponível em: <www.nrg.co.il/online/archive/

ENGULA ESSA CÂMERA, POR FAVOR   147

ART/224/085.html>. Nesse artigo, Gavriel Meron descreveu a posição de Iddan como "cientista sênior em Rafael ... que contribuiu grandemente para a segurança nacional de Israel." Acessos em: 27 fev. 2019.

12. *Strategic Management: An Integrated Approach,* de Charles W.L. Hill, Melissa A. Schilling e Gareth R. Jones. Boston: Cengage Learning, 2016, p. 75-83.

13. *Os israelenses – Pessoas comuns em uma terra extraordinária,* de Donna Rosenthal. São Paulo: Évora, 2013.

14. Ibid.

15. *Strategic Management: An Integrated Approach,* de Charles W.L. Hill, Melissa A. Schilling e Gareth R. Jones. Boston: Cengage Learning, 2016, p. 75–83. Veja também *Os israelenses – Pessoas comuns em uma terra extraordinária,* de Donna Rosenthal. São Paulo: Évora, 2013; e *Going Live to the Small Intestine,* em *Hayadan* [em hebreu], 06 de julho de 2000. Disponível em: <www.hayadan.org.il/given-imagings-breakthrough-technology06070017o>.

16. *Strategic Management: An Integrated Approach,* de Charles W.L. Hill, Melissa A. Schilling e Gareth R. Jones. Boston: Cengage Learning, 2016, p. 75–83.

17. *The Long and Winding Road,* de Avishai Ovadia, em *Globes* (em hebreu), 07 de agosto de 2003. Disponível em: <www.globes.co.il/news/article.aspx?did=7128167>.

18. *Going Live to the Small Intestine,* em *Hayadan* [em hebreu], 06 de julho de 2000. Disponível em: <www.hayadan.org.il/given-imagings-breakthrough-technology06070017o>.

19. The Long and Winding Road, de Avishai Ovadia, em Globes (em hebreu), 07 de agosto de 2003. Disponível em: <www.globes.co.il/news/article.aspx?did=7128167>. Veja também Taro and Given Imaging Set to Raise a Quarter of a Billion Dollars on the Nasdaq This Week, de Avishai Ovadia, em Globes [em hebreu], 30 de setembro de 2001. Disponível em: <www.globes.co.il/news/article.aspx?did=524787>. Acesso em: 27 fev. 2019. Veja também Going Live to the Small Intestine, em Hayadan [em hebreu], 06 de julho de 2000. Disponível em: <www.hayadan.org.il/given-imagings-breakthrough-technology06070017o>. "Given" é um acrônimo em inglês, segundo Meron: GI se refere a gastrointestinal, o v é de vídeo e o en é de endoscopia. Veja Gavriel Meron – Given Imaging, em TWST, de 13 de setembro de 2002.

20. *Strategic Management: An Integrated Approach,* de Charles W.L. Hill, Melissa A. Schilling e Gareth R. Jones. Boston: Cengage Learning, 2016, p. 75–83.

21. *Os israelenses – Pessoas comuns em uma terra extraordinária,* de Donna Rosenthal. São Paulo: Évora, 2013. Veja também *Camera-in-a-Pill Gives a Closer Look,* em Israel21c, de 01 de novembro de 2001. Disponível em: https://www.israel21c.org/camera-in-a-pill-gives-a-closer-look/ Acesso em 27 fev. 2019.

22. *The Long and Winding Road,* de Avishai Ovadia, em *Globes* (em hebreu), 7 de agosto de 2003. Disponível em: <www.globes.co.il/news/article.aspx?did=7128167>. Veja também *Given Imaging Is Planning Another Giant Public Offering – Mostly Selling Shares of Interested Parties,* de Netta Ya'akovi, em *The Marker* [em hebreu], 28 de janeiro de 2001. Disponível em: <www.themarker.com/wallstreet/1.9561996>. Acesso em 27 fev. 2019.

148 A ORDEM É INOVAR

23. *Os israelenses – Pessoas comuns em uma terra extraordinária*, de Donna Rosenthal. São Paulo: Évora, 2013.

24. Ibid.

25. *New Ways to Screen for Colon Cancer, Wall Street Journal*, de 08 de junho de 2014. Disponível em: <https://www.wsj.com/articles/new-ways-to-screen-for-colon-cancer-1402063124>. Acesso em: 27 fev. 2019.

26. Eric Goldberg em entrevista por telefone com o autor, 29 de dezembro de 2016.

27. Os pacientes usam um cinto com sensor na cintura que registra aproximadamente 50 a 60 mil imagens, que são enviadas diretamente ao médico assistente. Veja *An Ingestible 'Missile' Helps Target Disease*, de Robin Eisner, em *Forward*, de 14 de novembro de 2003. Disponível em: <http://forward.com/articles/7098/an-ingestible-missile-helps-target-disease/>. Veja também *Given Imaging – 22 Million Insured within 10 Months*, de Yoram Gabizon, em *Haaretz* [em hebreu], 03 de julho de 2002. Disponível em: <www.haaretz.co.il/misc/1.806844 >. A maioria das pessoas não sente nada enquanto a PillCam viaja pelo trato gastrointestinal. Alguns pacientes têm insistido em fazer um raio-x para se certificar que o dispositivo é realmente expelido com as fezes, o que ocorre geralmente antes do fim da bateria, que tem duração de dez horas. Veja *Incredible Journey through the Digestive System*, de Linda Bren, em *U.S. Food and Drug Administration Consumer Magazine*, Março-Abril de 2005. Disponível em: <https://www.ncbi.nlm.nih.gov/pubmed/16121422>. Acessos em: 27 fev.2019.

28. *Live from the Small Intestine*, de Miri Eder, em *Ma'ariv* [em hebreu], 06 de maio de 2012. Disponível em: <www.nrg.co.il/online/archive/ART/224/085.html>.

29. Médicos e hospitais gastam $17.500 em cada workstation necessária para o procedimento e $5.450 por gravador. *An Ingestible 'Missile' Helps Target Disease*, de Robin Eisner, em *Forward*, de 14 de novembro de 2003. Disponível em: <http://forward.com/articles/7098/an-ingestible-missile-helps-target-disease/>. Veja também *Colonoscopy*, em *Consumer Health Reports*, 2012. Disponível em: <http://consumerhealthchoices.org/wp-content/uploads/2012/10/Colonoscopy-HCBB.pdf>.; *You Might Be Able to Avoid Colonoscopies Now That the PillCam Is FDA Approved*, de Lily Hay Newman, em *Slate*, 06 de fevereiro de 2014. Disponível em: <www.slate.com/blogs/future_tense/2014/02/06/fda_approval_for_pillcam_could_mean_swallowing_a_pill_instead_of_having.html> ; e *The Long and Winding Road*, de Avishai Ovadia, em *Globes* (em hebreu), 07 de agosto de 2003. Disponível em: <www.globes.co.il/news/article.aspx?did=7128167>. Acessos em: 27 fev. 2019.

30. *Going Live to the Small Intestine*, em *Hayadan* [em hebreu], 06 de julho de 2000. Disponível em: <www.hayadan.org.il/given-imagings-breakthrough-technology06070017o>.

31. *Tiny Cameras to See in the Intestines*, de Jeanne Whalen, em *Wall Street Journal*, 29 de fevereiro de 2016. Disponível em: <https://www.wsj.com/articles/tiny-cameras-to-see-in-the-intestines-1456776145>. Acesso em: 27 fev. 2019.

32. *Inventor Makes New Strides in Medical Diagnostics Technology*, no European Patent Office, 2011. Disponível em: <https://www.epo.org/learning-events/european-inventor/finalists/2011/iddan/impact.html>. Veja também *Pillcam's Inventor Regrets*

ENGULA ESSA CÂMERA, POR FAVOR

149

Sale of 'Biblical' Tech Firm to Foreign Firm, de David Shamah, em *Times of Israel*, 23 de abril de 2015. Disponível em: <https://www.timesofisrael.com/pillcams-inventor-regrets-sale-of-biblical-tech-to-foreign-firm/>. Acessos em: 27 fev. 2019.

33. *A Focus on Innovation – PillCam Colon Offers Some Unique Perspective on the Future*, de Kevin Flanders, em *Health Care News*, fevereiro de 2015. Disponível em: <http://healthcarenews.com/a-focus-on-innovation-pillcam-colon-offers-some-unique-perspective-on-the-future/e>. Acesso em: 27 fev. 2019.

34. Em 2014, a Covington, uma companhia de equipamentos médicos com sede na Irlanda, comprou a Given Imaging por aproximadamente $860.000. Um ano depois, a norte-americana Medtronic adquiriu a Covington por $49,9 bilhões. A Given Imaging agora dispõe dos recursos e da força de vendas para dominar e transformar o mercado na área gastrointestinal, que se espera atinja a cifra de $3,83 bilhões em 2020. Veja 3.8 Billion Smart Pills, em *Business Wire*, 12 de fevereiro de 2016. Disponível em: <www.businesswire.com/news/home/20160212005740/en/3.8-Billion-Smart-Pills-Capsule-Endoscopy-Drug>. Acesso em: 27 fev. 2019. Iddan agora olha avidamente para o futuro e para as grandes inovações que ele espera que continuem a vir de Israel nos campos de pesquisa neurológica, nanotecnologia e biotecnologia, entre outros. Ele prevê que os israelenses continuarão a inovar e mudar o mundo para melhor: "Novos métodos de tratamento trarão soluções que nós nem poderíamos ter imaginado antes", ele afirma. Veja também *Pillcam's Inventor Regrets Sale of 'Biblical' Tech Firm to Foreign Firm*, de David Shamah, em *Times of Israel*, 23 de abril de 2015. Disponível em: <https://www.timesofisrael.com/pillcams-inventor-regrets-sale-of-biblical-tech-to-foreign-firm/>. Acesso em: 27 fev. 2019. *Inspirers: Who Are the Researchers Lighting the Torch This Year?*, de Mor Shimoni, em *Walla* [em hebreu], 8 de março de 2015. Disponível em: <http://healthy.walla.co.il/item/28360340>.

CAPÍTULO 12

De olho na coluna

Isto será saúde para o teu âmago e medula para os teus ossos.

Provérbios 3:8

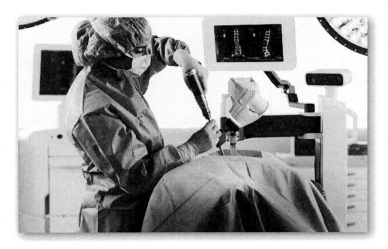

Cirurgia na coluna assistida por robô. (Cortesia da Mazor Robotics)

A ÚNICA ESPERANÇA É O RISCO DA CIRURGIA

A noite estava escura como breu e o canto dos grilos acompanhava Floyd Goodloe enquanto ele seguia com seu cavalo pelos desfiladeiros empoeirados de Capitan, no Novo México. Era 1998 e Goodloe, um criador de gado, estava levando suas vacas do pasto para casa. Mas, quando galopava por uma trilha pedregosa, alguma coisa assustou seu cavalo e o animal, além de jogá-lo no chão, pisou nele contra uma parede rochosa. Tremendo, o rancheiro, então com seus 40 anos, ficou em pé, mas mal conseguiu caminhar. No entanto, de alguma maneira, conseguiu voltar para casa.

Ao longo dos meses seguintes, a condição física de Goodloe não melhorou muito. Esperou pacientemente, sofrendo a cada dia com os exercícios de fisioterapia e as sessões de quiroprática, torcendo para que seu corpo finalmente se recuperasse. Não se recuperou. Chegou a cogitar fazer cirurgia nas costas, mas os riscos eram muito altos. Ao longo dos quinze anos seguintes, as dores de Goodloe pioraram muito a ponto de ele não conseguir mais cavalgar nem caminhar confortavelmente. A dormência se espalhava por suas pernas e, temendo que ele não tivesse mais nenhuma autonomia, a família de Goodloe decidiu levá-lo para ver um médico e fazer uma ressonância magnética.[1] Seu médico, doutor George Martin, o diagnosticou com espondilolistese, ou o deslocamento dos dois últimos segmentos da coluna. Sua situação, segundo o médico, nunca melhoraria sem uma cirurgia.

Mas muito havia mudado no campo médico desde que Goodloe caíra do cavalo. O doutor Martin sugeriu que ele considerasse um novo procedimento criado por uma companhia de robótica israelense para tentar diminuir as dores. Ele mal poderia imaginar que, do outro lado do mundo, um homem chamado Moshe Shoham havia desenvolvido um tratamento com base em inteligência artificial para ajudar os médicos a realizarem cirurgias até então impensáveis.

UMA EXPERIÊNCIA IRRITANTE

Moshe Shoham nasceu em Haifa, em 1952.[2] Quando criança, era obcecado por construir coisas. Passava horas montando aeromodelos e, uma vez, criou uma engenhoca capaz de registrar o movimento de entrada e saída das pessoas de uma sala. Quando a última ia embora, o aparelho percebia a ausência de movimentos no ambiente e apagava as luzes.[3] "Quando ainda estávamos crescendo, nossa família não tinha muito dinheiro. Minha mãe criava todos os nossos brinquedos reutilizando coisas velhas da casa. A lição foi: use aquilo que você tem em mãos", conta Shoham.[4]

Para fazer faculdade, inscreveu-se no Technion e estudou engenharia mecânica antes de seguir em frente para obter seu doutorado na mesma área.[5] Durante os estudos, também trabalhou na prestigiada Israel Aircraft Industries (IAI), a principal fábrica de aviões e naves espaciais do país, onde ajudava a desenvolver tecnologia de mísseis.[6] Depois de se formar, tornou-se professor na Universidade de Columbia, em Nova York, dirigindo o laboratório de robótica. Depois de quatro anos, retornou ao Technion para coordenar ali o Centro de Sistemas e

DE OLHO NA COLUNA

153

Manufatura de Robôs.[7] Por volta do fim dos anos 1990, a área de robótica tinha avançado a ponto de Shoham acreditar que poderia dar uma importante contribuição usando a inteligência artificial para aperfeiçoar dispositivos médicos.[8] Começou a estudar a coluna, porque é essencial na mecânica do corpo humano, e esperava que as últimas descobertas em robótica pudessem auxiliar os médicos nas salas de cirurgia. Em 2000, procurou a incubadora do Technion – cuja missão é oferecer às startups suporte operacional, treinamento em gestão e espaço de trabalho – para dar início ao seu empreendimento.

Um dos primeiros pontos que aprendeu sobre cirurgias na coluna é que essa pode ser uma experiência irritante para os médicos, que, com frequência, precisam colocar com as mãos (grandes) parafusos em pequenos lugares das vértebras. Caso o médico vacile apenas um pouco, há um grande risco de o paciente ficar paralisado para o resto da vida. Esses procedimentos sempre exigem a dissecção extensiva do tecido e podem resultar em perda de sangue e infecção. Quanto mais preciso for o procedimento, maior a probabilidade de o paciente melhorar do problema e se recuperar com mais facilidade. Naquela época, Shoham aprendeu também que ocorriam entre 2 e 3% de danos submínimos aos nervos durante uma cirurgia na coluna, o que – para ele – era altamente inaceitável.[9]

Enquanto começou a desenvolver o protótipo de um robô, Shoham decidiu que precisava de alguém para ajudar também na administração da empresa. Como acadêmico, não tinha esse tipo de habilidade. Então, o professor publicou um anúncio no jornal em novembro de 2000. Logo depois, recebeu um telefonema de Eli Zehavi, chefe do escritório de tecnologia da Elscint, uma empresa de produtos de imagem médica. Um amigo de Zehavi, que também conhecia Shoham, foi quem lhe falou sobre a posição.[10] "Só de ouvir a voz dele", Shoham afirma, "sabia que era a pessoa com quem gostaria de trabalhar."[11] O engenheiro compreendeu que Zehavi tinha a competência necessária para pegar um protótipo e transformá-lo em um produto funcional. Alguns dias mais tarde, Shoham formalizou a proposta a seu novo amigo, que respondeu: "Moshe, estou indo. Vou me juntar a você para desenvolver ferramentas para que as cirurgias possam ser melhor conduzidas".[12]

OS TRÊS MOSQUETEIROS

Shoham e Zehavi começaram com pouco mais do que uma ideia. O robô deles era capaz de andar, mas não poderia de maneira alguma ajudar em qualquer tipo de procedimento médico. Eles também não tinham como olhar dentro da coluna sem antes abrir o paciente. Esperavam que existisse um software que pudesse ajudar nisso, mas estavam errados.

Há cerca de quinze anos, fazer uma cirurgia na coluna era como caminhar no escuro. Os médicos tinham que abrir o paciente até mesmo para entender qual era o procedimento necessário. Depois de três meses de ter iniciado a empresa, Shoham e Zehavi chegaram à conclusão de que teriam que criar seu próprio software de imagem. Começaram desenvolvendo um método com o qual os médicos poderiam ter uma tomografia computadorizada antes da cirurgia para criar um mapa tridimensional da coluna. Isso daria a eles a capacidade de planejar a cirurgia com alto grau de precisão. Também desenvolveram um robô, que parecia uma latinha de refrigerante, mas que tinha a habilidade de inserir um implante, enquanto o cirurgião examinava e aprovava as recomendações do sistema. Os médicos, então, implantam os instrumentos cirúrgicos adequados usando o robô, reduzindo o perigo de haver danos nos nervos e outros órgãos vitais.

Para conseguir desenvolver tudo isso, no entanto, precisaram levantar dinheiro. Ao longo de 2002, Shoham e Zehavi tiveram reuniões com mais de 25 fundos de investimento em capital de risco. Finalmente, conseguiram que o fundo Shalom Equity e a Johnson & Johnson pusessem dinheiro na empresa, mas os dois investidores foram unânimes em considerar que a dupla de pesquisadores precisava de um CEO mais experiente. Por fim, encontraram Ori Hadomi, que já havia sido diretor-financeiro e vice-presidente de desenvolvimento de negócios da DenX, uma companhia especializada em cirurgia dentária guiada por imagens.[13] Alguns meses depois, Hadomi juntou-se à equipe.

Essa foi uma das decisões mais inteligentes já tomadas por Shoham e Zehavi.

ARREPIOS NA COLUNA

A equipe da Mazor passou a maior parte de 2003 e 2004 desenvolvendo o sistema operacional, um que incluía os algoritmos e a cinética do robô, além do sistema de imagens.

DE OLHO NA COLUNA

No começo de 2004, a Mazor iniciou os testes do produto em cadáveres no Centro Médico de Sheba, em Israel, e na Clínica Cleveland, nos Estados Unidos.[14] O time estava preparado para demonstrar que a invenção poderia reduzir o tempo na sala de operação, minimizar as cirurgias invasivas, reduzir os riscos de infecção e perda de sangue e agilizar a recuperação do paciente. O sistema não havia sido criado para substituir os médicos, mas para ajudá-los a obter resultados melhores.

No fim daquele mesmo ano, não só a Mazor tinha um produto inteiramente funcional chamado de SpineAssist, como as autoridades de saúde na Europa e nos Estados Unidos já haviam dado autorização para sua comercialização.[15] "Eu estava realmente espantado. Conseguimos isso bem depressa", comenta Shoham.[16]

No sistema de imagem exclusivo da Mazor, o paciente se submete a uma tomografia computadorizada antes da cirurgia. No dia do procedimento, os médicos tiram outros dois raios X da coluna, um pelas costas e outro lateral. Um médico especializado, então, faz a fusão entre os dois conjuntos de imagens, usando os algoritmos do SpineAssist para criar um mapa tridimensional. Isso possibilita que os médicos visualizem a coluna de uma maneira que nunca fora possível antes. Em seguida, a plataforma do SpineAssist é montada sobre as costas do paciente, o que permite que a equipe médica faça perfurações otimizadas nas vértebras. O sistema colocado diretamente sobre o corpo do paciente direciona o cirurgião para o ponto exato em que ele deve operar ou inserir um implante. Os orifícios podem ser feitos em cerca de um milímetro do local desejado.[17] Com essa acurácia, os cirurgiões podem reduzir a probabilidade de causar danos à medula espinhal e também de hemorragias durante a operação. "Com o robô podemos ser bastante precisos", afirma o doutor Andrew Cannestra, neurocirurgião especialista em procedimentos minimamente invasivos. "É difícil colocar os parafusos porque realmente não há muito espaço. O robô nos permite colocar o maior parafuso possível no menor espaço."[18] O sistema também acrescenta o benefício de reduzir a exposição à radiação durante a cirurgia tanto dos pacientes quanto da equipe médica.

Com a utilização do robô, a Mazor viabilizou que de repente os médicos pudessem passar a realizar procedimentos que antes nem

156 A ORDEM É INOVAR

tentariam – da fusão espinhal a biópsias em tumores suspeitos. Segundo a Mazor, os procedimentos médicos não são mais os mesmos. O único problema era o marketing.

RECUPERAÇÃO MARAVILHOSA

Depois que a Mazor cumpriu os requisitos e conseguiu as autorizações das autoridades de saúde nos Estados Unidos e na Europa, Hadomi estava certo de que o produto seria comercializado no mercado norte--americano sem muita dificuldade. Mas estava errado. "Enfrentávamos problemas crescentes", Hadomi lembra. "Quando eu achava que estávamos prestes a lançar o produto, ainda foram necessários vários anos antes de decolarmos [no mercado]."[19]

Em vez de fazer sucesso nos Estados Unidos, a Mazor começou a deslanchar na Alemanha. No começo, "eu tratava de diminuir as expectativas deles", diz Hadomi. "Depois dos primeiros dez procedimentos você vai estar nos odiando. Depois dos vinte seguintes, vai estar cansado e suando. Serão necessárias mais quarenta ou cinquenta cirurgias até que você possa ter um produto para trabalhar bem com ele."[20] Hadomi e sua equipe sabiam que teriam que fazer correções e aperfeiçoamentos ao longo do caminho, já que aquele produto não tinha padrão de comparação com nenhum outro dispositivo médico. Quatro hospitais alemães ficaram interessados em fazer parte desse processo porque a Mazor ofereceu a eles um desconto vantajoso – e também o direito de divulgarem que estavam auxiliando a aperfeiçoar o produto. Ao longo dos cinco anos seguintes, a equipe da Mazor melhorou o manual de instruções e aprimorou o sistema operacional para torná-lo mais rápido e mais ergonômico. Também tentaram deixar a máquina mais divertida de usar. Os novos robôs da Mazor eram pintados em um tom verde "criptonita" e as ferramentas acessórias tinham a cor do arco-íris. "As pessoas não gostam de trabalhar com produtos que não são divertidos", avalia Hadomi. "Os usuários precisam sentir que a vida deles fica muito melhor a partir do momento em que o robô chega na sala de operações."[21]

DE OLHO NA COLUNA

Em 2007, a companhia conquistou duas grandes metas. Primeira, a Mazor se tornou uma empresa listada na bolsa de valores de Tel Aviv.[22] E, além disso, a Sociedade Norte-americana de Especialistas em Coluna aprovou o sistema SpineAssist. Isso não representou apenas um importante selo de aprovação, mas também permitiu aos médicos receberem um reembolso de $230 das seguradoras por procedimento realizado. A quantia não era grande, mas a Mazor então estava dentro do sistema de saúde dos Estados Unidos. E, apesar de esse reembolso não cobrir integralmente o investimento dos hospitais na cirurgia robótica, com certeza, servia como um incentivo.[23]

Por volta de julho de 2010, um total de 25 hospitais em todo o mundo haviam adquirido o sistema Mazor. Foi nesse ano também que a Mazor decidiu tentar penetrar no mercado norte-americano. Naquela época, os hospitais haviam usado o SpineAssist em cerca de 1.400 procedimentos.[24] Seis meses depois, o número de pacientes operados com o sistema havia crescido exponencialmente.[25]

A Mazor continuou a conquistar médicos e pacientes com o sucesso de uma cirurgia de cada vez. Mais de uma década após a empresa ter recebido autorização para comercializar seus produtos nos Estados Unidos e na Europa, os cirurgiões realizam agora mais de cem operações por semana utilizando essa tecnologia.

E nenhum paciente que tenha sido submetido ao procedimento com um sistema Mazor ficou aleijado ou teve algum tipo de dano causado nos nervos. "É um grande orgulho para mim. O fato de um grande número de pessoas poder caminhar sobre os próprios pés por ter usado nossa tecnologia é fantástico e sinto uma enorme satisfação", afirma Shoham.[26]

Goodloe, o rancheiro do Novo México, é um deles. "Quando comecei a voltar da anestesia depois da cirurgia, tudo que pensei – porque mal conseguia falar – era que minhas pernas não estavam mais doendo", recorda. "A recuperação foi um milagre."

Dois dias depois do procedimento, o rancheiro saiu do hospital, levando a prescrição de um medicamento para dor que nem chegou a tomar.

"Observei como ele sempre foi alto", lembra a esposa de Goodloe, Connie. "Estávamos tão deprimidos. Foi como uma prece sendo atendida." [27]

Notas do capítulo 12

1. *Standing Taller with Renaissance*, de Mazor Robotics, em 03 de maio de 2013. Disponível em: <https://www.youtube.com/watch?v=4GWjcfOd9WU>. Acesso em: 1º mar. 2019.

2. *Another Bonanza? The Innovator behind the Mazor Robot, Worth Today 1.3 Billion Shekels, Tells BizPortal about His Next Innovation*, de Avi Shauli, em Bizportal [em hebreu], 16 de outubro de 2013. Disponível em: <www.bizportal.co.il/capitalmarket/news/article/3708860e>. Acesso em: 1º mar. 2019.

3. *Professor Moshe Shoham, Who Heads the Technion Robotics Lab, Believes That Everyone in the Future Will Have a Personal Robot*, de Atiya Zar [em hebreu], em *Arutz Sheva*, 15 de julho de 2010. Disponível em: <www.inn.co.il/Besheva/Article.aspx/96909>. Acesso em: 1º mar. 2019.

4. Ibid.

5. Moshe Shoham, no site da Technion – Israel Institute of Technology. Disponível em: https://meeng.technion.ac.il/members/moshe-shoham/. Acesso em: 1º mar. 2019.

6. Moshe Shoham em entrevista por telefone com o autor, 11 de maio de 2016. Veja também *Professor Moshe Shoham, Who Heads the Technion Robotics Lab, Believes That Everyone in the Future Will Have a Personal Robot*, de Atiya Zar [em hebreu], em *Arutz Sheva*, 15 de julho de 2010. Disponível em: <www.inn.co.il/Besheva/Article.aspx/96909>. Acesso em: 1º mar. 2019.

7. Moshe Shoham em entrevista por telefone com o autor, 11 de maio de 2016. Veja também Moshe Shoham, no site da Technion – Israel Institute of Technology. Disponível em: https://meeng.technion.ac.il/members/moshe-shoham/. Acesso em: 1º mar. 2019.

8. *Another Bonanza? The Innovator behind the Mazor Robot, Worth Today 1.3 Billion Shekels, Tells BizPortal about His Next Innovation*, de Avi Shauli, em Bizportal [em hebreu], 16 de outubro de 2013. Disponível em: <www.bizportal.co.il/capitalmarket/news/article/3708860e>. Acesso em: 1º mar. 2019.

9. *Report from Israel: Spine Assist Is First Miniature Robotic to Receive FDA OK*, em *Medical Device Daily*, de 11 de junho de 2004.

10. Eli Zehavi em entrevista por telefone com o autor, 25 de maio de 2016.

11. Moshe Shoham em entrevista por telefone com o autor, 11 de maio de 2016.

12. Eli Zehavi em entrevista por telefone com o autor, 25 de maio de 2016

13. DenX fez uma fusão com o grupo financeiro australiano Helm Corp em julho de 2002, formando a primeira empresa israelense a ser listada no mercado de ações da Austrália. Em Israeli Startup Finds Funding Down Under, de Neal Sandler, no *Daily Deal*, de 26 de julho de 2002.

14. *Report from Israel: Spine Assist Is First Miniature Robotic to Receive FDA OK*, em *Medical Device Daily*, de 11 de junho de 2004. Veja também *Mazor's Robot for Back Surgery Raises 10 Million Dollars*, de Eli Shimoni, em *Ynet* [em hebreu], de 04 de maio de 2005. Disponível em: <www.ynet.co.il/articles/0,7340,L-3081277,00.html>. Acesso em: 1º mar. 2019.

DE OLHO NA COLUNA

15. *Mazor: Section 7 – Summary of Safety and Effectiveness*, em U.S. Food and Drug Administration, em 07 de janeiro de 2004.

16. Moshe Shoham em entrevista por telefone com o autor, 11 de maio de 2016.

17. *Robots Back Breakthrough Surgery*, de Judy Siegel-Itzkovich, em *Jerusalem Post*, de 06 de março de 2011. Disponível em: <https://www.jpost.com/Health-and-Science/Robots-back-breakthrough-surgery>. Acesso em: 1º mar. 2019.

18. *Woman Gets Back Relief with Unique Surgery: Robot Has Key Role to Help Surgeon in Two-Part Procedure*, de Charlie Patton, em *Florida Times-Union*, de 16 de fevereiro de 2014.

19. *Meet Mazor's Medical Robot That Multiplied Its Worth by Six Times in a Year*, de Hagi Amit, em *The Marker* [em hebreu], 13 de junho de 2013. Disponível em: <www.themarker.com/markerweek/1.204602880>.

20. Ibid.

21. Ibid. Veja também Moshe Shoham em entrevista por telefone com o autor, 11 de maio de 2016.

22. *Mazor Robotics: An Interesting Company to Puton Your Watch List*, em Seeking Alpha, 19 de dezembro de 2014. Disponível em: http://seekingalpha.com/article/2768765-mazor-robotics-an-interesting-company-to-put-on-your-watch-istwo. Acesso em: 1º mar. 2019.

23. O sistema Mazor custa $830.000 nos Estados Unidos e $700.000 na Europa – o que para os padrões da indústria é considerado um preço razoável em comparação a outros dispositivos robóticos de assistência a cirurgias – e utiliza o Esmeralda (*Emerald*), um implante robótico de $1.500 que é descartável, não reutilizável e que recebeu esse nome em analogia ao escudo que o Sumo Sacerdote de Jerusalém usava sobre o peito há cerca de dois mil anos. O Mazor também gera receita com a venda de contratos de serviços anuais por aproximadamente 10% do custo do equipamento fixo, a partir do segundo ano após a instalação do sistema. Veja *Meet Mazor's Medical Robot That Multiplied Its Worth by Six Times in a Year*, de Hagi Amit, em *The Marker* [em hebreu], 13 de junho de 2013. Disponível em: <www.themarker.com/markerweek/1.204602880>. Veja também *Mazor Robotics: An Interesting Company to Puton Your Watch List*, em *Seeking Alpha*, 19 de dezembro de 2014. Disponível em: http://seekingalpha.com/article/2768765-mazor-robotics-an-interesting-company-to-put-on-your-watch-istwo; *Mazor Robotics Worth 7 Times More in a Year; How Did the Company Do It?*, de Tali Tzipori, em *Globes* [em hebreu], de 04 de julho de 2013. Disponível em: <www.globes.co.il/news/article.aspx?did=1000859350>; e *Robots Back Breakthrough Surgery*, de Judy Siegel-Itzkovich, em *Jerusalem Post*, de 06 de março de 2011. Disponível em: <https://www.jpost.com/Health-and-Science/Robots-back-breakthrough-surgery>. Acessos em: 1º mar. 2019.

24. *Mazor Sees FDA Nod for Spine Assist Brain Surgery Use*, de Hillel Koren, em *Globes* (Israel), de 28 de julho de 2010. Disponível em: https://en.globes.co.il/en/. Acesso em: 1º mar. 2019.

25. *Robots Back Breakthrough Surgery*, de Judy Siegel-Itzkovich, em *Jerusalem Post*, de 06 de março de 2011. Disponível em: <https://www.jpost.com/Health-and-Science/Robots-back-breakthrough-surgery>. Acesso em: 1º mar. 2019.

26. *Professor Moshe Shoham, Who Heads the Technion Robotics Lab, Believes That Everyone in the Future Will Have a Personal Robot*, de Atiya Zar [em hebreu], em *Arutz Sheva*, 15 de julho de 2010. Disponível em: <www.inn.co.il/Besheva/Article.aspx/96909>. Acesso em: 1º mar. 2019.

27. *Standing Taller with Renaissance*, de Mazor Robotics, em 03 de maio de 2013. Disponível em: <https://www.youtube.com/watch?v=4GWjcfOd9WU>. Acesso em: 1º mar. 2019.

PARTE IV

Pequena nação, grande visão

CAPÍTULO 13
Um Band-Aid melhor

A bandagem de emergências criada em Israel ajudou a salvar a vida dos nossos cidadãos quando um atirador disparou contra uma multidão em Tucson, no Arizona. Hoje, muitas pessoas queridas e suas famílias estão vivas e unidas por causa dessa incrível contribuição dada pelo médico militar doutor Bernard Bar-Natan.

Gabrielle Giffords, correspondência pessoal

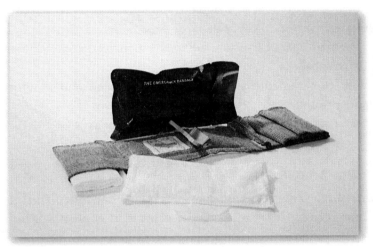

A bandagem para emergências. (Cortesia de Persys Medical)

PODERIA TER SIDO PIOR

Em uma manhã fria e clara do início de 2011, cerca de trinta pessoas estavam reunidas no estacionamento de um supermercado em Tucson (Arizona), onde a congressista norte-americana Gabrielle Giffords deveria fazer um pronunciamento. Logo depois das dez da manhã, no entanto, enquanto se dirigia à audiência, um jovem de 22 anos paranoico esquizofrênico chamado Jared Lee Loughner direcionou sua pistola Glock semiautomática para Giffords e a atingiu bem abaixo do olho esquerdo.[1] Loughner, então, disparou mais 31 tiros contra a multidão, matando seis pessoas, antes que alguns espectadores conseguissem derrubá-lo e segurá-lo no chão. Minutos depois, chegaram dez assistentes de xerife do condado de Pima. Enquanto prendiam Loughner, o que viram foi um estacionamento todo manchado de sangue, algo que parecia mais um desastre aéreo do que a cena de um crime.

A carnificina poderia ter sido muito pior e o que diminuiu o impacto do crime foi um kit de primeiros socorros bem barato que os médicos usaram para atender às vítimas. Um dos elementos críticos foi uma bandagem desenvolvida a milhares de quilômetros de distância por um médico israelense chamado Bernard Bar-Natan. É denominada de Bandagem de Emergência e consiste em um curativo estéril que os médicos aplicam sobre o machucado para parar o fluxo do sangue. O que diferencia esse elemento de uma bandagem tradicional é que ela já vem com um torniquete embutido capaz de fazer dois quilos de pressão por centímetro quadrado para estancar a hemorragia, inclusive, em ferimentos traumáticos na cabeça.

Quando os paramédicos chegaram, correram para ajudar Giffords e imediatamente aplicaram a bandagem sobre seu rosto.[2] Foi o que salvou não apenas a ela, mas também a muitas outras pessoas.[3]

ISSO É UM ABSURDO

Filho de sobreviventes do Holocausto, Bernard Bar-Natan cresceu no Brooklyn, nos anos 1960 e teve o que ele considera como a vida normal de um garoto judeu da sua geração. Jogava beisebol, ia ao cinema e montava aeromodelos.[4] Conforme foi crescendo, sentiu o chamado de sua terra natal ancestral e, em 1979, logo depois de se formar na faculdade de medicina, decidiu mudar para Israel.

Depois de alguns anos, foi recrutado pelo exército. Durante o serviço militar, os amigos mais próximos de Bar-Natan o convenceram a não ficar com o trabalho mais duro. Assim, na primavera de 1984, quando um oficial das Forças de Defesa de Israel (IDF) foi à sua unidade anunciar que precisava de dez radiotelegrafistas e vinte médicos, ele se juntou ao segundo grupo. Alguns meses depois, começou seu treinamento na base militar de Tzrifin, no centro de Israel, próximo ao aeroporto internacional Ben-Gurion. Fazia um calorão fora de época e não havia ar-condicionado enquanto Bar-Natan e seus colegas passavam os dias colocando torniquetes e inserindo acessos intravenosos uns nos

UM BAND-AID MELHOR

165

braços dos outros, por isso era grande o desconforto de todos eles. "Ficava aborrecido depois de um tempo", conta. "[Mas] ainda era melhor do que estar em combate no Líbano."[5]

As bandagens estavam entre os itens mais usados por Bar-Natan e ele ficou abalado quando descobriu que aquelas usadas pelas IDF eram fabricadas do mesmo jeito desde o início de 1942. Todas tinham um curativo no centro e pontas adesivas para os dois lados. E não eram modificadas desde os tempos da Segunda Guerra Mundial. "A arma que me deram não é igual à de 1942", Bar-Natan pensou, "então, por que a bandagem é a mesma?"[6]

Era preciso melhorar as bandagens, mas não apenas isso. Como os professores de Bar-Natan na faculdade de medicina haviam lhe ensinado sobre a importância da higiene e da esterilização, ficou chocado ao ouvir seus treinadores dizerem para pegar uma pedra no chão e amarrar forte sobre as feridas dos soldados, fazendo pressão para deter o sangramento. "Onde é que eu poderia esterilizar a pedra?", pensou. "Isso é um absurdo!"[7]

Bar-Natan sabia que devia haver um jeito melhor. Depois de terminar o serviço militar em meados dos anos 1980, começou a trabalhar em sua própria versão de bandagem. Enquanto ia mudando de um emprego para outro, mantinha a ideia na cabeça, melhorava um modelo, modificava, experimentava diferentes tecidos e presilhas. "O modelo podia, às vezes, ficar dois meses sobre a mesa de jantar", conta Bar-Natan, "nem tocava nele, mas, ao mesmo tempo, aquela ideia não me largava, estava sempre na cabeça." Finalmente, foi conversar com um alfaiate que tinha uma loja na rua King George, em Jerusalém.[8] Com a ajuda do alfaiate, Bar-Natan começou a pensar sobre como poderia aplicar pressão sobre os ferimentos sem usar uma pedra suja. Ele apareceu com uma nova ideia: uma espécie de alça que possibilitaria ao usuário passar a bandagem ao redor do ferimento e, então, mudar a direção para criar pressão como um torniquete – tudo isso usando apenas uma das mãos.[9]

Lá pelo início dos anos 1990, Bar-Natan tinha um protótipo pronto, mas não dispunha de um plano de negócios nem sabia como faria para produzir a nova bandagem em grande escala.[10] Para atender a essas duas necessidades, buscou ajuda no governo israelense. Em 1993,

166 A ORDEM É INOVAR

conseguiu participar da incubadora tecnológica Har Hotzvim, em Jerusalém.[11] O governo israelense lhe ofereceu um financiamento que cobria 80% das despesas – de fornecedores a advogados.[12]

Depois de passar dois anos na incubadora, Bar-Natan tinha conseguido requerer a patente do produto, estruturar um negócio e atrair alguns investidores externos. E, assim, procurou um grupo improvável de pessoas para ajudá-lo a produzir as bandagens: os beduínos do norte de Israel.[13]

COMENDO NO MESMO PRATO

Ahmed Heib encontrou Bar-Natan pela primeira vez em 1996, quando ele foi buscá-lo no aeroporto de Rosh Pina, uma pequena faixa de terra ao norte do mar da Galileia. Um conhecido do setor de vestuário apresentou os dois, considerando que poderiam ajudar um ao outro: Bar-Natan precisava produzir suas bandagens em grande quantidade e Heib tinha uma fábrica.

O primeiro encontro entre eles foi estranho. Na aparência, os dois tinham muito pouco em comum: Bar-Natan era um judeu cosmopolita do Brooklyn enquanto Heib era um muçulmano criado em uma região rural alagadiça, famosa por suas gangues e crimes. "Bar-Natan não sabia bem quem era 'aquele' cara", lembra Heib. "Para falar a verdade ele estava com medo. Mas bastaram alguns dias para ele entender com quem estava lidando."[14] Bar-Natan concorda com a avaliação de Heib: "Pensava que todos os alfaiates se chamassem senhor Cohen", brinca.[15]

Com seu modelo de negócio de baixo custo e a experiência em modelagem de tecidos, Heib revelou-se o parceiro perfeito para Bar-Natan. De início, ele trabalhava em sua pequena fábrica no primeiro andar da casa em Tuba-Zangariyya, uma cidade com cerca de 6 mil habitantes – a maioria beduínos muçulmanos – perto do rio Jordão.

Quanto mais Bar-Natan e Heib trabalhavam juntos, mais se tornavam amigos – especialmente depois que dois filhos de Heib morreram logo ao nascer. "Ele é um irmão querido", fala Heib sobre Bar-Natan. "Ele está aqui conosco, assim como sua esposa, Gila. Eles estão conosco nos bons e nos maus momentos. Foram ao casamento de nossas três filhas."[16] Bar-Natan tem o mesmo sentimento: "Comemos no mesmo prato," diz. "Se eu não fizesse meu trabalho, Heib não teria trabalho. E, se ele não fizesse a parte dele, eu não teria o que vender."[17]

Roee Madai, um judeu descendente de iemenitas e presidente da empresa de Bar-Natan, também tem uma excelente relação com Heib. "Essa manhã passei meia hora com ele ao telefone e daqui a alguns dias, após o Ramadan, é possível que saiamos juntos para jantar", conta Madai. "Gosto muito, acredito e confio nele. Heib sabe que essa empresa depende de mim e eu sei que o negócio depende dele. Nós nos ajudamos e protegemos um ao outro. Se ele tiver problemas, eu ajudo a resolver. Se eu preciso do apoio dele, Heib vai me apoiar."[18]

Conforme a empresa de Bar-Natan cresceu, os negócios de Heib também deslancharam. A pequena fábrica expandiu para três andares e tem a capacidade de produzir milhões de bandagens por ano. Todos os cinquenta funcionários são mulheres. "Sei que se eu não mantivesse essa fábrica aqui, essas mulheres não teriam onde trabalhar", Heib diz. "E os filhos delas não teriam quase nada."[19]

Arij Kabishi, uma mulher drusa que é a responsável pelo controle de qualidade na fábrica de Heib, concorda: "Sinto como se tivesse feito parte disso pessoalmente desde a criação da fábrica e também na missão de salvar vidas."[20]

QUEM SALVA UMA VIDA, SALVA O MUNDO INTEIRO

De início, a fábrica era tão pequena que parecia que não estavam causando muito impacto. Mas a partir dos anos 1990, Bar-Natan passou a viajar por todo o mundo, participando de feiras de produtos médicos. Nesses eventos, encontrava-se com representantes militares da OTAN, dos Estados Unidos e de Israel, entre outros. Bar-Natan tinha a teoria de que, se os militares – quaisquer militares – comprassem as bandagens, iria ser em grande volume e isso, finalmente, ajudaria a empresa a atingir o mercado consumidor "civil". Para provar que as bandagens funcionavam, ele começou a distribuir amostras.

No começo, ninguém parecia muito interessado. Mas a persistência de Bar-Natan, por fim, valeu a pena. "Os militares são muito preocupados em obter a melhor qualidade do melhor produto", explica Madai. "Não têm a tendência de mudar a não ser que haja realmente algo novo e excelente." Em 1998, um distribuidor europeu de produtos médicos vendeu as bandagens para as forças belgas e francesas da OTAN, operando na Bósnia. [21] "A bandagem teve um bom desempenho e eles ficaram satisfeitos", conta Bar-Natan.[22] Logo a seguir, o crescimento das vendas ficou evidente: a bandagem comum custa cerca de $6,50; a Bandagem de Emergência é dois dólares mais barata – e funciona melhor.

Em pouco tempo, estavam fechando novos contratos. Depois que Bar-Natan deu as bandagens para serem usadas pelo 75º regimento dos Rangers e pelo 101º do Airbone, enquanto estavam servindo no Iraque e no Afeganistão, a novidade se espalhou. Os Seals da Marinha dos Estados Unidos, a CIA e o FBI começaram a comprar o produto também.[23] A cada ano, a fatia de mercado da empresa de Bar-Natan aumentava. Atualmente, os exércitos da Austrália e da Nova Zelândia, além da maioria das forças da OTAN, já adotaram as bandagens. Também já são um padrão para os exércitos dos Estados Unidos, de Israel e do Reino Unido. [24]

Finalmente, a teoria de Bar-Natan se provou correta e mais instituições civis também estão adquirindo o produto. Foi assim que a congressista Giffords e todos aqueles atendidos pelos médicos naquele trágico dia em Tucson foram salvos. "Tenho pensado com frequência naquele dizer [talmúdico]: 'Quem quer que salve uma vida será considerado como se tivesse salvado o mundo inteiro'", comenta Bar-Natan.[25] "Meu dia vai chegar. E, se você acredita em uma corte celestial, espero que, ao chegar lá, eles me digam: 'Ah, você é o cara das bandagens? Você pode entrar.'"[26]

Notas do Capítulo 13

1. *Suspected Arizona Gunman Reportedly Planned Shooting in Advance*, de Jana Winter, em Fox News Channel, de 9 de janeiro de 2011. Disponível em: <https://www.foxnews.com/politics/suspected-arizona-gunman-reportedly-planned-shooting-in-advance>. Veja também *Arizona Safeway Shootings Fast Facts*, em CNN, de 10 de dezembro de 2015. Disponível em: <https://edition.cnn.com/search/?q=Arizona+Safeway+Shootings+Fast+Facts>. Acessos em: 1º mar. 2019.

2. *They Call Me a Hero: A Memoir of My Youth*, de Daniel Hernandez. Nova York: Simon and Schuster, 2013. Disponível em: <www.advocate.com/commentary/2013/02/05/book-excer pt-daniel-hernandez-recalls-shooting-gabby-giffordsil>.

3. "Israeli Bandage May Have Saved Giffords' Life after Shooting", de Ron Kampeas, em *Jewish News of Northern California*, de 17 de fevereiro de 2011. Disponível em: <www.jweekly.com/includes/print/60886/article/israeli-bandage-may-have-saved-giffords-life-after-shooting/i>. Acesso em: 1º mar. 2019.

4. Bernard Bar-Natan em troca de e-mails com o autor, em 29 de junho de 2016.

5. Bernard Bar-Natan em entrevista por telefone com o autor, em 24 de maio de 2016.

6. Bernard Bar-Natan, em entrevista com o autor em Givatayim, em 10 de julho de 2015.

7. Ibid.

8. Ibid. Veja também "The Guy with the Bandage", de David Horovitz, em *Jerusalem Post*, de 29 de abril de 2011. Disponível em: <https://www.jpost.com/Opinion/Columnists/Editors-Notes-The-guy-with-the-bandage>. Acesso em: 1º mar. 2019.

9. Bernard Bar-Natan, em entrevista com o autor em Givatayim, em 10 de julho de 2015.

10. Bernard Bar-Natan em entrevista por telefone com o autor, em 24 de maio de 2016.

11. Bernard Bar-Natan, em entrevista com o autor em Givatayim, em 10 de julho de 2015.

12. Se a empresa for bem-sucedida, a concessão é considerada um empréstimo a ser pago ao longo do tempo. Se a empresa falhar, o capital inicial não precisa ser devolvido e o governo assume a perda. Em nenhum dos casos o governo israelense se torna acionista da empresa.

13. Bernard Bar-Natan, em entrevista com o autor em Givatayim, em 10 de julho de 2015.

14. Ahmed Heib em entrevista por telefone com o autor, em 29 de janeiro de 2016.

15. Bernard Bar-Natan em entrevista por telefone com o autor, em 24 de maio de 2016.

16. Ahmed Heib em entrevista por telefone com o autor, em 29 de janeiro de 2016.

17. Bernard Bar-Natan em entrevista por telefone com o autor, em 24 de maio de 2016.

18. Roee Madai em entrevista com o autor na First Care Factory, Rosh Ha'Ayin, em 14 de julho de 2015.

19. Ahmed Heib em entrevista por telefone com o autor, em 29 de janeiro de 2016.

20. Areej Kabishi em entrevista por telefone com o autor, em 1º de fevereiro de 2015.

21. "The Guy with the Bandage", de David Horovitz, em Jerusalem Post, de 29 de abril de 2011. Disponível em: <https://www.jpost.com/Opinion/Columnists/Editors-Notes-The-guy-with-the-bandage>. Acesso em: 1º mar. 2019.

22. Bernard Bar-Natan, em entrevista com o autor em Givatayim, em 10 de julho de 2015.

23. "Israeli Innovative Bandages Saving American Lives in Iraq", de Nicky Blackburn, em Israel21c, 09 de janeiro de 2005. Disponível em: <https://www.israel21c.org/israeli-innovative-bandages-saving-american-lives-in-iraq/>. Acesso em: 1º mar. 2019.

24. "The Guy with the Bandage", de David Horovitz, em Jerusalem Post, de 29 de abril de 2011. Disponível em: <https://www.jpost.com/Opinion/Columnists/Editors-Notes-The-guy-with-the-bandage>. Acesso em: 1º mar. 2019.

25. Ibid.

26. Bernard Bar-Natan, em entrevista com o autor em Givatayim, em 10 de julho de 2015.

CAPÍTULO 14

Trabalho de ponta

Esse é o nosso pacto, que guardareis entre mim e vós, e a tua descendência depois de ti: Que todo o homem entre vós será circuncidado.

Gênesis 17:10

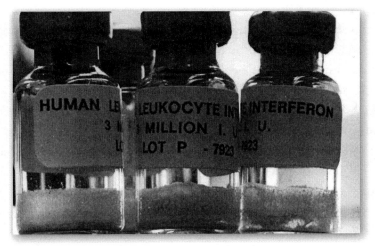

Frascos de interferon. (Instituto Nacional de Saúde)

UM PACTO ANCESTRAL

O rabino estava só quinze minutos atrasado, mas foi o tempo necessário para minha ansiedade entrar em espiral. "Será que ele faria um bom trabalho?", imaginava. "Quanto será que isso dói?"

Oito dias antes, minha esposa havia dado à luz o nosso primeiro filho, um menino. Agora, ele iria receber não somente seu *brit milah*, o pacto da circuncisão, mas também seu nome.

Era início de fevereiro de 2011 e eu estava em pé na sala de estar, transpirando em gotas pela camisa branca abotoada. A sala estava quente e barulhenta enquanto dúzias de amigos e parentes conversavam e mastigavam pedaços de cenoura e biscoitos de chocolate. Mas, quando meus sogros desceram a escada com o bebê, todo mundo correu. Vi meu filho – suas mãozinhas, seus longos cílios e seus olhos escuros e penetrantes – e, de repente, já não podia mais respirar.

O rabino sorriu para os convidados e anunciou que estava pronto para começar a cerimônia – a mesma cerimônia que meu povo realiza há milhares de anos. Sentei ao lado dele na frente da sala. Tinha me voluntariado para segurar meu filho enquanto o rabino seguiria o ritual. Se meu filho ia passar por aquilo, estaria ao lado dele.

Um a um, a partir do fundo da sala, meus amigos e parentes passaram meu filho de mão em mão. Quanto mais próximo ele chegava da frente da sala, mais nervoso eu me sentia. Quando chegou ao meu colo, o rabino me olhou e perguntou se eu gostaria de conduzir a circuncisão. Os convidados deram risada e eu garanti ao rabino que ele seria muito mais capaz do que eu.

Respirei fundo e puxei as pernas gordinhas do meu filho para baixo, enquanto o rabino removia a fralda dele. Observei as mãos do rabino pegando a pinça da circuncisão e o *izmel*, uma faca especialmente feita para cortar dos dois lados. A seguir, ele começou a separar o prepúcio. Olhei para minha esposa que estava ao meu lado. Parecia que ela iria começar a chorar e vomitar simultaneamente. Eu me sentia da mesma maneira, mas sabia que tinha que manter o foco. No rabino. No meu filho. Em ter certeza de que eu estava ali para cuidar dos dois.

O rabino torceu o pulso, eu vi sangue e escutei o bebê gritar. Queria gritar também, mas, em vez disso, sussurrei; me inclinando na direção do ouvido do rabino, disse a ele o nome do meu filho: Eiden Corbett Jorisch.

O rabino falou alto o nome do meu filho e a sala explodiu em celebração. A festa continuou, enquanto minha esposa e minha sogra levavam o bebê para uma sala tranquila. O rabino reuniu seus objetos ritualísticos, passou um pouco de tempo com os convidados e, em seguida, foi embora em silêncio.

Nunca sequer me passou pela cabeça perguntar a ele o que havia feito com a pele do prepúcio. Nem tampouco me ocorreu perguntar sobre Michel Revel, o cientista revolucionário que lidera a luta contra a Esclerose Múltipla (EM).

PAUL REVERE DO SISTEMA IMUNOLÓGICO

Nascido em Estrasburgo, em 1938, Revel conta que uma de suas primeiras memórias de infância é a fuga da cidade com os pais. Em junho de 1940, os nazistas invadiram a Alsácia-Lorena, uma região fértil na Europa Central que a França e a Alemanha disputaram por centenas de anos. Para escapar dos campos de concentração alemães, o pai de Revel trabalhou como médico em várias cidadezinhas nos Alpes franceses, onde os moradores o escondiam dos alemães. Ele também se juntou à resistência clandestina e liderou um capítulo da *Oeuvre de secours aux enfants* (OSE), um grupo que salvou a vida de milhares de crianças judias durante o Holocausto.[1]

Depois da guerra, a família Revel permaneceu na França. Durante a infância, Michel se aproximou de seu tio materno, André Neher, um renomado professor e filósofo da Universidade de Estrasburgo. "Ele me influenciou muito", conta Revel. "Foi uma fonte de inspiração por causa de sua visão humanitária do judaísmo."[2] Em 1963, o jovem estudante completou sua formação em medicina e o doutorado em bioquímica na mesma universidade em que o tio lecionava.[3] Recebeu licença para atuar como médico, mas preferiu se dedicar à pesquisa. "Fiz medicina, principalmente por causa do meu pai, mas achava que não tinha jeito para a clínica", diz. "Os cuidados com o paciente – não era realmente meu tipo de trabalho."[4]

Depois de se formar, Revel mudou para Boston, onde fez um pós-doutorado de um ano na Faculdade de Medicina de Harvard e atuou no Beth Israel Hospital antes de retornar à França. Mas, depois da guerra de 1967 entre Israel e seus vizinhos, Revel e sua esposa, nascida em Estrasburgo, Claire, decidiram fazer o *aliyah* (migrar para Israel). "A Guerra dos Seis Dias, que quase destruiu Israel, foi um grande choque para [aqueles] que, como nós, fomos educados depois do Holocausto", afirma Revel.[5]

Em 1968, tornou-se professor no Departamento de Genética Molecular do Instituto Weizmann. Logo ficou fascinado pelo interferon, uma proteína que as células liberam como um sistema de alarme para avisar ao corpo que há um iminente ataque de vírus ou outros micro-organismos causadores de doenças. Pense nisso como

174   A ORDEM É INOVAR

se fosse o Paul Revere[6] de nosso sistema imunológico. O interferon atua como um mensageiro para alertar o sistema imunológico, fazendo-o saber que deve produzir mais proteínas para combater os vírus. As células respondem resistindo à invasão. Quando o corpo consegue rechaçar um ataque, as células param de produzir interferon.

No fim dos anos 1950, dois pesquisadores do Instituto Nacional de Pesquisa Médica em Londres descobriram essa notável proteína. O interferon recebeu esse nome por sua capacidade de "interferir" na multiplicação dos vírus dentro de uma célula hospedeira. Eles descobriram que o corpo produz três tipos de interferon: alfa, beta e gama. Cada um deles é produzido por um grupo de células diferente e é eficaz contra variados tipos de infecções virais.

Além disso, porém, pouco se sabia e o interferon permanecia um mistério porque o corpo humano o produz em quantidades mínimas – e os pesquisadores simplesmente não tinham o suficiente para conduzir testes clínicos sérios.

Conforme Revel estudava essa extraordinária proteína, foi suspeitando que ela poderia ajudar a combater uma das doenças mais debilitantes do mundo.

SALVO PELO MOVIMENTO LUBAVITCH

Para estudar o interferon, Revel e seus colegas pesquisadores precisavam de uma grande quantidade da proteína. "Naquela época, não se podia simplesmente telefonar e fazer um pedido de proteínas", diz Revel. "Você tinha que produzi-las sozinho."[7] No fim dos anos 1970, um litro de interferon humano estava avaliado em $1 bilhão, por causa da complexidade e do custo de isolar a substância.[8] Uma das poucas partes do corpo que contém interferon em quantidade relativamente alta é o prepúcio dos recém-nascidos. Devido ao número de rituais de circuncisão que ocorrem anualmente em Israel, a equipe de Revel acreditou que seria relativamente fácil garantir a quantidade necessária para seguir com as pesquisas.

Eles estavam errados. Procuraram muitos *mohalim*, judeus treinados para realizar o ritual da circuncisão, e pediram a eles que fornecessem os prepúcios. Esses homens, no entanto, resistiram à ideia, pois tradicionalmente queimavam a pele após a cerimônia.

TRABALHO DE PONTA

Felizmente, uma jovem pesquisadora da equipe de Revel, a doutora Dahlia Gur-Ari Rothman, era parente de Menachem Mendel Schneerson, um dos maiores rabinos do século XX. Ele foi o líder do Chabad Lubavitch, um movimento hassídico que tem sinagogas por todo o mundo. No fim dos anos 1970, ela viajou para visitar sua casa no Brooklyn e falou com Schneerson sobre a pesquisa de Revel.[9] Rapidamente, ele concordou com a ideia. "O rabino do movimento Lubavitch, na verdade, deu sua bênção e funcionou às maravilhas", conta Revel. "Os *mohalim* aceitaram não jogar fora os prepúcios e, em vez disso, colocá-los em placas de Petri."[10]

Logo a seguir, seis *mohalim* israelenses forneceram a Revel e Rothman vinte prepúcios. "Ela [Rothman] os levaria para o laboratório para medir quanto interferon poderia ser produzido", recorda Revel.[11] "Tínhamos que tentar com vários. Alguns prepúcios têm grande quantidade de interferon e outros, pouca."[12]

Revel e sua equipe, finalmente, obtiveram bastante matéria-prima para produzir interferon beta na quantidade suficiente para as pesquisas científicas.[13] A maior parte, no entanto, veio de uma única fonte: o prepúcio número15.

Embora Revel não soubesse disso naquela época, um pequeno pedaço de pele estava para desempenhar um grande papel na luta contra uma doença mortal.

VOANDO COM ÓVULOS DE HAMSTER CHINÊS

Por volta do fim dos anos 1970, Revel e outros pesquisadores em todo o mundo se tornaram bastante convictos de que o interferon poderia ajudar no combate de algumas doenças mortais. Alguns consideravam que seria uma cura milagrosa contra o câncer. Outros acreditavam que seria usado para tratar herpes e também tumores na laringe semelhantes a verrugas.[14]

Mas, para testar essas teorias, Revel precisava proteger sua propriedade intelectual e garantir que uma indústria farmacêutica o ajudasse a produzir interferon em grandes quantidades.[15] Sua única condição: que a fábrica estivesse instalada em Israel.

Revel entrou em contato com três companhias na Europa e nos Estados Unidos: Cetus, Roussel e Meriex. Inicialmente, nenhuma delas pareceu interessada, pois Israel era muito longe para instalar uma fábrica.[16] Mas, em 1979, Revel se aproximou de uma pequena farmacêutica suíça chamada Serono.[17] O presidente da empresa, Fabio Bertarelli, estava interessado na pesquisa de Revel e em seu potencial de revolucionar o campo médico. Na primeira conversa que tiveram, ele concordou em instalar uma fábrica em Israel (Bertarelli já estava envolvido no mercado farmacêutico israelense).

Naquele mesmo ano, o Instituto Weizmann e a Serono lançaram um projeto conjunto e a unidade em Israel começou a produzir interferon a partir de prepúcios.[18] Logo em seguida, porém, perceberam que esse método era muito complicado e caro. Revel e sua equipe decidiram buscar uma maneira mais eficaz para garantir a produção de interferon. Depois de muita experimentação, encontraram o que estavam procurando: o gene do interferon beta.[19] Feita essa identificação, precisavam então de um organismo hospedeiro para reproduzir maciçamente a substância.

Descobriram a solução em um lugar estranho. Em 1975, enquanto passava um ano sabático na Universidade de Yale, Revel aprendeu que os ovários dos hamsteres chineses podem hospedar e multiplicar células de outros corpos sem mudar sua composição. Entusiasmado, pediu e recebeu permissão para pegar um conjunto de células de ovários de hamsteres chineses do laboratório de Yale e levá-lo para fora dos Estados Unidos. Embaladas em um recipiente especial cheio de ar líquido, Revel colocou as células em sua bagagem de mão para voar de volta a Israel.[20] Mas, durante sua passagem por Zurique, os oficiais da alfândega encontraram a embalagem e o fizeram passá-la pela máquina de raio X.

Ele concordou e, nervoso, observou o pacote selado a vácuo se mover ao longo da esteira. De repente, Revel viu fumaças e vapores saírem da máquina. Os oficiais de segurança estavam preocupados que Revel estivesse levando uma bomba. O cientista israelense, no entanto, estava com medo que algo tivesse acontecido a suas preciosas células. Irritados, os seguranças perguntaram o que ele estava levando naquela embalagem. Quando explicou quem era e o que estava estudando, relaxaram. Antes de permitir que Revel seguisse em frente, porém, quiseram saber se as células valiam algum dinheiro.

"Não", disse Revel, sorrindo.[21]

O CAPATAZ DE ESCRAVOS

Em 1980, Revel começou a fazer experiências com o interferon que havia conseguido produzir com sucesso a partir dos ovários dos hamsteres chineses. Era a primeira vez que alguém estava usando células de animais mamíferos para fabricar uma proteína humana. E o interferon beta produzido era igual à proteína natural encontrada no corpo humano.[22] "Essa técnica é agora usada mundialmente para a produção biotecnológica de drogas", afirma.[23] É também a principal maneira de produzir interferon beta atualmente.

Naquele mesmo ano, Revel estava tentando atrair um jovem cientista, Menachem Rubinstein, para que saísse do Instituto Roche, em Nova Jersey, e se juntasse à sua equipe no Weizmann. Rubinstein tornara-se essencial para o sucesso de Revel, pois desenvolvera um processo único para purificar o interferon. Mas a decisão de se juntar ao departamento de Revel não foi fácil. A razão: os colegas de Revel o consideravam altamente exigente. "Para mim, isso não era importante porque eu era independente", Rubinstein recorda. "Mas, para quem trabalhava com Revel, ele era como um capataz de escravos."

Levou um ano para Rubinstein aperfeiçoar um método especial que o permitisse separar as várias proteínas e açúcares do interferon. "É um processo exigente chegar ao tipo de pureza que o FDA requer para permitir a injeção da substância em pacientes", conta.[24] Revel e sua equipe chamaram esse interferon sintético de beta-1a e a Serono deu ao produto o nome comercial de Rebif.

Com a metodologia para purificar o interferon em vigor, Revel e sua equipe entregaram a operação científica para a Serono. A empresa passou a produzir grandes quantidades da nova droga e deu início aos testes clínicos para determinar quais doenças responderiam melhor ao tratamento.

Em 1982, a Sereno e a equipe de Revel tiveram sorte. Antes mesmo de o FDA dar sua aprovação, o doutor Lawrence Jacobs, do Instituto Memorial Park Roswell, publicou um artigo sobre o teste que ele conduziu por conta própria com dez pacientes usando interferon beta. "Hoje em dia ninguém ousaria [conduzir esse tipo de estudo]", afirma Rubinstein, porque não atenderia aos padrões de segurança científica dos Estados Unidos. Jacobs conseguiu demonstrar que os pacientes que se injetaram interferon conseguiram diminuir o ritmo de deterioração causado em seus corpos pela esclerose múltipla (EM).[25] "Com base na publicação desse artigo", conta Rubinstein, "a companhia [Serono] iniciou a produção."

Revel e sua equipe sabiam que o interferon beta tinha a capacidade de reforçar o sistema imunológico. No entanto, naquele momento, tinham a esperança de que a droga talvez pudesse deter os ataques autoimunes causados pela EM. Revel convenceu a Serono a conduzir testes clínicos, pois queria testar sua teoria.

Depois de décadas de pesquisa, sua chance de mudar o mundo havia finalmente chegado.

CONSEQUÊNCIAS PARA TODA VIDA

Em pacientes com doenças autoimunes, o sistema imunológico trabalha demais, atacando tanto os vírus invasores quanto as células do próprio corpo. No caso da esclerose múltipla, as células do cérebro e da medula espinhal são afetadas enquanto a capa protetora dos nervos vai gradativamente se deteriorando. A situação dos pacientes se agrava progressivamente. As pessoas que sofrem dessa terrível doença – 2,5 milhões em todo o mundo – pouco a pouco sentem uma fadiga extrema, a fala fica arrastada, têm dificuldade de controlar as funções fisiológicas, ficam com o pensamento desordenado e, nos casos extremos, podem ficar completamente paralisadas.[26]

Revel esperava eliminar ou, pelo menos, limitar essa lenta deterioração. Do início dos anos 1980 até meados dos anos 1990, a Serono tentou provar a teoria de Revel de que o Rebif poderia ajudar as pessoas afetadas pela EM.

A Serono dedicou esforços tremendos para construir uma fábrica avançada e capaz de produzir o volume necessário de interferon para tratar centenas de milhares de pessoas. Assim que instalou sua capacidade produtiva, a empresa conduziu os testes clínicos para provar que a droga era segura e eficaz. A Serono provou cientificamente que o Rebif diminuía a frequência dos ataques da EM e postergava o acúmulo de incapacitações físicas.[27] De acordo com Rubinstein, realizar isso demorou quinze anos e custou mais de $2 bilhões.[28]

TRABALHO DE PONTA

Quanto mais cedo o paciente for diagnosticado com EM e começar a tomar as drogas apropriadas, melhores são as chances de retardar a progressão da doença. Usando seringas eletrônicas previamente cheias da droga, os pacientes se injetam Rebif três vezes por semana. Os testes clínicos demonstram que o uso da droga reduz os ataques de EM em mais de 50%.

Em 1998, as autoridades europeias de saúde permitiram a distribuição da droga. Alguns anos depois, os Estados Unidos, o Canadá e mais noventa países fizeram o mesmo.[29] Atualmente, o Rebif é uma das drogas mais populares do mundo contra a EM e as vendas do produto excedem os 2,5 bilhões de dólares por ano.[30] Aproximadamente 600 mil pessoas já usaram o Rebif e outras drogas relacionadas à sua patente.[31] "O que mais me toca são os depoimentos individuais dos pacientes", afirma o doutor Bernhard Kirschbaum, ex-vice-presidente executivo de Pesquisa e Desenvolvimento da Merck. "O Rebif deu uma importante contribuição para melhorar a vida de centenas de milhares de pacientes com esclerose múltipla."[32] A outra droga popular para tratar a esclerose múltipla é o Copaxone, que também foi desenvolvido no Instituto Weizmann por Ruth Arnon e Michael Sela. O Copaxone e o Rebif juntos trataram um enorme número de pacientes com EM em todo o mundo.[33]

Como a maioria dos medicamentos, o Rebif não é perfeito. Os efeitos colaterais incluem sintomas semelhantes aos da gripe,[34] e o interferon beta não funciona com todos os pacientes com EM nem os médicos consideram que seja uma cura. "Meus pacientes têm 50% menos recaídas, o que significa menos dias em que ficam incapazes de trabalhar e menos regressão neurológica", explica o doutor Wolfgang Elias, um renomado neurologista de Hamburgo (Alemanha). "Acho que o fantasma da EM perdeu um pouco de seu horror por causa dessas possibilidades."[35]

Hoje, Revel está perto dos 80 anos de idade e é considerado "um gigante vivo da comunidade científica", diz o doutor Tamir Bem-Hur, chefe do Departamento de Neurologia do Centro Médico Hadassah. "Ele mudou o curso da história com seu trabalho sobre a proteína interferon, alterando o modo como os médicos tratam a esclerose múltipla."[36] Mas ele não terminou sua pesquisa. Há décadas, começou a buscar uma forma de tornar o mundo melhor e ainda não desistiu. Apesar do sucesso, ainda está tentando descobrir novas drogas que ajudem a combater a EM e outras doenças neurológicas devastadoras.

Quando meu filho crescer – espero que seja esse o caso –, nós teremos pessoas como Revel para agradecer.

Notas do Capítulo 14

1. Michel Revel em entrevista com o autor em Jerusalém, em 14 de agosto de 2016. Veja também *Hidden Children in France during the Holocaust*, de Kathryn Berman, em The International School for Holocaust Studies, <https://www.yadvashem.org/articles/general/hidden-children.html>; e About the OSE, *The Children of Chabannes*, <http://childrenofchabannes.org/about-the-ose>. Acessos em: 1º mar. 2019. Entre as crianças estavam o futuro escritor e ganhador do Nobel Elie Wiesel e o futuro rabino chefe de Israel, Israel Rav Israel Lau.

2. Michel Revel em entrevista com o autor em Jerusalém, em 14 de agosto de 2016.

3. "Unraveling the Mysteries of Science and Disease", de Siegel-Itzkovich, em *Jerusalem Post*, de 23 de fevereiro de 2014. Disponível em: <https://www.weizmann-usa.org/news-media/in-the-news/unraveling-the-mysteries-of-science-and-disease>. Acesso em: 1º mar. 2019.

4. Ibid. Veja também *Multiple Sclerosis: Using Hamster Cells to Fight Multiple Sclerosis*, em Merck, de 17 de janeiro de 2015. <www.magazine.emerck/darmstadt_germany/innovation/Michel_Revel/multiple_sclerosis.html>. Acesso em: 1º mar. 2019; e Michel Revel em entrevista com o autor em Ness Ziona, em 30 de junho de 2015.

5. Dr. Michel Revel *Elected to ISICR Honorary Membership*, de Thomas Tan, em *International Society for Interferon and Cytokine Research* 10, n. 2 (Abril, 2003): 1–4. Disponível em: <http://cytokinesociety.org/wp-content/uploads/2016/11/Newsletter10.2.pdf>. Acesso em: 1º mar. 2019.

6. Mensageiro da Guerra de Independência dos EUA, que levou informações importantes em meio às lutas correndo a pé à noite. (N.T.)

7. *Multiple Sclerosis: Using Hamster Cells to Fight Multiple Sclerosis*, em Merck, de 17 de janeiro de 2015. <www.magazine.emerck/darmstadt_germany/innovation/Michel_Revel/multiple_sclerosis.html>. Acesso em: 1º mar. 2019.

8. *No'Magic Bullet' outof Interferon, but Workin Labs Showing Promise*, de Rick Doust, em *Globe and Mail* (Canadá), de 16 de fevereiro de 1984.

9. *Rebif and Its Connection to Israel*, em Multiple Sclerosis Society of Israel [em hebreu]. Disponível em: <http://mssociety.org.il/2015021717>. Veja também *Happy Birthday to the Medication*, em Weizmann Institute [em hebreu], 4 de junho de 2007. <http://stwww.weizmann.ac.il/g-junior/weizmann-paper/47/13.html3 >.

10. Michel Revel em entrevista com o autor em Ness Ziona, 30 de junho de 2015. Veja também Michel Revel em entrevista com o autor em Jerusalém, em 14 de agosto de 2016.

11. Michel Revel em entrevista com o autor em Ness Ziona, em 30 de junho de 2015.

12. Michel Revel em entrevista com o autor em Jerusalém, em 14 de agosto de 2016.

182 A ORDEM É INOVAR

13. *Rebif and Its Connection to Israel*, em Multiple Sclerosis Society of Israel [em hebreu]. Disponível em: <http://mssociety.org.il/2015021717>. Veja também *Happy Birthday to the Medication*, em Weizmann Institute [em hebreu], de 4 de junho de 2007. <http://stwww.weizmann.ac.il/g-junior/weizmann-paper/47/13.html3>.

14. *Interferon Makes Inroads against Some Infections, Including Colds*, de Harold Schmeck Jr, em New York Times, de 1o de junho de 1982.

15. Revel conduziu especificamente a pesquisa com o interferon beta.

16. Michel Revel em entrevista com o autor em Jerusalém, em 14 de agosto de 2016.

17. "Disease Be Not Proud", de Jessica Steinberg, em *Jerusalem Post*, de 27 de fevereiro de 2004.

18. Ibid. Veja também *Rebif and Its Connection to Israel, em* Multiple Sclerosis Society of Israel [em hebreu]. Disponível em: <http://mssociety.org.il/2015021717>.

19. *Multiple Sclerosis: Using Hamster Cells to Fight Multiple Sclerosis*, em Merck, de 17 de janeiro de 2015. <www.magazine.emerck/darmstadt_germany/innovation/ Michel_Revel/multiple_sclerosis.html>. Acesso em: 1º mar. 2019.

20. Ibid.

21. Michel Revel em entrevista com o autor em Jerusalém, em 14 de agosto de 2016.

22. Michel Revel em entrevista com o autor em Ness Ziona, em 30 de junho de 2015.

23. *Multiple Sclerosis: Using Hamster Cells to Fight Multiple Sclerosis*, em Merck, de 17 de janeiro de 2015. <www.magazine.emerck/darmstadt_germany/innovation/ Michel_Revel/multiple_sclerosis.html>. Acesso em: 1º mar. 2019.

24. Menachem Rubinstein em entrevista por telefone com o autor, em 4 de julho de 2016.

25. *Intrathecal Interferon in the Treatment of Multiple Sclerosis: Patient Follow-Up*, de Lawrence Jacobs, Judith A. O'Malley e Arnold Freeman, em *Archives of Neurology* 42, n. 9 (1985): 841–47. Disponível em: <http://archneur. jamanetwork.com/article.aspx?articleid=5844978i>.

26. *Multiple Sclerosis by the Numbers: Facts, Statistics, and You*, de Ann Pietrangeloe Valencia Higuera, em Healthline, 24 de março de 2015. Disponível em: <www. healthline.com/health/multiple-sclerosis/facts-statistics-infographicai>.

27. Além de Esclerose Múltipla (EM), a equipe de Revel descobriu que o interferon beta-1a também é eficaz contra as verrugas genitais do papiloma vírus (que podem levar ao câncer cervical) e contra o herpes recorrente. Veja também *Unraveling the Mysteries of Science and Disease*, de Siegel-Itzkovich, em *Jerusalem Post*, de 23 de fevereiro de 2014. Disponível em: <https://www.weizmann-usa.org/news-media/in-the-news/unraveling-the-mysteries-of-science-and-disease>. Acesso em: 1º mar. 2019.

28. Menachem Rubinstein em entrevista por telefone com o autor, em 4 de julho de 2016.

29. Michel Revel em entrevista com o autor em Ness Ziona, em 30 de junho de 2015.

TRABALHO DE PONTA

30. Ibid. Veja também *Rebif,* de Carly Helfand, em *Fierce Pharma.* Disponível em: <www.fiercepharma.com/special-report/rebif>. Acesso em: 1º mar. 2019; "Kadimastem to Receive Sponsored Research Agreement with National Multiple Sclerosis Society Fast Forward Program", em *India Pharma News,* de 29 de setembro de 2015.

31. Michel Revel em entrevista com o autor em Ness Ziona, em 30 de junho de 2015.

32. Doutor Bernhard Kirschbaum em troca de e-mails com o autor, em 19 de novembro de 2016.

33. *Top 10 Multiple Sclerosis Drugs,* de Alex Philippidis, em *Genetic Engineering & Biotechnology* News, 18 de fevereiro de 2014. Disponível em: <http://www.genengnews.com/the-lists/top-10-multiple-sclerosis-drugs/77900039?page=19>. Acesso em: 1º mar. 2019.

34. "Disease Be Not Proud", de Jessica Steinberg, em *Jerusalem Post,* de 27 de fevereiro de 2004.

35. Treatment of Multiple Sclerosis, em Weizmann Institute of Science, em 24 de novembro de 2010. Disponível em: <www.youtube.com/watch?v=WHvTh51oXBMB>. Acesso em: 4 mar. 2019.

36. Doutor Tamir Ben-Hur em entrevista por telefone com o autor, em 12 de dezembro de 2016.

CAPÍTULO 15
Missão mais elevada

Tudo que se move e vive servirá para vosso alimento; assim como a erva verde que já dei toda a vós.

Gênesis 9:3

Folhas de cannabis. (Lode Van de Velde)

QUE CHEIRO É ESSE?

Em uma manhã rotineira de 1963, Raphael Mechoulam saiu da delegacia da polícia federal em Tel Aviv levando cerca de cinco quilos de haxixe libanês escondido em sua mochila.[1] Sem carro, o jeito mais rápido de retornar à sua cidade natal seria usar o transporte público. Então, subiu em um ônibus e, durante quase uma hora, manteve a mochila no colo, enquanto o veículo chacoalhava pela estrada.[2] Alguns passageiros olharam fixo para ele. Outros sentiam um odor diferente e perguntavam: "Que cheiro é esse?" Finalmente, quando o ônibus chegou a Rehovot, uma pequena e poeirenta cidade nos arredores de Tel Aviv, desceu com o pacote a reboque. Estava na hora de fazer a entrega.[3]

Mechoulam não é um traficante de drogas nem um policial à paisana: ele é um cientista. E o haxixe que a polícia lhe deu tem um

186 A ORDEM É INOVAR

papel instrumental na expansão do conhecimento sobre a maconha. Há aproximadamente cinquenta anos, Mechoulam foi o primeiro a isolar, analisar e sintetizar o tetraidrocanabinol (THC), o principal ingrediente psicoativo da cannabis. Atualmente, cerca de 147 milhões de pessoas usam a droga para reduzir as dores associadas ao câncer, a AIDS e a esclerose múltipla, entre outras doenças.[4] Os especialistas acreditam que esse número vá crescer exponencialmente nos próximos anos e Mechoulam hoje é amplamente reconhecido como o padrinho do uso medicinal da maconha, o sumo sacerdote em seu campo de pesquisa.

OS CIENTISTAS SABIAM QUASE NADA

A jornada de Mechoulam para se tornar um cientista líder em maconha e "o pai da pesquisa da cannabis e do endocanabinoide", como ele é chamado por muitos (incluindo, a doutora Nora Volkow, diretora do Instituto Nacional sobre Abuso de Drogas dos Estados Unidos), é bem improvável.[5] Nascido em 1930, em uma proeminente família judia da Bulgária, cresceu na época em que o regime hitlerista estava dominando a Europa e exterminando os judeus. Quando estourou a Segunda Guerra Mundial, a Bulgária aprovou leis antissemitas e a família de Mechoulam foi obrigada a fugir. Eles foram para a região dos Balcãs e vagaram de um vilarejo para outro para escapar da ameaça iminente.

Pouco antes do fim da guerra, em 1944, enquanto um governo comunista assumia o poder na Bulgária, o jovem Mechoulam começava a faculdade de engenharia química. Naquela época, no entanto, sua família ainda considerava que o país não era seguro para os judeus e, por isso, em 1949 fugiram para Israel. Depois de um breve período como agrimensor, Mechoulam foi convocado pelo exército israelense e se juntou a uma unidade de pesquisa, trabalhando inicialmente com inseticidas. Foi servindo as forças armadas que ele encontrou sua missão. "Achei que a independência proporcionada pela pesquisa era um 'vício' do qual eu não queria ser curado", diz.[6]

Em 1956, três anos após o serviço militar, Mechoulam iniciou seu doutorado em química no prestigiado Instituto Weizmann de Ciências – uma das instituições top do setor de pesquisa no mundo.[7] Quatro anos

MISSÃO MAIS ELEVADA

depois, o Instituto Weizmann o nomeou como docente júnior do Departamento de Química. Quando começou a buscar por um projeto de pesquisa, o jovem professor ficou surpreso ao descobrir que pouco se sabia sobre os ingredientes psicoativos e não psicoativos da cannabis. A morfina havia sido isolada do ópio há mais de 150 anos e a cocaína, extraída das folhas de coca, há cerca de cinco décadas. Mas, quando se tratava da "erva", os cientistas sabiam quase nada.[8]

As razões eram diversas. Na maioria das universidades, os pesquisadores não conseguiam seguir as normas de segurança e as companhias farmacêuticas não queriam a suposta notoriedade de estar tentando lucrar com a maconha.[9] As partes ativas da cannabis também não estavam disponíveis em sua forma mais pura. O extrato da planta in natura era uma mistura complexa e, portanto, os pesquisadores tinham dificuldade em reproduzi-lo e interpretá-lo. O ópio e a cocaína, por outro lado, eram facilmente destilados.

Mais do que nunca, Mechoulam estava determinado. Depois de conseguir o haxixe com a polícia, passou a fazer testes extensivos. Em 1963, conseguiu dar um salto grande na pesquisa: descobriu a exata estrutura química dos compostos ativos da maconha. Um deles, o canabidiol (CBD),[10] não faz ninguém "viajar",[11] mas Mechoulam determinou que a substância reduz o nível de açúcar em ratos propensos ao diabetes e redireciona um suprimento inadequado de sangue para o coração.[12] Atualmente, crianças com epilepsia que têm várias convulsões por dia são tratadas com canabidiol e os médicos prescrevem altas doses dessa substância química para tratar esquizofrenia.[13]

Mechoulam não havia terminado sua missão. Em 1963, o professor começou a buscar colegas para ajudá-lo a identificar os outros ingredientes ativos da cannabis. Convenceu duas pessoas a lhe dar assistência: Yehiel Gaoni, especialista em química orgânica, e Habib Edery, chefe de farmacologia do Instituto de Pesquisa Biológica, entidade do governo de Israel.[14] Depois de testes extensivos, os três professores usaram o haxixe de que dispunham para identificar o tetraidrocanabinol (THC) como ingrediente ativo da maconha. Essa substância é a responsável pelo "barato" que torna a droga tão popular. Aplicando a separação cromatográfica, um método científico usado para a separação de vários compostos, eles se tornaram capazes de sintetizar o THC, um salto que possibilitou que os cientistas estudassem melhor a cannabis.[15]

Naquele mesmo ano, testaram a substância em macacos. Edery tinha acesso a esses animais em seu laboratório. Os cientistas consideram o macaco rhesus um animal agressivo. Mas, quando a equipe de Mechoulam os injetava THC, eles se tornavam calmos.[16]

A seguir, voltaram o foco para os humanos. Não muito depois das experiências com os macacos, Mechoulam convidou dez pessoas para uma festinha em sua casa em Jerusalém.[17] Sua esposa, Dahlia, preparou um "bolo muito saboroso" e adicionou THC em cada fatia.[18] "Aquele", recorda Itai Bab, professor de patologia oral na Universidade Hebreia de Jerusalém, "foi o verdadeiro teste do THC."

Na experiência inicial, cinco pessoas, incluindo a esposa de Mechoulam, consumiram o bolo com THC. Outras cinco comeram sem a adição da infusão de cannabis. Mechoulam afirma que nunca participou das experiências e que nunca provou a droga.[19] "Nenhum de nós havia usado a cannabis antes", diz. "Todos foram afetados de maneira diferente. Ela [a esposa de Mechoulam] 'viajou' um pouco e não voltou a provar a maconha desde então. Outra pessoa não teve 'barato', mas não conseguia parar de falar, outra ainda teve um ataque de ansiedade."[20] Algumas sentiram-se estranhas, como se estivessem em outro mundo e outras só queriam relaxar ou não podiam parar de dar risadas.[21]

Em outras palavras, eles descobriram que os efeitos da maconha são exatamente aqueles descritos desde o início do registro da história.

FUMAÇA SAGRADA

Logo após as experiências de Mechoulam com o THC em seres humanos, o cientista israelense se inscreveu para obter um patrocínio do Instituto Nacional de Saúde dos Estados Unidos (NIH, na sigla em inglês). A resposta não foi exatamente a esperada. "A cannabis não é importante para nós", ele lembra o que lhe disse um representante da instituição. "Quando tiver um tema relevante, pode nos acionar. A maconha não é um problema nos Estados Unidos."[22]

"Como sabiam pouco," Mechoulam lembra que pensou.[23] Naquela época, nenhum único laboratório norte-americano estava pesquisando a cannabis. Entretanto, um ano depois o NIH decidiu financiar a pesquisa de Mechoulam. Logo, o professor entendeu por quê. Dan Efron, o chefe de farmacologia do Instituto Nacional de Saúde Mental dos Estados Unidos, foi visitar Mechoulam em seu laboratório em Jerusalém. "O que aconteceu, de uma hora para outra, que vocês passaram a ter tamanho interesse?", Mechoulam perguntou.[24] "O filho de alguém que era importante, tipo um senador ou algo assim, acionou o NIH para perguntar: 'O que vocês sabem sobre a cannabis?' O filho dele tinha sido pego fumando a 'erva' e ele queria saber se o cérebro do garoto estava sendo prejudicado."[25]

Agradecidamente, alguém lembrou que um professor israelense havia se inscrito para receber um patrocínio por estar pesquisando a planta. Mechoulam havia acabado de isolar o THC pela primeira vez e descoberto a estrutura da substância. Efron prometeu apoio financeiro para a continuidade da pesquisa e, em troca, Mechoulam teria que enviar ao NIH todo o estoque de THC sintetizado existente no mundo, cerca de dez gramas naquela época. O NIH utilizou essa amostra de THC sintetizada por Mechoulam para conduzir as pesquisas iniciais sobre a cannabis nos Estados Unidos. Em contrapartida, "eles foram muito gentis e me ofereceram um financiamento que continuo a receber até agora."[26]

Desde aquela época, o NIH e as autoridades israelenses têm fornecido a Mechoulam toda a maconha que ele necessita para seu trabalho, livre de impostos.[27] Esse suprimento constante o ajudou a criar um novo campo da ciência com implicações de longo alcance no tratamento de dor, falta de apetite, náusea e outros males. "[Raphael] Mechoulam tem colaborado com um grande número de cientistas internacionais e, em especial, com os norte-americanos", afirma a doutora Nora Volkow. "Seu trabalho tem sido fonte de inspiração para muitos cientistas jovens e nem tão jovens assim."[28]

O "BARATO" INTERNO DO NOSSO CORPO

Os seres humanos têm usado a maconha há milhares de anos.[29] Mas até os anos 1980, ninguém sabia *por que* a maconha dá prazer e reduz a dor das pessoas. A primeira evidência física do uso da cannabis foi encontrada na tumba de uma família enterrada no quarto século da E.C., localizada a cerca de 32 quilômetros de Jerusalém. Os arqueólogos israelenses descobriram a tumba em 1989 nas proximidades da cidade moderna de Beit Shemesh. A terra árida manteve intactos os restos de uma garota de 14 anos de idade, sepultada com um feto de 40 semanas integralmente desenvolvido. Os cientistas israelenses analisaram o esqueleto e identificaram evidência de maconha. Eles concluíram que a garota inalou fumaça de cannabis durante o parto para reduzir a dor.[30]

Na mesma época em que os restos dessa mulher foram encontrados, uma cientista norte-americana, Allyn Howlett, descobriu o sistema do endocanabinoide, a parte do cérebro que possibilita que os seres humanos sintam prazer. E que também desempenha um papel fisiológico chave em tudo: desde a alimentação até a formação de memórias.[31] Há ainda indicações que sugerem que esse sistema afeta nossa personalidade. De acordo com Howlett, seu trabalho "nunca teria sido possível" sem a pesquisa de Mechoulam sobre a cannabis que precedeu sua descoberta,[32] uma opinião compartilhada amplamente entre os cientistas.

Em 1992, o mesmo ano em que Israel legalizou o uso medicinal da maconha, com base no trabalho de Howlett, Mechoulam fez outra descoberta. Quando a maconha é consumida, o corpo humano libera duas substâncias: os endocanabinoides anandamida e o 2-araquidonoilglicerol.[33] Os dois elementos fazem os humanos darem uma "viajada" – como se tivessem recebido ótimas notícias ou porque acabaram de correr quinze quilômetros. O THC imita essas substâncias e, dessa forma, proporciona grande prazer.[34]

Ao estudar essa parte do cérebro, Mechoulam afirma que os cientistas, por fim, poderão revelar a chave para tratar muitas doenças psiquiátricas neurodegenerativas e sintomas de cânceres, entre outros males.[35] É como ele diz: "Acredito que o canabinoide representa a arca de um tesouro médico que está esperando para ser descoberto".[36]

PERFUME DO CÉU

Atualmente, graças à pesquisa de Mechoulam, os médicos em todo o mundo prescrevem maconha para uma variedade de doenças, incluindo glaucoma, depressão e estresse pós-traumático. Agora se sabe que o uso

MISSÃO MAIS ELEVADA

medicinal da cannabis alivia a dor, a náusea e a droga também ajuda os pacientes que perdem o apetite – devido à quimioterapia, por exemplo – a voltar a se alimentar normalmente.

O trabalho de Mechoulam levou Israel ao topo no campo da pesquisa médica com maconha. "Israel é a capital mundial dessa área", diz o doutor Sanjay Gupta, correspondente da área de saúde, medicina e bem-estar da rede de televisão CNN. Enquanto o país considera a cannabis uma droga perigosa e ilegal, o ministro da saúde israelense emite milhares de licenças para aquelas pessoas que as solicitam para uso medicinal. "Eu não liberaria a cannabis para tudo", afirma Mechoulam. "Israel segue na direção certa, fazendo a liberação gradual para diferentes doenças. É impossível saber se as pessoas que dizem estar sofrendo dores terríveis [realmente estão], porque isso é subjetivo e não pode ser mensurado. Presumo que haja algum abuso." [37]

Ele acredita, no entanto, que o risco vale a pena. O principal obstáculo para que o uso medicinal da maconha tenha aceitação mais ampla no mundo, porém, são os próprios médicos. O professor afirma que a droga ainda não se tornou um padrão porque a maioria dos médicos não tem familiaridade com o assunto. Considera que esses profissionais não se sentem confortáveis ao prescrever um remédio que deve ser consumido por inalação da fumaça. "O problema é que, por muitos anos, a maconha foi classificada na [mesma] escala da cocaína e da morfina", Mechoulam explica. "Isso não é justo. Todas as drogas, começando pela aspirina até o valium, têm efeitos colaterais." [38]

A maioria dos médicos tem demorado para enxergar a maconha pela mesma perspectiva de Mechoulam, embora o THC e o canabidiol sejam potencialmente drogas maravilhosas. Como a maconha é ilegal, existem ainda poucos estudos significativos feitos com humanos, aplicando testes duplo-cego para controle de efeito placebo, o que é fundamental para a pesquisa científica. "Sem esse tipo de estudo, a maconha ainda é muito menos aplicada em medicamentos do que poderia ser", assegura Raul Gonzalez, professor da Universidade Internacional da Flórida, que estuda os efeitos da maconha em pacientes com HIV/AIDS.[39]

As companhias farmacêuticas tampouco parecem entusiasmadas em fazer pesquisa aplicada com a droga. A ambiguidade legal em torno da cannabis e a dificuldade de depositar patentes relacionadas a uma planta que sempre existiu na natureza limitam a habilidade da indústria para ganhar dinheiro.[40] "Ainda se acredita amplamente que os canabinoide são drogas que deixam a pessoa doidona, fazem 'viajar' e, por isso, viciam e não têm valor terapêutico", afirma Manuel Guzman, um dos cientistas líderes na pesquisa sobre os efeitos da cannabis sobre as células cancerosas e professor do Departamento de Bioquímica e Biologia Molecular na Universidade Complutense em Madri. "Mas isso é uma grande bobagem. Está baseado na ignorância. O conhecimento demora a ser assimilado pela sociedade e a comunidade clínica."[41]

Agora, um número crescente de pesquisadores espera que o canabidiol e o THC façam jus ao seu potencial. "Acho que o CBD é uma substância muito promissora e provavelmente já ajudou uma porção de pessoas", diz Jahan Marcu, consultor científico sênior da Americans for Safe Access, uma entidade de defesa do uso medicinal da maconha.[42] Mas outros permanecem céticos – e continuarão a ter suas dúvidas até que seja comprovado que a droga é segura e eficaz com a dosagem adequada e com uma lista conhecida de efeitos colaterais para orientar os médicos e os pacientes.

Sob esse aspecto, houve avanços consideráveis. No âmbito federal, a cannabis ainda é considerada ilegal nos Estados Unidos, o que impede a realização de pesquisas sérias e contínuas sobre o THC e o CBD. Mas 23 estados e o distrito de Colúmbia legalizaram a maconha para alguns usos medicinais e, de acordo com pesquisas recentes, a maioria dos norte-americanos é favorável à legalização da "erva" também para fins recreacionais.[43] Por toda parte ao redor do mundo, há ainda maior impulso. Israel, Canadá e Holanda já têm programas médicos com a maconha. Uruguai legalizou a "erva" e Portugal descriminalizou a droga.

Essas são boas razões para se ficar otimista em relação ao futuro da pesquisa médica sobre a maconha, de acordo com Mechoulam, que agora investiga os efeitos da droga contra a asma.[44] Cerca de cinquenta anos depois de levar cinco quilos de haxixe no ônibus, o cientista israelense acredita que o trabalho de toda sua vida está mudando pouco a pouco a mentalidade de seus colegas. "Se fosse dado um Prêmio Nobel a alguma pesquisa sobre a cannabis, Rafi seria o principal candidato", afirma doutor Guzman.

Notas do Capítulo 15

1. Raphael Mechoulam em troca de e-mails com o autor, em 28 de maio de 2016. Veja também "The World Is Going to Pot", de Judy Siegel-Itzkovich, em *Jerusalem Post*, de 18 de maio de 2014. Disponível em: <www.jpost.com/Health-and-Science/The-world-is-going-to-pot-352563>; *Meet the Man Who Discovered Weed's Secret Ingredient*, de Assaf Uni, em *Vocativ*, 18 de dezembro de 2014. Disponível em: <www.vocativ.com/culture/science/raphael-mechoulam-thc-marijunana/>; e *The Scientist Documentary*, em Fundación CANNA, de 23 de julho de 2015. Disponível em: <www.youtube.com/watch?v=qwfC5ye2UBkBy>. Acessos em: 4 mar. 2019.

2. *The Scientist – The Life and Work of Raphael Mechoulam, EuropaWire*, de 31 de julho de 2015. Disponível em: <www.projectcbd.org/article/scientist-life-and-work-raphael-mechoulamhl>. Acesso em: 4 mar. 2019.

3. *Pioneering Pot Prof Still Studying at 85*, de Anisa Rawhani, *Kingston Whig-Standard*, de 29 de junho de 2015.

4. *Cannabis*, Organização Mundial de Saúde. Disponível em: <www.who.int/substance_abuse/facts/cannabis/en/>. Existe mais de um milhão de pacientes nos Estados Unidos e aproximadamente 20 mil em Israel. Veja também *Number of Legal Medical Marijuana Patients*, em ProCon, de 1º de março de 2016. Disponível em: <http://medicalmarijuana.procon.org/view.resource.php?resourceID=005889>. See also *The Grass Is Always Greener*, de Asaf Finkelstein, *Jerusalem Post*, de 11 de dezembro de 2015. Disponível em: <https://www.jpost.com/Magazine/Wine-therapy-The-grass-is-always-greener-436911>. Acessos em: 4 mar. 2019.

5. Doutora Nora Volkow em troca de e-mails com o autor, em 31 de maio de 2016.

6. *Conversation with Raphael Mechoulam*, em *Addiction* 102, n. 6 (junho de 2007): 887–93. Disponível em: <https://www.ncbi.nlm.nih.gov/pubmed/17523982>. Acesso em 4 mar. 2019.

7. *Academic Ranking of World Universities*, em Weizmann Institute of Science. Disponível em: <http://www.shanghairanking.com/world-university-rankings/weizmann-institute-of-science.html>. Acesso em: 4 mar. 2019.

8. *An Interview with Dr. Raphael Mechoulam*, de David Jay Brown, em *Mavericks of the Mind*. Disponível em: <http://mavericksofthemind.com/dr-raphael-mechoulamah>.

9. *Conversation with Raphael Mechoulam*, em *Addiction* 102, n. 6 (junho de 2007): 887–93. Disponível em: <https://www.ncbi.nlm.nih.gov/pubmed/17523982>. Acesso em 4 mar. 2019.

10. Mechoulam determinou que o canabidiol é apenas um entre 60 "canabidioides" ativos. A cânabis possui mais de 480 compostos naturais, 66 dos quais tendo sido classificados como canabidioides. *The Israeli Pharmacologist Who Kick-Started Marijuana Research*, de Abigail Klein Leichman, em Israel21c, de 14 de maio de 2012. Disponível em: <https://www.israel21c.org/the-israeli-pharmacologist-who-kick-started-marijuana-research/>. Acesso em: 4 mar. 2019.

11. *The World Is Going to Pot*, de Judy Siegel-Itzkovich, em *Jerusalem Post*, de 18 de maio de 2014. Disponível em: <www.jpost.com/Health-and-Science/The-world-is-going-to-pot-352563>. Acesso em: 4 mar. 2019.

12. Ibid.

13. *Pioneering Pot Prof Still Studying at 85*, de Anisa Rawhani, *Kingston Whig-Standard*, de 29 de junho de 2015.

14. O Biological Research Institute é especializado em biologia, química médica e ciências ambientais, sendo grande parte de seu trabalho um segredo bem guardado.

15. *Conversation with Raphael Mechoulam*, em *Addiction* 102, n. 6 (junho de 2007): 887–93. Disponível em: <https://www.ncbi.nlm.nih.gov/pubmed/17523982>. Veja também *At 82, He's the World's Most Eminent Pot Scientist*, de Noga Tarnopolsky, *Eureka Times Standard*, de 27 de agosto de 2013. Disponível em: <http://www.timescall.com/news/ci_23945794/israels-cannabis-scientist>. Acessos em: 4 mar. 2019.

16. Science Seeks to Unlock Marijuana's Secrets, de Hampton Sides, *National Geographic*, de junho de 2015. Disponível em: <http://ngm.nationalgeographic.com/2015/06/marijuana/sides-text>. Acesso em: 4 mar. 2019.

17. Raphael Mechoulam em troca de e-mails com o autor, em 28 de maio de 2016.

18. *The Scientist Documentary*, em Fundación CANNA, de 23 de julho de 2015. Disponível em: <www.youtube.com/watch?v=qwfC5ye2UBkBy>. Acesso em: 4 mar. 2019.

19. Raphael Mechoulam em troca de e-mails com o autor, em 28 de maio de 2016.

20. *The World Is Going to Pot*, de Judy Siegel-Itzkovich, em *Jerusalem Post*, de 18 de maio de 2014. Disponível em: <www.jpost.com/Health-and-Science/The-world-is-going-to-pot-352563>. Acesso em: 4 mar. 2019.

21. *The Scientist Documentary*, em Fundación CANNA, de 23 de julho de 2015. Disponível em: <www.youtube.com/watch?v=qwfC5ye2UBkBy>. Acesso em: 4 mar. 2019.

22. *Meet the Man Who Discovered Weed's Secret Ingredient*, de Assaf Uni, em *Vocativ*, de 18 de dezembro de 2014. Disponível em: <www.vocativ.com/culture/science/raphael-mechoulam-thc-marijunana/>. Acesso em: 4 mar. 2019.

23. *Conversation with Raphael Mechoulam*, em *Addiction* 102, n. 6 (junho de 2007): 887–93. Disponível em: <https://www.ncbi.nlm.nih.gov/pubmed/17523982>. Acesso em: 4 mar. 2019.

24. *The Man Who Discovered THC*, de Nico Escondido, *High Times*, de 31 de maio de 2011.

25. *The Marijuana Maven*, de Sam Sokol, *Jerusalem Post*, de 6 de abril de 2012.

26. *Professor Raphael Mechoulam, the Father of Marijuana Research, Talks to NoCamels about His Studies and Breaking the Law in the Name of Science*, de Adam Van Heerden, NoCamels, de 24 de setembro de 2013. Disponível em: <http://nocamels.com/2013/09/professor-raphael-mechoulam-the-father-of-marijuana-research-talks-to-nocamels-about-his-studies-and-breaking-the-law-in-the-name-of-science>. Acesso em: 4 mar. 2019.

MISSÃO MAIS ELEVADA

27. *Dr. Raphael Mechoulam: The Promise of Cannabis*, de Anthony Wile, *Daily Bell*, de 19 de outubro de 2014. Disponível em: <https://www.thedailybell.com/all-articles/cannabis-marijuana/anthony-wile-dr-raphael-mechoulam-the-promise-of-cannabis/>. Acesso em: 4 mar. 2019.

28. Doutora Nora Volkow em troca de e-mails com o autor, em 31 de maio de 2016.

29. Embora seja desafiador indicar com exatidão a origem do uso medicinal da cannabis, há evidências que sugerem que os humanos já a consumiam na China há 4.000 Antes da Era Comum (A.E.C.). O primeiro uso documentado está no papiro de Ebers, o mais antigo e importante papiro sobre medicina do Antigo Egito, que data do século 16 A.E.C. A cannabis também é mencionada em textos assírios, gregos e romanos. *Long-Dead Teenager Tells Tale of Pot-Smoking in Era of 300 AD*, em *Vancouver Sun*, 20 de maio de 1993. Veja também *Martin and Rashidian: Little Green Pill*, de Alyson Martin e Nushin Rashidian, em *National Post* (Canadá), em 03 de abril de 2014. Disponível em: <http:// nationalpost. com/opinion/martin-rashidian-little-green-pill>. Acesso em: 4 mar. 2019.

30. *Long-Dead Teenager Tells Tale of Pot-Smoking in Era of 300 AD*, em *Vancouver Sun*, de 20 de maio de 1993.

31. A doutora Allyn Howlett, em conjunto com seu estudante de graduação William Devane, foi a primeira investigadora e a descobridora desse sistema. Doutora Allyn Howlett em entrevista por telefone com o autor, em 2 de junho de 2016. Veja também *The Discovery of the Endocannabinoid System*, de Martin A. Lee, O'Shaughnessy's Online, 2010. Disponível em: <https://www.beyondthc.com/ wp-content/uploads/2012/07/eCBSystemLee.pdf>. Acesso em: 4 mar. 2019.

32. Doutora Allyn Howlett em entrevista por telefone com o autor, em 2 de junho de 2016.

33. A anandamida é liberada pelo cérebro e o 2-araquidonoilglicerol é liberado pelos órgãos periféricos. Veja *The World Is Going to Pot*, de Judy Siegel-Itzkovich, em *Jerusalem Post*, de 18 de maio de 2014. Disponível em: <www.jpost.com/Health-and-Science/The-world-is-going-to-pot-352563>. Acesso em: 4 mar. 2019.

34. *At 82, He's the World's Most Eminent Pot Scientist*, de Noga Tarnopolsky, *Eureka Times Standard*, de 27 de agosto de 2013. Disponível em: <http://www.timescall. com/news/ci_23945794/israels-cannabis-scientist>. Acesso em: 4 mar. 2019.

35. *The World Is Going to Pot*, de Judy Siegel-Itzkovich, em *Jerusalem Post*, de 18 de maio de 2014. Disponível em: <www.jpost.com/Health-and-Science/The-world-is-going-to-pot-352563>. Acesso em: 4 mar. 2019.

36. *The Israeli Pharmacologist Who Kick-Started Marijuana Research*, de Abigail Klein Leichman, em Israel21c, de 14 de maio de 2012. Disponível em: <https:// www.israel21c.org/the-israeli-pharmacologist-who-kick-started-marijuana-research/>. Acesso em: 4 mar. 2019.

37. *The World Is Going to Pot*, de Judy Siegel-Itzkovich, em *Jerusalem Post*, de 18 de maio de 2014. Disponível em: <www.jpost.com/Health-and-Science/The-world-is-going-to-pot-352563>. Acesso em: 4 mar. 2019. Mechoulam enfatiza que o uso medicinal e o recreacional da maconha são questões inteiramente diferentes. O professor não defende a aprovação recreacional da cannabis, considerando-o "muito perigoso." Veja ibid.

38. *The Marijuana Maven*, de Sam Sokol, *Jerusalem Post*, de 6 de abril de 2012.

39. *Researchers Are Finally Studying the Other Chemical in* Pot, de Lizzie Wade, *Wired*, de 4 de junho de 2015. Disponível em: <https://www.wired.com/2015/06/researchers-finally-studying-chemical-pot/>. Acesso em: 4 mar. 2019.

40. *Meet the Man Who Discovered Weed's Secret Ingredient*, de Assaf Uni, em *Vocativ*, 18 de dezembro de 2014. Disponível em: <www.vocativ.com/culture/science/raphael-mechoulam-thc-marijunana/>. Acesso em: 4 mar. 2019. Veja também *The Marijuana Maven*, de Sam Sokol, *Jerusalem Post*, de 6 de abril de 2012.

41. Doutor Manuel Guzman em entrevista por telefone com o autor, em 1º de junho de 2016.

42. *Researchers Are Finally Studying the Other Chemical in* Pot, de Lizzie Wade, *Wired*, de 4 de junho de 2015. Disponível em: <https://www.wired.com/2015/06/researchers-finally-studying-chemical-pot/>. Acesso em: 4 mar. 2019.

43. *In U.S., 58% Back Legal Marijuana Use*, em Gallup, de 21 de outubro de 2015. Disponível em: <www.gallup.com/poll/186260/back-legal-marijuana.aspxj>. Acesso em: 4 mar. 2019.

44. *Can Cannabis Treat Asthma? Jerusalem Experts to Find Out*, de Shoshanna Solomon, *Times of Israel*, de 24 de outubro de 2017. Disponível em: <https://www.timesofisrael.com/jerusalem-cannabis-guru-to-study-effect-of-weed-on-asthma/>. Acesso em: 4 mar. 2019.

CAPÍTULO 16

Equilíbrio entre o céu e a terra

E disse Deus: "Deixem que as águas produzam abundância de criaturas vivas e que as aves voem sobre a terra, cruzando o paradisíaco firmamento". E Deus criou os grandes seres marinhos, os répteis que se arrastam sobre a terra e, além dessas espécies, todas as criaturas aladas; e viu que isso era bom. E Deus os abençoou, dizendo: "Frutificai e multiplicai-vos, enchendo as águas dos mares e ocupando a terra".

Gênesis 1:20-22

Acompanhando a migração de cegonhas brancas com um planador motorizado. (Eyal Bartov, SPNI)

A FORÇA DE DEZ TONELADAS

O piloto viu algo com o canto do olho. Então, ouviu uma explosão alta e, de repente, o para-brisa do seu jato Skyhawk de 7 milhões se quebrou. Era 5 de maio de 1983. Uma ave migrando para o sul havia batido no avião, acertando a alça ejetora. O piloto, Yair Harlev, foi atirado inconsciente no ar frio e seu paraquedas se abriu. Envolto em fumaça, o Skyhawk seguiu voando a uma velocidade de quase 650 quilômetros por hora e se chocou contra a lateral de uma pequena montanha.[1] Alguns minutos depois, o aviador acordou em Hebron, uma cidade da Cisjordânia, onde as Forças Especiais de Israel o encontraram coberto de sangue e de penas e com uma vértebra do pescoço fraturada. Ele foi levado a um hospital, onde os peritos forenses confirmaram que um gavião pesando pouco menos de um quilo colidira com o avião com a força de dez toneladas.[2] O médico que atendia o jovem piloto disse que ele havia passado muito perto de ter ficado paralítico ou morrer.[3]

Harlev não foi o primeiro piloto a ter o avião derrubado por uma ave migratória nem seria o último. Ao longo dos últimos 35 anos, gaviões, cegonhas, pelicanos e águias colidiram com jatos israelenses e causaram milhões em prejuízos por estragar asas e motores ou destruir completamente os aparelhos. Na realidade, os pássaros provocaram mais danos aos aviões israelenses do que todos os exércitos árabes inimigos juntos.[4]

A razão por que Israel tem esse problema: mais de um bilhão de pássaros cruza o espaço aéreo do país todos os anos para viajar entre três continentes.[5] No outono, conforme o clima fica mais frio e a comida se torna mais escassa, os pássaros iniciam sua jornada de 8 a 9 mil quilômetros da Europa e da Ásia Ocidental para a África (a jornada reversa ocorre na primavera). As correntes térmicas encontradas na planície costeira de Israel e na porção do Grande Vale do Rift – uma trincheira geográfica de quase 6.500 quilômetros que se estende da Turquia a Moçambique – são ideais para as aves, que buscam a rota mais curta e eficiente. Esse padrão migratório cria o que Yossi Leshem, um dos maiores especialistas em pássaros do mundo, chama de "um pesadelo político e um paraíso para os observadores de pássaros".[6]

No início dos anos 1980, tendo a maior força aérea da região, Israel não tinha ideia de como resolver esse desafio. As lideranças militares estavam conformadas em perder aviões e pilotos. Foi quando Leshem, um renomado ornitólogo, propôs uma nova ideia: descobrir quais eram as rotas utilizadas pelos pássaros e evitá-las.

SOB A ÓTICA DOS PÁSSAROS

Leshem era a pessoa certa para essa tarefa. Nascido em 1947 na cidade mediterrânea de Haifa, desde garoto sempre foi fascinado pelos pássaros. Sua mãe costumava levar ele e o irmão para caminhadas nas montanhas Carmel. Foi lá que Leshem aprendeu a localizar e identificar as diferentes espécies de aves. "Minha mãe não era capaz de perceber a

EQUILÍBRIO ENTRE O CÉU E A TERRA

diferença entre um jumento e um pássaro", brinca. "Mas foi por causa dela que me apaixonei pela natureza."[7]

Imediatamente antes de servir o exército, Leshem teve uma experiência poderosa que definiu a trajetória de sua vida. Em 1963, quando estava com 17 anos, decidiu fazer uma caminhada com mais três amigos pela região de Sde Boker no deserto de Neguev. Na jornada, encontraram David Ben-Gurion, que acabara de deixar o cargo de primeiro-ministro. Por duas horas, os cinco homens conversaram, compartilhando histórias. "Para mim, foi como ter encontrado Deus", diz Leshem. "Nunca pensei em conversar com Ben-Gurion tão abertamente."[8] O ex-primeiro-ministro ficou tão encantado com os garotos que os convidou para irem até sua casa, onde sua esposa, Pola, serviu a todos chá e bolo. Leshem tirou uma lição importante desse encontro com Ben-Gurion: ele podia compartilhar suas ideias com pessoas poderosas e elas o ouviriam.[9]

Quando foi servir as Forças de Defesa de Israel (IDF), Leshem queria se tornar piloto da força aérea. Mas uma deficiência visual o impediu de realizar esse sonho. Ou, pelo menos, foi isso que ele pensou.[10] Depois de três anos nas forças armadas, matriculou-se na Universidade Hebreia de Jerusalém e começou a estudar genética e zoologia.[11] Só que Leshem não conseguia parar de pensar nos pássaros e sua mãe não estava contente com isso. "Ela era uma mãe judia", lembra. "Minha mãe me dizia: 'Como você vai ganhar a vida com pássaros?' Queria que eu fosse médico ou advogado."[12]

Depois que terminou a faculdade, foi contratado pela Sociedade de Proteção à Natureza de Israel, cuja missão essencial é proteger a vida e o ambiente selvagens. Leshem adorava esse emprego e adorava trabalhar ao ar livre. Na primavera de 1972, um colega o convidou para um trabalho de campo com a missão de acompanhar os padrões da vida dos gaviões de pernas longas. Eles se dirigiram para os montes samaritanos, localizados a noroeste de Jerusalém, e Leshem logo se viu em uma borda estreita, agachado perto de um imenso ninho com três filhotes. Enquanto os pais gritavam e circulavam acima da cabeça dele, Leshem tirou os filhotes do ninho, colocou-os em um saco e os levou embora. Os dois homens pesaram e mediram os filhotes e os identificaram com um pequeno anel na perna. Leshem, a seguir, subiu novamente até o ninho para recolocar os filhotes ali. Antes de ir embora, tirou algumas fotografias e tomou uma decisão definitiva: ele queria passar o resto da vida estudando e ajudando a salvar os pássaros. "Eles são importantes para o mundo e para Israel", afirma. "Os pássaros são bonitos, cantam e voam. Acho que eles causam um grande impacto positivo nas nossas almas."[13]

COMPARTILHANDO O CÉU

No início dos anos 1980, Leshem decidiu voltar à faculdade e se inscreveu para fazer um doutorado em zoologia na Universidade de Tel Aviv. Queria estudar as aves migratórias e os perigos que enfrentam em sua jornada. Ninguém sabia exatamente quantos pássaros voavam sobre Israel a cada ano. Leshem e cerca de sessenta voluntários começaram a contar. Rapidamente, no entanto, perceberam que eram muitos pássaros e que não conseguiam contá-los porque as criaturas voavam muito alto. Por isso, Ran Lapid, um colega piloto de helicóptero da Força Aérea, sugeriu que Leshem fizesse a contagem usando uma aeronave. "Vá até a força aérea e peça para eles um avião", disse.[14]

Em janeiro de 1983, Lapid ajudou Leshem a conseguir agendar uma reunião com Shlomo Egozi, um coronel da força aérea israelense encarregado de voos de segurança. Os três se reuniram no escritório de Egozi no quartel-general em Tel Aviv. Leshem descreveu o propósito de sua pesquisa e o coronel ficou cético. Não considerou que o trabalho poderia beneficiar os militares. Egozi estava aberto, no entanto, para explorar uma ideia diferente. "Uau, Yossi, acho que você veio em boa hora", afirmou.[15] Egozi havia acabado de receber um pequeno arquivo com dados confidenciais sobre os milhares de aves que haviam derrubado aviões israelenses entre 1972 e 1982. "Quer ver isso?"

Leshem sinalizou que sim com a cabeça e, então, avaliou as estatísticas e os gráficos. "Não podia acreditar naquilo. A força aérea se sentia desamparada", diz .[16] Havia por ano pelo menos quatro colisões entre aves e aviões que causavam danos graves e a força aérea israelense havia perdido cinco aeronaves ao longo da década anterior. Trinta e três aparelhos sofreram sérios estragos e um piloto morrera. Durante aqueles últimos dez anos, a força aérea de Israel tinha perdido dezenas de milhões de dólares.

EQUILÍBRIO ENTRE O CÉU E A TERRA

Enquanto o coronel explicava o problema, Leshem olhava para ele entusiasmado.

"E o que vocês estão fazendo com todos esses dados?", perguntou.

E o coronel lhe lançou um olhar exasperado. "O que podemos fazer?", respondeu. "Isso é parte da nossa vida. Se você está voando, está compartilhando o céu e [tem que aprender a conviver com] as colisões que acontecem."[17]

Leshem ficou sem graça. Nunca tinha imaginado que o padrão de voo dos pássaros pudesse ter impacto sobre os aviões, mas imediatamente percebeu que aquela era uma enorme oportunidade de pesquisa. Apenas de olhar rapidamente os dados, Leshem viu que, geralmente, as aves se chocam contra os aviões durante a época migratória. Se conseguisse entender melhor os padrões migratórios, considerava que Israel poderia reduzir significativamente os choques entre os pássaros e os aviões. Então, pediu ao coronel Egozi para financiar um projeto com esse objetivo. "Estou procurando um tema para o meu doutorado", Leshem contou. "Vamos unir forças. Meio a meio. Você paga e eu farei o estudo."[18] O coronel não aceitou a proposta.

Antes de encerrar a reunião, porém, Leshem previu que 1 milhão de gaviões sobrevoariam Israel na primavera. E acrescentou: é alta a probabilidade que um deles colida com um avião.

PERDEMOS OUTRO

Em 5 de maio de 1983, pouco antes da meia-noite, o telefone tocou na casa de Leshem. Sua esposa atendeu. Era o coronel Egozi. Ele disse que precisava falar com Leshem. O assunto era urgente. O marido não estava, tinha ido a uma palestra, mas assim que retornasse, entraria em contato com Egozi imediatamente. "Você não vai acreditar nisso, Yossi", o coronel falou. "Como você previu, perdemos outro avião hoje pela manhã, um Skyhawk, perto de Hebron."[19] No dia seguinte, a força aérea começou a financiar a pesquisa do doutorado de Leshem.

Tanto ele quanto a força aérea sabiam que as colisões continuariam a ocorrer se não encontrassem juntos uma solução – e depressa. Depois da Guerra dos Seis Dias, o tamanho de Israel quadruplicou, ocupando a Península do Sinai, uma vasta área deserta no sudoeste do país. Mas,

202 A ORDEM É INOVAR

em 1979, Israel assinou um acordo de paz com o Egito e deixou a região do Sinai em 1982.[20] Uma das desvantagens desse acordo: o espaço de treinamento para as forças aéreas.

Leshem havia compreendido que limitar a capacidade de voo das forças aéreas durante o período de migração não era exequível, mas tampouco era possível mudar o padrão de voo das aves migratórias. Os pilotos teriam que aprender como compartilhar melhor seu pequeno país com seus amigos emplumados.

UM SONHO ADIADO

Acompanhar a movimentação de milhões de pássaros é muito trabalho para uma pessoa só. Leshem precisava de ajuda – de muita ajuda. Para reunir dados precisos, necessitava de várias formas de acompanhamento das aves, sendo que nenhuma delas parecia ser suficiente por si só. A solução que ele encontrou foi requisitar o apoio da Universidade de Tel Aviv, da Sociedade de Proteção da Natureza de Israel, das Forças Aéreas e de seiscentos observadores de pássaros de dezessete países diferentes.

No outono de 1984, Leshem tinha instalado 25 estações de observação no norte de Israel – desde o Mar Mediterrâneo até o Rio Jordão –, tendo entre elas uma distância de cerca de 1,5 quilômetro. Cada estação era ocupada com um a três observadores de pássaros, cuja missão era usar binóculos e telescópios para contar o número de aves e registrar o padrão de voo delas. Comunicando-se por aparelhos de walkie-talkie, as estações garantiam que não haviam contado os mesmos pássaros várias vezes. Isso acontecia desde o nascer do sol até bem depois do anoitecer. Mas os observadores não conseguiam contar quando estava muito escuro ou quando as aves cruzavam o céu durante o dia voando em grande altitude.

Naquele mesmo ano, Leshem pediu a ajuda também aos operadores de radares do aeroporto Ben-Gurion. "Eles me disseram que não podiam ver os pássaros nos radares", lembra Leshem. "Mas trouxe dois especialistas da Holanda e da Suíça que mostraram a eles como usar o equipamento [que eles já possuíam em operação]."[21] Sem necessitar da luz solar, os radares são capazes de monitorar movimentos durante o

EQUILÍBRIO ENTRE O CÉU E A TERRA   203

dia e a noite a uma distância de cerca de 150 quilômetros.[22] O único problema: o radar não pode identificar espécies de aves, registrar o número exato em um bando ou decifrar a altura em que estão voando. Mesmo assim, os militares dedicaram quatro funcionários para rastrear as aves ininterruptamente durante seis meses por ano ao longo dos períodos de migração mais intensos.

E, finalmente, Leshem estava próximo da ideia que Lapid compartilhara no ano anterior: a melhor maneira de compreender os pássaros é voar com eles. No fim de 1984, as Forças Aéreas de Israel forneceram a Leshem um avião Cessna monomotor, que ele passou a usar para reunir dados na mesma velocidade, localização, altitude e direção de várias espécies de aves. Vinte e quatro anos depois de ter sido recusado como piloto, Leshem estava finalmente vivendo seu sonho de infância. "Voar com milhares de pássaros, quase tocando a ponta das asas deles", diz, "é uma experiência incrível."[23]

A SOLUÇÃO DE $1,3 BILHÃO

Infelizmente, as criaturas aladas não se sentem da mesma forma. O barulho do motor do Cessna assustava e afastava as aves. Outro problema enfrentado por Leshem é que o avião não podia voar devagar o bastante para acompanhar um bando em migração. A aeronave invariavelmente acabava indo na frente, deixando os pássaros para trás.

Determinado, Leshem tentou outros tipos de aeronaves. Primeiro, voou em uma asa delta. Mas o aparelho não permanecia no ar bastante tempo. Em seguida, tentou um ultraleve, mas era barulhento e não resistia a ventos muito fortes. Finalmente, Leshem se entusiasmou com um planador motorizado – um híbrido – e funcionou perfeitamente. "Ninguém tinha feito isso antes", recorda.[24]

Algumas aves se ajustaram bem, outras menos. Mas voar com os bandos em seu planador permitiu a Leshem contar cada pássaro que ele via e o painel de instrumentos oferecia excelentes dados. O único problema era que voar tantas horas deixava os pilotos exaustos e lá em cima não existem banheiros, então, eles tinham que usar uma bolsa coletora especial. Ao longo dos meses seguintes, Leshem passou mais de 1.400 horas acompanhando os pássaros com seu planador motorizado.

204 A ORDEM É INOVAR

Em 1987, as IDF forneceram a Leshem um drone sem piloto normalmente usado em missões militares de vigilância. Operado remotamente, esse sistema é capaz de acompanhar um bando de pássaros voando a cinco mil pés de altura. A única desvantagem é que, se o operador perder de vista o alvo, os pássaros não serão facilmente reencontrados.

Utilizando todos esses métodos, Leshem conseguiu traçar um mapa bem preciso das rotas de migração dos pássaros. Descobriu que o total de aves cruzando os céus de Israel para migrar era quatro vezes maior do que o número inicialmente estimado. Também mostrou que os pássaros usam uma entre três rotas aéreas que não muda significativamente de um ano para outro. Na primeira rota, as aves voam do nordeste para o centro de Israel até Beer Sheva e o norte do Sinai. Ao longo da segunda, seguem pela porção israelense do Vale do Rift, passando pelos desertos da Judeia e Neguev até o centro do Sinai. E, na terceira, os pássaros voam do sul da Jordânia via Eilat até o sul do Sinai. A altitude que escolhem é altamente dependente das condições climáticas.

Leshem comprovou que, durante o período migratório, as chances de uma ave colidir com um avião crescem exponencialmente. A solução estava clara. Os pilotos precisavam mudar seu comportamento, já que os pássaros não poderiam fazer isso. Leshem criou dois mapas detalhando as áreas com alta densidade de aves – um para a migração do outono e outro para a da primavera. Cada um deles indica onde e quando esperar a presença dos pássaros, além das várias espécies que o piloto pode encontrar. Leshem também incluiu o tempo que cada grupo migratório levava para atravessar Israel.

Em meados dos anos 1980, com base nos dados, mapas e calendários de Leshem, a força aérea criou um cronograma que impedia os aviões de voarem nas zonas densas de pássaros nos períodos de migração. Segundo o ex-comandante da Força Aérea Israelense, Avihu Ben-Nun, fazendo apenas mudanças mínimas no programa de treinamento, foram traçadas as rotas preferidas e indicadas as manobras evasivas para os pilotos evitarem os bandos de aves.[25] Essa medida reduziu o número de ataques de aves em 76% – salvando a vida de pilotos e das aves – e poupando $1,3 bilhão de prejuízos, de acordo com o major general Ido Nehushtan, ex-comandante da Força Aérea de Israel.[26] Yossi Leshem será lembrado como aquele "exército de um homem só que promoveu a

EQUILÍBRIO ENTRE O CÉU E A TERRA

paz entre a natureza e o mundo muito avançado que negligencia o ambiente", afirma Nehemia (Chemi) Peres, cofundador da Pitango Venture Capital e ex-piloto da Força Aérea israelense (e que também é filho do ex-presidente Shimon Peres).

A cada ano, os pilotos participam de palestras dadas por especialistas que apresentam fotografias e as melhores práticas para lidar com os bandos migratórios.[27] Mapas especiais estão disponíveis em todo quartel-general dos esquadrões aéreos. "Considero que fizemos os pilotos ficarem muito mais atentos ao fato de que compartilhamos o céu", diz Leshem.[28]

O trabalho do professor teve também um impacto global imprevisto. Serve internacionalmente como o "melhor padrão para ajudar a prevenir a colisão de pássaros com aviões", assegura o general Mansour Abu Rashid, presidente do Centro Amman pela Paz e o Desenvolvimento. Mas, além disso, "sua visão também reúne israelenses, jordanianos e palestinos em favor da paz."[29]

O ex-presidente de Israel, Ezer Weizman, que também foi piloto da força aérea, concorda: "Graças [ao trabalho de Leshem], o número de colisões entre os caças de guerra e as aves migratórias foi dramaticamente reduzido e o projeto se tornou um modelo para as forças aéreas do ocidente."[30]

Ao que parece, pela primeira vez, a mãe judia de Leshem não estava com a razão.

Notas do Capítulo 16

1. *Flying with the Birds*, de Yossi Leshem e Ofir Bahat. Tel Aviv: Yediot Ahronoth/ Chemed Books, 1999, 111.

2. Yossi Leshem em entrevista por telefone com o autor, de 31 de julho de 2016. Veja também Israel and the Birds Vie for Precious Air Space, de Thomas Friedman, *New York Times*, de 17 de setembro de 1985. Disponível em: <www.nytimes.com/1985/09/17/science/israel-and-the-birds-vie-for-precious-air-space.html?pagewanted=allp->. Acesso em: 4 mar. 2019.

3. Yossi Leshem em entrevista por telefone com o autor, em 31 de julho de 2016.

4. Ibid. Veja também *Israel and the Birds Vie for Precious Air Space*, de Thomas Friedman, *New York Times*, 17 de setembro de 1985. Disponível em: <www.nytimes.com/1985/09/17/science/israel-and-the-birds-vie-for-precious-air-space.html?pagewanted=allp->. Acesso em: 4 mar. 2019.

5. *It's for the Birds*, de Ben Jacobson, *Jerusalem Post*, de 18 de janeiro de 2008. Os países vizinhos de Israel, incluindo Síria, Líbano, Jordânia e Egito, todos enfrentam desafios semelhantes.

6. Yossi Leshem em entrevista por telefone com o autor, em 31 de julho de 2016.

7. Ibid.

8. Ibid.

9. *The Man Who Flieswith Birds*, de Carole Garbuny Vogul e Yossi Leshem. Minneapolis: Kar Ben Press, 2009, 7.

10. Yossi Leshem em entrevista por telefone com o autor, em 31 de julho de 2016.

11. Ibid.

12. Ibid.

13. *The Man Who Taught Me to Fly*, em *Israel21c*, 26 de setembro de 2013. Disponível em: <www.youtube.com/watch?v=k2WvIDgCHlAlg>. Acesso em: 4 mar. 2019.

14. Yossi Leshem em entrevista por telefone com o autor, em 31 de julho de 2016.

15. Ibid.

16. *Birds on His Brain*, de Judy Siegel-Itzkovich, *Jerusalem Post*, em 6 de novembro de 2005. Disponível em: <https://www.jpost.com/Health-and-Sci-Tech/Science--And-Environment/Birds-on-his-brain>. Acesso em: 4 mar. 2019.

17. Yossi Leshem em entrevista por telefone com o autor, em 31 de julho de 2016.

18. Ibid.

19. Ibid.

20. *Israel Completes Pullout, Leaving Sinai to Egypt*, de David K. Shipler, *New York Times*, de 26 de abril de 1982. Disponível em: <www.nytimes.com/1982/04/26/world/israeli-completes-pullout-leaving-sinai-to-egypt.html?pagewanted=allgy>. Acesso em: 4 mar. 2019.

21. Yossi Leshem em entrevista por telefone com o autor, em 31 de julho de 2016.

22. Ibid.

EQUILÍBRIO ENTRE O CÉU E A TERRA

23. Yossi Leshem em entrevista com o autor em Nova York, em 28 de outubro de 2016.

24. Yossi Leshem em entrevista por telefone com o autor, em 31 de julho de 2016.

25. *Avihu Ben-Nun Tells about the Bird Problem* [em hebreu], em The Fisher Institute for Air and Space Strategic Studies. Disponível em: <https://www.youtube.com/watch?v= p0kdBNGaSywSB>.

26. *Flying with the Birds, de* Yossi Leshem e Ofir Bahat. Tel Aviv: Yediot Ahronoth/Chemed Books, 1999, 111. Veja também *Israel Bird Expert Wins 25,000 Euro German Prize*, de Sharon Udasin, *Jerusalem Post*, de 14 de novembro de 2012. Disponível em: <https://www.jpost.com/Enviro-Tech/Israeli-bird-expert-wins--25000-euro-German-prize>. Acesso em: 4 mar. 2019.

27. *Flying with the Birds, de* Yossi Leshem e Ofir Bahat. Tel Aviv: Yediot Ahronoth/Chemed Books, 1999, 188.

28. *Birder Sows Goodwill in Mideast*, de Doug Struck, *Washington Post*, de 9 de abril de 1998. Disponível em: <www.washingtonpost.com/archive/politics/1998/04/09/birder-sows-goodwill-in-mideast/a72fe666–966f–4766–86a-2–0827d64cca44/a>.

29. Mansour Abu Rashid em entrevista por telefone com o autor, em 13 de dezembro de 2016.

30. *Flying with the Birds, de* Yossi Leshem e Ofir Bahat. Tel Aviv: Yediot Ahronoth/Chemed Books, 1999, 11.

CAPÍTULO 17

A ressurreição das plantas

Depois de morar por quase 2 mil anos em um jarro antigo, uma semente de tamareira foi nutrida e trazida de volta à vida. Que fantástico! Matusalém é uma janela aberta para o passado. Para uma era em que as florestas de tamareira se espalhavam pelo Oriente Médio, quando as tâmaras eram parte vital da economia.

Doutora Jane Goodall, correspondência pessoal

Tamareira gravada em moeda judia antiga.
(Zegomo)

UMA IDEIA COMPLETAMENTE LOUCA

No ano 72 da E.C., em Massada, um grupo de judeus rebeldes estava cercado pelos romanos e cometeu suicídio, escolhendo a morte em vez da escravidão. Cerca de 2 mil anos depois, em 14 de novembro de 1963, Yigael Yadin, um ex-militar estrategista israelense, levou o primeiro grupo de pesquisadores e voluntários ao local – a fortaleza erguida sobre um despenhadeiro serviu de palácio para o rei romano-judaico Herodes, o Grande.[1]

A equipe de Yadin não sabia o que encontraria. Mas, enquanto cavavam entre os escombros, viram evidências de uma grande destruição: afrescos quebrados, vigas carbonizadas, moedas de ouro, flechas

210 A ORDEM É INOVAR

de bronze e roupas esfarrapadas. Mais tarde, quando Yadin foi por uma escada improvisada de madeira até os níveis mais baixos do palácio em ruínas, alguns dos escavadores o chamaram. Dentro de uma pequena banheira, eles descobriram manchas escuras parecidas com sangue. Ao continuar vasculhando a área, a equipe de Yadin encontrou os ossos espalhados de uma jovem mulher, que alguns autores já citaram como evidência do suicídio em massa. O clima seco da região preservou seus longos cabelos em tranças marrons por mais de dois milênios.[2]

O cabelo da jovem não foi a única coisa preservada pelo clima. No alto da montanha, no trigésimo-quarto nível da escavação, dentro de um antigo jarro romano, Yadin e seus colegas encontraram algumas sementes. Mais tarde, os cientistas determinaram que era de uma tamareira da Judeia, uma variedade da planta extinta há cerca de 2 mil anos.[3]

Concluída a escavação, Yadin passou as sementes para as autoridades israelenses responsáveis por antiguidades, que as guardaram na Universidade de Bar-Ilan. Por décadas, ninguém deu muita atenção a elas. Mas em 2004, uma cientista nascida na Inglaterra chamada Sarah Sallon contatou a universidade para falar sobre aquela coleção de sementes. Especialista em botânica e ecologia, Sallon havia iniciado dez anos antes um projeto sobre ervas medicinais do Oriente Médio, estudando se as plantas poderiam curar algumas doenças humanas. Ela sabia que a maioria das escavações arqueológicas em Israel encontrava coleções de sementes e imaginou se não seria possível trazer de volta à vida algumas delas para examinar seu valor medicinal.[4]

Depois de conversar com especialistas israelenses por todo o país, Sallon descobriu que Ehud Netzer, um dos mais renomados arqueólogos de Israel, tinha a custódia das sementes encontradas na escavação de Massada. Felizmente para Sallon, a mãe dela conhecia a mãe de Netzer, e ela pôde usar essa conexão familiar para iniciar a conversa.[5]

E não foi nada boa. Pelo menos, não no início.

"Você é completamente louca", disse Netzer. "Por que vai querer fazer uma coisa dessas?"

"Bom, por que não?"[6]

Sallon afirmou a ele que poderia provar que sua intuição estava respaldada na ciência e, finalmente, conseguiu fazer Netzer se abrir para

A RESSURREIÇÃO DAS PLANTAS   211

a ideia. Ao longo das décadas, corriam muitas histórias, sugerindo que os cientistas podiam fazer germinar sementes antigas. Muitas dessas histórias, como descobriu Sallon, não passavam de mitos. Mas algumas eram verdadeiras. Em 1995, por exemplo, Jane Shen-Miller, da UCLA, e uma equipe internacional de botânicos conseguiram fazer germinar uma semente de lótus sagrado de 1.300 anos, que havia sido encontrada no leito de um rio no norte da China.[7] Ninguém, no entanto, havia conseguido ainda trazer de volta à vida uma planta extinta.

Depois de seis meses de pesquisa, Sallon apresentou a Netzer suas descobertas e ele ficou impressionado – tão impressionado que arranjou para que ela coletasse as sementes que estavam com Mordechai Kislev, um professor de botânica e arqueobotânica em Bar-Ilan. Em novembro de 2005, Kislev viajou até a casa de Sallon em Yemin Moshe, um dos bairros mais antigos de Jerusalém. E ele chegou trazendo uma série de recipientes plásticos cuidadosamente rotulados. Sallon ofereceu a Kislev uma xícara de chá e os dois sentaram-se na sala de estar para conversar sobre as sementes. Quando olhou para elas pela primeira vez, sentiu uma estranha excitação percorrer seu corpo. "Adoro esse arrepio das descobertas", Sallon afirma. "Ser a primeira pessoa a ter nas mãos algo que nenhuma mão humana segurou nos últimos 2 mil anos."[8]

O que havia começado como uma pergunta sobre a história judaica tinha se transformado na busca por uma forma de ressuscitar plantas mortas há muito tempo – e mudar a maneira com que os seres humanos compreendem o significado da palavra "'extinção".

A CIENTISTA MALUCA NA TERRA DO LEITE E DO MEL

Rica em vitaminas, minerais, nutrientes e fibras, o fruto da tamareira da Judeia é considerado um dos mais importantes alimentos da Antiguidade Mediterrânea. Há milhares de anos, os historiadores afirmam que as florestas de tamareiras cobriam a Terra Santa desde o Mar da Galileia até o Mar Morto. As árvores e seus frutos satisfaziam muitas das necessidades do povo daquela região.[9] Alguns fermentavam o suco das tâmaras para fazer vinho enquanto outros usavam os troncos das árvores como madeira de construção. O verso bíblico que diz que Israel é a "terra do leite e do mel", na verdade, faz referência às tâmaras, e não às abelhas.[10]

212 A ORDEM É INOVAR

Segundo o Levítico, os israelitas carregavam ramos dessa palmeira na Festa dos Tabernáculos (Sukkot, um feriado na colheita de outono).[11]

Quando os romanos levaram os antigos israelitas para longe de sua terra no primeiro e segundo séculos da E.C., o povo judeu levou junto suas árvores e sementes. Logo depois que os judeus foram exilados, a tamareira tornou-se extinta. Os especialistas ainda não entendem a razão disso. Porém, o que eles sabem com certeza é que, quando os pioneiros sionistas retornaram à terra de Israel no fim do século XIX, as tamareiras que trouxeram vieram do Iraque, de Marrocos e do Egito (geralmente, via Califórnia).[12]

Sallon queria plantar a tamareira original de Israel por todo o país, mas não sabia bem como faria isso. Uma de suas primeiras iniciativas foi consultar Elaine Solowey, uma das mais reconhecidas especialistas em agricultura sustentável. Melhor ainda é que ela também era obcecada por tâmaras.

Depois de Sallon contatá-la por telefone, a resposta inicial de Solowey foi cética. "E você quer que eu faça o quê?", quis saber.

"Bem, veja, isso não é impossível. É só um tiro a longa distância", Sallon respondeu.

Contou a Solowey sobre alguns dos exemplos históricos de reativação bem-sucedida de sementes antigas: o broto de lótus conseguido por Shen-Miller e as sementes que os índios norte-americanos haviam armazenado em cabaças e que os arqueólogos descobriram e reviveram depois de mil anos. Solowey estava convencida. "Faço coisas malucas o tempo todo", diz.[13]

Solowey passou três meses desenvolvendo um plano para tirar as sementes de tamareira da dormência. Primeiro, ela as encharcou com água morna para amolecer a pele das sementes. Depois, tratou delas com uma mistura ácida rica em hormônios e, em seguida, com um fertilizante cheio de enzimas e nutrientes.[14] A especialista colocou as sementes em um vaso com terra boa e adicionou um sistema de irrigação por gotejamento para mantê-las bem hidratadas. Daí, então, "meio que esqueci delas".[15] Não tinha a menor ideia se a experiência daria certo. Mas, para garantir a "boa sorte", plantou as sementes em 19 de janeiro de 2005, no dia do Tu b'Shevat, o festival judaico das árvores.[16] Historicamente, esse foi o dia em que as árvores emergiram da hibernação do inverno. Seis semanas depois, para seu espanto, uma das sementes começou a brotar. "Fiquei muito entusiasmada", Solowey conta. "Em vez de olhar para as plantas a cada três dias, estava olhando a cada meia hora."[17]

As duas primeiras folhas eram quase brancas e brotaram com uma aparência estranha, pálidas e lisas. Mas a terceira folha e todas as demais subsequentes pareciam brotos normais de tamareira. Nenhuma das outras sementes germinou, mas, por volta de junho, Solowey sabia que sua tamareira tinha vingado.[18] "Foi como um milagre", recorda.[19]

OS HOMENS SÃO BEM SUPÉRFLUOS

Quando os colegas de Sallon e Solowey souberam o que elas estavam prestes a fazer, muitos ficaram céticos. Alguns acharam que elas tinham enlouquecido. Outros duvidavam que as sementes fossem, de fato, tão antigas quanto as duas afirmavam. Para provar que eles estavam errados, as duas cientistas enviaram uma pequena parte de semente para ter seu DNA testado na Suíça. O resultado provou que a semente tinha 1990 anos, com uma margem de erro de 50 anos para cima ou para baixo. Isso quer dizer que a semente que Solowey plantou data de um período entre o século 35 A.E.C. e 65 E.C., pouco antes do sítio romano a Massada, tornando-a a mais antiga semente viável a germinar.[20]

Solowey manteve a planta isolada em sua estufa durante os primeiros dois anos de vida para protegê-la das doenças modernas. Ela, então, removeu a tamareira para o lado de fora, onde permanece até hoje protegida por uma cerca e detectores de movimento.[21] Sallon e Solowey chamaram a tamareira de Matusalém, o nome do personagem bíblico mais velho e que teria vivido 969 anos. Atualmente, a planta com três metros de altura e suas longas folhas verdes é bastante popular e "na verdade, se tornou uma atração turística", diz Michael Solowey, marido de Elaine.[22]

O único problema: Matusalém é uma tamareira macho, portanto, só produz pólen. Sua contraparte fêmea é que produz os frutos. "Os homens", brinca Sallon, "são bem supérfluos no mundo das tamareiras."[23] A boa notícia é que Solowey conseguiu repetir seu sucesso com mais seis sementes de tamareiras – assim como de outras plantas encontradas

214 A ORDEM É INOVAR

na área. Nos próximos anos, ela ficará sabendo se teve sucesso ao plantar uma tamareira fêmea para Matusalém polinizar. "Tenho seis chances de ter uma menina", brinca.[24]

Os especialistas afirmam que o sexo de Matusalém é, de fato, uma boa coisa porque as plantas macho produzem pólen. Polana Vidyasagar, especialista em tamareiras e ex-professor da Universidade Rei Saud, em Riad, está muito animado com o renascimento da tamareira da Judeia. "[Essa é a] primeira vez que uma semente viável é trazida de volta à vida depois de 2 mil anos. É uma ideia inovadora. Isso abre a porta para que outras tecnologias sigam pelo mesmo caminho."[25] O professor Vidyasagar acredita, inclusive, que haverá interesse no mundo árabe, particularmente nos Emirados Árabes Unidos, em pegar o pólen de Matusalém e fazer híbridos com espécies existentes e verificar qual combinação produz as melhores tâmaras.

E se Sallon e Solowey conseguirem fazer brotar uma tamareira fêmea, terão outra pergunta importante para responder: como as tâmaras devem ser chamadas? "As pessoas dizem: 'Vocês deveriam chamá-las de tâmaras de Jesus'. Eu não sei. O que acho é que, se formos chamá-las de tâmaras de Herodes, ninguém vai querer comê-las", diz Solowey.[26]

REMÉDIO BÍBLICO

Desde a ressurreição da tamareira da Judeia, Sallon e Solowey têm usado uma técnica similar com outras plantas extintas ou em perigo de extinção. Sallon descreve uma grande equipe de arqueólogos, geneticistas e especialistas em radiocarbono que trabalham juntos, em três continentes, fazendo experiências com sementes antigas.[27] O time tem conseguido trazer de volta os óleos essenciais usados pelos antigos israelitas e os primeiros cristãos, incluindo o franquincenso (olíbano), o bálsamo de Gileade e a mirra. Os personagens bíblicos prezavam as resinas derivadas dessas árvores e arbustos por suas fragrâncias e qualidades curativas. "O incenso era feito com essas plantas nos dias da Bíblia", diz Solowey. "Mas aparentemente elas têm propriedades que podem torná-las muito úteis para a medicina moderna – especialmente como anti-inflamatórios."[28]

Essas três plantas são historicamente muito importantes para os judeus e os cristãos. De acordo com o livro de Mateus, no primeiro século

A RESSURREIÇÃO DAS PLANTAS 215

da E.C., três homens sábios seguiram uma estrela brilhante e foram na direção de Belém. Ali, encontraram o bebê Jesus, caíram de joelhos e "presentearam [a criança] com ouro, olíbano e mirra."[29] Alguns acadêmicos consideram que essas três plantas foram o "ouro" trazido pelos magos para curar Maria e Jesus. Essas plantas também estão entre os onze ingredientes usados pelo sumo sacerdote para criar o incenso do Templo de Salomão, uma fórmula que é mantida em segredo e transmitida oralmente entre as gerações.[30]

Os segredos dos sacerdotes talvez sejam capazes de ajudar os médicos a criar novos medicamentos. Sallon considera que o genoma das plantas do passado pode ajudar a encontrar a cura para doenças letais. Os cinco livros de Moisés e o Novo Testamento, o Alcorão, os Salmos e os Profetas listam centenas de plantas – arbustos e árvores – encontradas naquela região. Os habitantes dali usavam muitas dessas plantas nativas como alimento e remédio e em rituais. Ao longo das últimas duas décadas, Sallon e sua equipe têm estudado os textos dos médicos da Antiguidade, como Maimônides, Plínio, o Velho e Abu Ali al-Husayn ibn Abdullah ibn Sina (Avicena), que confiavam nas plantas – muitas das quais já extintas ou em risco de extinção – para curar as doenças. Atualmente, Sallon e Solowey estão estudando essas plantas em um esforço para integrá-las à medicina convencional e reintroduzir as espécies que se tornaram extintas em Israel.

As duas cientistas, por enquanto, só podem imaginar as propriedades medicinais da tamareira da Judeia. É que o teste de DNA mostra que a planta compartilha apenas cerca de metade de seus marcadores genéticos com outros tipos de tamareiras.[31] É possível que as qualidades medicinais da tamareira da Judeia sejam específicas ao seu genótipo e, sendo assim, estarão perdidas. Como Sallon e Solowey não conseguiram fazer crescer uma planta fêmea, ainda não está claro a que pode levar a descoberta delas. Mas os especialistas afirmam que os remédios baseados em plantas antigas podem ter grandes implicações para a medicina moderna. Nas últimas décadas, alguns vírus e bactérias se tornaram altamente adaptáveis e começaram a levar a melhor sobre os esteroides e antibióticos. E, como as plantas do deserto possuem uma química exclusiva, que as torna capazes de sobreviver à aridez do clima, alguns afirmam que elas ofereceriam aos médicos um novo caminho para o tratamento de doenças. "Isso", diz Rivka Ofir, especialista em câncer, genética e células-tronco da Universidade Ben-Gurion, "é uma das futuras direções que podem nos levar a novas drogas."[32]

Salvar plantas em risco de extinção é uma missão crítica para o futuro da humanidade. Ao longo da história, os seres humanos usaram plantas para tratar todo tipo de moléstia. Na verdade, mais de 40% dos medicamentos prescritos hoje derivam de extratos de plantas ou são substâncias sintetizadas iguais a compostos existentes em plantas.[33] Quando as plantas enfrentam a extinção, as opções da humanidade para fazer descobertas e avançar cientificamente são ameaçadas. A tamareira da Judeia ficou extinta por centenas de anos e "emergiu em uma máquina do tempo", diz o doutor Ori Fragman-Sapir, diretor-científico do Jardim Botânico de Jerusalém. "Essas plantas simbolizam os tesouros arqueológicos e científicos que ainda esperam por ser encontrados na terra de Israel."[34] Por sua vez, Steven Erlanger, ex-chefe da sucursal do *The New York Times* em Jerusalém, afirma que "Israel é reconhecido por sua pesquisa em ciência agrícola, particularmente em como fazer plantas se desenvolverem com pouquíssima água nas condições críticas do deserto." E continua: "A tamareira da Judeia é um maravilhoso exemplo desse tipo de engenhosidade e persistência."[35]

A doutora Solowey concorda. "Gostaria de ter certeza de que as espécies em risco de extinção não vão desaparecer, porque é muito mais fácil salvá-las agora do que depois esfregar as mãos, dizendo: 'Oi, oi, oi... as plantas estão extintas'. Se conseguir fazer isso, vou ficar muito feliz", afirma.

A doutora Sallon também ficará feliz. "Reverter a morte é muito difícil", diz. "É melhor preservá-las antes da extinção."[36]

Notas do Capítulo 17

1. *A Prophet from amongst You: The Life of Yigael Yadin; Soldier, Scholar, and Mythmaker of Modern Israel*, de Neil Asher Silberman. Nova York: ACLS Humanities, 2013, 1–2.

2. Ibid.

3. *After 2000 Years, a Seed from Ancient Judea Sprouts*, de Steven Erlanger, *New York Times*, de 12 de junho de 2005. Disponível em: <www.nytimes.com/2005/06/12/world/middleeast/after-2000-years-a-seed-from-ancient-judea-sprouts.html?_r=1u>. Acesso em: 4 mar. 2019.

4. Sarah Sallon em entrevista por telefone com o autor, em 9 de dezembro de 2015.

5. Ibid.

6. Ibid.

7. *Exceptional Seed Longevity and Robust Growth: Ancient Sacred Lotus from China*, de Jane Shen-Miller, Mary Beth Mudgett, J. William Schopf, Steven Clarke e Rainer Berger, *American Journal of Botany* 82, n. 11 (novembro 1995): 1367–80. Disponível em: <https://www.jstor.org/stable/2445863?seq=1#page_scan_tab_contents>. Acesso em: 4 mar. 2019.

8. Sarah Sallon em entrevista por telefone com o autor, em 9 de dezembro de 2015.

9. *After 2000 Years, a Seed from Ancient Judea Sprouts*, de Steven Erlanger, *New York Times*, de 12 de junho de 2005. Disponível em: <www.nytimes.com/2005/06/12/world/middleeast/after-2000-years-a-seed-from-ancient-judea-sprouts.html?_r=1u>. Acesso em: 4 mar. 2019. Veja também doutora Jane Goodall em troca de e-mails com o autor, em 5 de fevereiro de 2017.

10. *After 2000 Years, a Seed from Ancient Judea Sprouts*, de Steven Erlanger, *New York Times*, 12 de junho de 2005. Disponível em: <www.nytimes.com/2005/06/12/world/middleeast/after-2000-years-a-seed-from-ancient-judea-sprouts.html?_r=1u>. Acesso em: 4 mar. 2019.

11. Levítico 23:40.

12. *After 2000 Years, a Seed from Ancient Judea Sprouts*, de Steven Erlanger, *New York Times*, 12 de junho de 2005. Disponível em: <www.nytimes.com/2005/06/12/world/middleeast/after-2000-years-a-seed-from-ancient-judea-sprouts.html?_r=1u>. Acesso em: 4 mar. 2019.

13. Elaine Solowey em entrevista por telefone com o autor, em 21 de janeiro de 2016.

14. *Supporting Online Material for Germination, Genetics and Growth of an Ancient Date Seed*, de Sarah Sallon, Elaine Solowey, Yuval Cohen, Raia Korchinsky, Markus Egli, Ivan Woodhatch, Orit Simchoni e Mordechai Kislev, *Science AAAS*, de 13 de junho de 2008. Disponível em: <https://www.sciencemag.org/content/320/5882/1464/suppl/DC1>. Acesso em: 4 mar. 2019. Veja também Elaine Solowey em entrevista com o autor em Jerusalém, em 25 de junho de 2015.

218 A ORDEM É INOVAR

15. *After 2000 Years, a Seed from Ancient Judea Sprouts*, de Steven Erlanger, *New York Times*, de 12 de junho de 2005. Disponível em: <www.nytimes.com/2005/06/12/world/middleeast/after-2000-years-a-seed-from-ancient-judea-sprouts.html?_r=1u>. Acesso em: 4 mar. 2019.

16. *2,000-Year-Old Date Seed Growsinthe Arava*, de Ofer Ilany, *Haaretz*, de 15 de fevereiro de 2007. Disponível em: <https://www.haaretz.com/1.4806025>. Veja também *Date Tree Sprouts from 2000-Year-Old Seed Found on Masada*, de Hana Levi Julian, em *Arutz Sheva*, de 13 de junho de 2008. Disponível em: <http://www.israelnationalnews.com/News/News.aspx/126484>. Acessos em: 4 mar. 2019.

17. Elaine Solowey em entrevista por telefone com o autor, em 21 de janeiro de 2016.

18. Ibid.

19. *2,000-Year-Old Date Seed Growsinthe Arava*, de Ofer Ilany, *Haaretz*, 15 de fevereiro de 2007. Disponível em: <https://www.haaretz.com/1.4806025>. Acesso em: 4 mar. 2019.

20. Elaine Solowey em entrevista com o autor em Jerusalém, em 25 de junho de 2015. Veja também Sarah Sallon em entrevista por telefone com o autor, 09 de dezembro de 2015. Em 2012, cientistas russos relataram ter conseguido fazer crescer uma semente de 32 mil anos encontrada na Sibéria, depois de aparentemente ter sido enterrada por um esquilo da era do gelo. Eles extraíram o embrião e fizeram uma germinação in vitro bem-sucedida. Mas a tamareira judia continua a ser a mais velha semente adulta que se desenvolveu até o tamanho de uma planta viável.

21. Elaine Solowey em entrevista com o autor em Jerusalém, em 25 de junho de 2015

22. Ibid.

23. *After 2000 Years, a Seed from Ancient Judea Sprouts*, de Steven Erlanger, *New York Times*, 12 de junho de 2005. Disponível em: <www.nytimes.com/2005/06/12/world/middleeast/after-2000-years-a-seed-from-ancient-judea-sprouts.html?_r=1u>. Acesso em: 4 mar. 2019.

24. Elaine Solowey em entrevista com o autor em Jerusalém, em 25 de junho de 2015

25. Polana Vidyasagar em entrevista por telefone com o autor, em 21 de dezembro de 2015.

26. Elaine Solowey em entrevista com o autor em Jerusalém, em 25 de junho de 2015

27. Sarah Sallon em entrevista por telefone com o autor, em 9 de dezembro de 2015.

28. *2,000-Year-Old Date Seed Growsinthe Arava*, de Ofer Ilany, *Haaretz*, de 15 de fevereiro de 2007. Disponível em: <https://www.haaretz.com/1.4806025>. Acesso em: 4 mar. 2019.

29. Mateus, 2:11, na versão da Bíblia autorizada pelo rei Jaime.

30. *After 1,500 Years, Frankincense Returns to the Holy Land in Time for Christmas*, de Matthew Kalman, *Times of Israel*, em 23 de dezembro de 2012. Disponível em: <https://blogs.timesofisrael.com/after-1500-years-frankincense-returns-to-the-holy-land/>. Acesso em: 4 mar. 2019.

A RESSURREIÇÃO DAS PLANTAS

31. *Tree from 2,000-Year-Old Seed Is Doing Well*, de Randolph E. Schmid, 12 de junho de 2008. Disponível em: <https://lists.ibiblio.org/pipermail/nafex/2008-June/031547.html>. Acesso em: 4 mar. 2019.

32. *After 1,500 Years, Frankincense Returns to the Holy Land in Time for Christmas*, de Matthew Kalman, *Times of Israel*, 23 de dezembro de 2012. Disponível em: <https://blogs.timesofisrael.com/after-1500-years-frankincense-returns-to-the-holy-land/>. Acesso em: 4 mar. 2019.

33. *Plant Medicines*, em PBS. Disponível em: <https://www-tc.pbs.org/wgbh/nova/julian/media/lrk-disp-plantmedicines.pdf>. Acesso em: 4 mar. 2019.

34. Doutor Ori Fragman-Sapir em entrevista por telefone com o autor, em 2 de dezembro de 2016.

35. Steven Erlanger em entrevista por telefone com o autor, em 19 de dezembro de 2016.

36. *Tree from 2,000-Year-Old Seed Is Doing Well*, de Randolph E. Schmid, 12 de junho de 2008. Disponível em: <https://lists.ibiblio.org/pipermail/nafex/2008-June/031547.html>. Acesso em: 4 mar. 2019.

CAPÍTULO 18

Seja uma boa pessoa

Você não é obrigado a terminar seu trabalho, mas não é livre para desistir dele.
                                                                Ética dos Pais 2:21

Apenas um pouco de luz dissipa muita escuridão.
                                            Rabino Schneur Zalman de Liadi (1745-1812)[1]

O autor (à esquerda) no colo do primeiro-ministro Menachem Begin, em março de 1979, um dia antes de sua família migrar para Israel (aliyah) e logo depois de o acordo de paz entre Egito e Israel ter sido assinado com o presidente egípcio Anwar Sadat. (AP, Associated Press)

TORNANDO O MUNDO UM LUGAR MELHOR

Há alguns anos, numa noite agradável em Washington DC, minha esposa estava retornando a pé para casa com nossos três filhos depois do jantar quando Eiden, nosso garoto mais velho, passou por um morador de rua andrajoso e cercado por sacolas plásticas e disse a ele: "Você é um homem mau". Naquela época, Eiden estava com 5 anos. Chocada, minha esposa lhe disse para pedir desculpas, o que ele fez – mas sem muita convicção.

Um pouco mais tarde, cheguei em casa e encontrei as crianças já de pijamas, como sempre, mas o olhar e a expressão no rosto de minha esposa me disseram que havia algo errado. Quando me explicou o que havia acontecido, pedi a Eiden para colocar os sapatos e um casaco leve sobre o pijama.

– Onde vamos? – perguntou meio confuso.

– Temos uma missão – disse.

Caminhamos meia quadra e, então, flexionei um joelho para falar com Eiden na altura dos olhos dele.

– Você sabe por que você disse àquele homem que ele era mau? – perguntei. – Foi por que ele cheirava mal? Ou por que tinha as roupas esfarrapadas?

Eiden não soube responder.

Andamos mais meia quadra e parei de novo. Dessa vez, sentei na calçada e pedi a Eiden que fizesse o mesmo. Os carros passavam zunindo sob a luz do anoitecer.

– Quais são as cinco regras que nós temos em casa?

Ele pensou um instante e as recitou com entusiasmo:

– Seja uma boa pessoa (*mensch*); torne o mundo um lugar melhor; ofereça sempre o seu melhor; nunca, nunca desista; e divirta-se.

Balancei a cabeça em aprovação.

– Sei que o que disse não foi uma "bondade" – Eiden falou, admitindo não ter agido como um *mensch*, uma pessoa íntegra e honrada. Sugeriu que procurássemos o homem para oferecer a ele *tzedakah*. Essa palavra em hebreu costuma ser mal traduzida como "caridade", mas seu real significado é "justiça".

Já estava noite quando o encontramos. O trânsito pesado já havia acabado e tudo que se podia ouvir era o som dos grilos na escuridão. Ele estava encolhido em um canto com outros dois homens andrajosos, conversando baixinho. O odor de urina era forte. Coloquei na mão do meu filho alguns dólares e meu coração começou a bater mais depressa. Não conhecia aqueles homens e me preocupei, achando que algo podia dar errado. Estavam bêbados? Eram violentos? Ficariam bravos com meu filho? Tirei esses pensamentos da cabeça. "Senhores", disse dando uns passos à frente, "podem falar uns minutos conosco, por favor? Meu filho quer lhes dizer uma coisa."

Os homens olharam para mim um pouco confusos. Eiden foi na direção daquele que antes ele havia insultado e lhe deu o dinheiro. Pediu desculpas e disse: "Deus o abençoe." E, em seguida, estendeu sua mão para cumprimentá-lo.

O homem olhou para Eiden, sorriu, e também estendeu a mão. Os amigos dele também sorriram. Por alguns instantes, os três encheram meu filho de elogios e disseram que ele era um anjo. Então, dissemos adeus e caminhamos de volta para casa.

Estávamos a apenas alguns quarteirões de distância quando parei e me inclinei novamente na direção de Eiden.

– O que aconteceu ali? – perguntei.

E, com um profundo senso de orgulho, Eiden disse:

– Papai, tornei o mundo um lugar melhor. Me sinto realmente muito bem.

POR QUE ESCREVI ESTE LIVRO

Em um livro que descreve o perfil de quinze fantásticos inovadores, parece arrogante falar de mim mesmo. Mas isso também é necessário para você compreender por que eu escrevi e o que este livro significa para mim.

Nasci em uma família de sobreviventes do Holocausto e, basicamente, fui criado na cidade de Nova York. Também passei longas temporadas em Israel na infância, na adolescência e como adulto, porque os vínculos culturais, históricos e religiosos da minha família estão ali. Até onde me lembro, as falhas e os defeitos de Israel têm sido divulgados, mas assim também deve ser com suas promessas miraculosas e suas conquistas notáveis.

Uma de minhas primeiras lembranças é de 28 de março de 1979, alguns meses antes do meu quarto aniversário. Dois dias antes, o primeiro-ministro Menachem Begin assinara o histórico acordo de paz com o presidente egípcio Anwar Sadat nos jardins da Casa Branca. Minha família foi convidada para um encontro com Begin no hotel Waldorf-Astoria, em Nova York; íamos fazer nosso *aliyah* (migrar para Israel) e o primeiro-ministro pedira para se reunir com algumas famílias que haviam feito essa escolha. Entramos na espaçosa suíte e Begin, com óculos de aros grossos e jeito de avô, nos deu as boas-vindas, pedindo que nos sentássemos. Ele me deu um pequeno biscoito para mastigar e eu pulei em seu colo. Perguntou se eu sabia falar um pouco de hebreu e eu disse a única palavra que conhecia: shalom. Satisfeito, Begin me deu um grande abraço e disse que viver em Israel era importante para o futuro do país. Minha irmã se juntou a nós e um fotógrafo bateu algumas fotos. Essa conversa e o início da paz entre Egito e Israel causaram em mim uma profunda impressão que levo para o resto da vida.

Lembro do entusiasmo, da alegria e do medo de seguir para Israel no dia seguinte. Depois do pouso, fomos direto para o centro de migração em Tel Aviv, onde havia judeus representantes de cada continente. Sabia que eu era um imigrante, mas também sentia que finalmente havia chegado em casa.

Alguns anos depois, minha família retornou para os Estados Unidos e, por fim, cursei faculdade em Binghamton, no norte do estado de Nova York. Mas, para fazer o mestrado, mudei novamente para Jerusalém e estudei na Universidade Hebreia. A partir dali passei a explorar o mundo árabe. Finalmente, encontrei meu caminho até o Egito, morei no Cairo, estudei na Universidade Americana e também na al-Azhar, a proeminente universidade do Islã sunita. Em 2001, mudei para Washington para trabalhar em políticas públicas com foco no Islã radical, terrorismo e finanças ilícitas. Comecei minha carreira profissional no Instituto de Políticas para o Oriente Próximo em Washington, um importante centro de análise, e, como costuma mesmo acontecer, atuei entre os setores de políticas públicas e os serviços governamentais. Tive sorte e servi ao Departamento de Defesa e ao Tesouro dos Estados Unidos.

Lá pelo verão de 2014 – quando comecei a conceber este livro –, já estava havia quinze anos morando em Washington e havia escrito quatro livros, dois dos quais eram fortemente influenciados por Israel e o Holocausto. O primeiro tinha foco na rede al-Manar do Hezbollah e o impacto do patrocínio da mídia pelo terrorismo. O livro *Beacon of Hatred: Inside Hezbollah's al-Manar Television* (2004) foi, fundamentalmente, escrito com base em entrevistas com membros do Hezbollah e nas milhares de horas que passei assistindo à "guerra psicológica contra o inimigo sionista". Fiquei horrorizado. Entre outros pontos, os integrantes do Hezbollah me disseram que um dos objetivos da televisão é promover o que é chamado de "missões suicidas ocidentais". A programação de Al-Manar combina habilmente notícias, entrevistas e vídeos musicais para divulgar uma ideologia de terrorismo, ódio e extremismo. Durante uma época, a emissora colocou no ar uma série com 29 episódios baseada na infame falsificação antissemita *Os protocolos dos sábios do Sião*, que afirma que os judeus conspiram para dominar o mundo. Em uma cena particularmente vívida, um religioso judeu leva uma criança cristã até o porão, corta a garganta dela e usa o sangue para fazer o ritual do pão (matzá) da Páscoa judaica.

Não pude mais sossegar. Decidi organizar minha primeira campanha para tentar bloquear a transmissão da televisão al-Manar pelos serviços de satélite. Formei uma coalizão de várias entidades sem fins lucrativos e convenci as autoridades na Europa e nos Estados Unidos a classificarem a estação de TV como patrocinadora do terrorismo. Também persuadimos quatorze fornecedores de serviços de satélite a remover a al-Manar de suas listas de transmissão e cerca de vinte empresas – incluindo Coca-Cola, Pepsi, Western Union e Procter & Gamble – a parar de patrocinar a programação da rede. Finalmente, em 2016, os dois maiores fornecedores de serviços de satélite em termos de número de usuários – o Arabsat, da Arábia Saudita, e o Nilesat, do Egito – deixaram de transmitir a al-Manar, o que eficazmente acabou com sua capacidade de espalhar pelo globo suas mensagens de ódio.

Meu quarto livro, *Iran's Dirty Banking* (2010), faz uma exposição detalhada do setor financeiro de Teerã e dos bancos internacionais que fazem transações abusivas para movimentar dinheiro ao redor do mundo para obter armas nucleares, envolvendo-se em atividades criminosas e terroristas. Durante a pesquisa que realizei, descobri 59 parceiros do Irã no setor bancário internacional – incluindo o banco japonês Sumitomo Mitsui, o alemão Deutsch Bank, o holandês ING e o francês Societé Générale. Também revelei os números das contas bancárias do Irã e as transações correntes. Aplicando minha experiência no Departamento do Tesouro dos Estados Unidos, tracei uma estratégia para impedir a movimentação internacional de dinheiro pela República Islâmica enquanto estiver desenvolvendo armas nucleares.

Depois do lançamento do livro, tive reuniões em vários países do mundo, tentando convencer os bancos a cortarem sua relação financeira com o Irã. Alguns foram receptivos. Outros, nem tanto. Mas, ao longo desse processo, mantive-me pensando em meus avós e na dimensão do número de famílias que pereceu no Holocausto. Se alguém tivesse publicado as informações bancárias do regime nazista em 1936, as forças mundiais teriam ficado chocadas com as finanças deles e talvez se unido para salvar mais vidas? Lembro-me de uma reunião na embaixada da Alemanha em Washington com especialistas em economia e sanções financeiras. Depois de explicar a eles as medidas que estavam sendo adotadas contra o Irã, alertei aos meus colegas alemães que eles tinham uma responsabilidade especial com os judeus em todo o mundo; havia setenta anos, os ancestrais deles haviam cometido uma das piores atrocidades humanas contra meu povo e diretamente contra minha família. Agora, querendo ou não, estavam ajudando o Irã a ameaçar a vida de outros 6 milhões de judeus. Eu fui rapidamente conduzido à porta.

Meses depois, fiquei profundamente contente ao saber que os bancos alemães haviam encerrado sua relação com os iranianos. A maioria das instituições financeiras da Europa e da Ásia que nomeei antes tomaram a mesma medida. Trabalhei ativamente junto aos congressistas norte-americanos em 2010 para conseguir a aprovação das Responsabilidades e Sanções Abrangentes e Desinvestimento no Irã. Esse projeto e as leis que se seguiram a ele, em última instância, impactaram o Irã e os banqueiros parceiros e, indiscutivelmente, ajudou a forçar Teerã a negociar um acordo nuclear com os Estados Unidos e seus aliados.

Depois dessa campanha na área financeira, senti uma enorme sensação de satisfação. Queria continuar a escrever e falar, mas também gostaria de ir além das definições políticas. Sempre quis ter meu próprio negócio e, há alguns anos, depois que minha esposa teve nosso primeiro filho, lancei uma startup focada em software para *compliance* bancário e aplicação de sanções. Meus sócios e eu levantamos capital e abordamos as principais instituições financeiras do mundo. O negócio não decolou, mas sabia que deveria continuar tentando. Finalmente, fundei a IMS, uma empresa de serviços comerciais que se concentra em ajudar empresas a diminuir sua estrutura de taxas, garantindo a conformidade com os regulamentos do cartão de crédito utilizado.

SEJA UMA BOA PESSOA

Atualmente, costumo brincar dizendo que o negócio de cartões de crédito financia os hábitos extremamente caros da minha vida no Oriente Médio. Tenho continuado a falar e escrever sobre Israel e seu futuro, sobre os sucessos e os problemas – alguns dos quais são de sua própria autoria. No entanto, são os ideais de um povo – e suas tentativas de viver para eles – que constroem uma grande nação.

CRESCIMENTO EXPONENCIAL

Em muitos momentos de sua história, Israel lutou para se equilibrar entre os ideais de seus fundadores e os perigos enfrentados para preservar a sua existência. Nesse contexto, sempre reflito sobre a lenda da criação do jogo de xadrez e sua relação com a história moderna do Estado de Israel. Era o terceiro século da E.C. e o palácio do rei Shihram, da Índia, estava feericamente iluminado. Sissa ibn Dahir, um ministro de alta autoridade, estava nervoso, pois logo apresentaria a Shihram um novo jogo, o xadrez. Sissa ibn Dahir queria provar ao rei que ele precisava tratar bem seus cidadãos – e esperava não perder a cabeça nessa missão. Depois de experimentar jogar xadrez, o rei Shihram ficou tão encantado que determinou que todos os templos da Índia tivessem um tabuleiro. Também decretou que essa era a melhor maneira de treinar generais para a guerra e considerou o jogo um presente para o mundo. "Diga qual será sua recompensa", afirmou o rei Shihram a Sissa ibn Dahir. Parecendo satisfeito, o ministro pediu que o rei colocasse um grão de trigo no primeiro quadrado do tabuleiro, dois grãos no segundo quadrado, quatro no terceiro, oito no quarto, dobrando o número de grãos a cada sucessivo quadrado uma vez por dia até que todos os 64 quadrados do tabuleiro tivessem sido contados.

Era um pedido tão modesto que o rei rapidamente concordou. "Que tolo", Shihram pensou. "É uma recompensa bem pequena. Eu teria dado muito mais a ele." O rei, em seguida, ordenou que os escravos trouxessem o tabuleiro e o primeiro grão de trigo. E assim foi feito por cerca de um mês até que no 32º dia os escravos trouxeram 4 bilhões de grãos de trigo, pesando mais de cem toneladas. Apesar de Sissa ibn Dahir já não parecer mais tão tolo, o rei manteve sua promessa e continuou a oferecer a recompensa em grãos. Finalmente, porém, o rei entendeu que não poderia mais continuar. A quantidade de trigo que estava fornecendo era muito grande. Se aquilo continuasse, levaria seu império à falência.

Frequentemente, os especialistas em tendências futuras citam essa lenda para demonstrar o poder inquestionável do crescimento exponencial. A evolução de Israel nos últimos setenta anos é indiscutivelmente semelhante, o que dá testemunho da coragem, determinação e audácia inovadora (*chutzpah*) do país. Mesmo com todos os desafios que tem que enfrentar, o Estado judeu fez avanços incríveis desde 1948, não somente no desenvolvimento de seus escassos recursos, mas também com inovações que beneficiaram seu povo e muitas pessoas ao redor de todo o mundo. Setores industriais e países inteiros olham para Israel buscando ajuda para resolver seus próprios desafios: Israel tem mais de trezentos centros de pesquisa e desenvolvimento de propriedade de empresas multinacionais de vários setores, incluindo Apple, Amazon, Facebook, Google, Intel e Microsoft; a China, Índia e os Estados Unidos agora buscam no Estado de Israel a solução para suas crescentes necessidades hídricas; universidades ao redor do globo estão forjando sólidas parcerias e centros conjuntos de inovação com as melhores e mais brilhantes instituições de Israel em um esforço para trabalhar juntos nas áreas de engenharia, biologia, física e química; hospitais, companhias farmacêuticas e empresas do agronegócio se aproximam de Israel para que o país ajude a curar doenças e a alimentar os necessitados. O país é um farol de esperança e seus cidadãos estão prontos para ajudar a solucionar os desafios locais e globais.

E, quando os países olham para Israel como um exemplo de como criar uma cultura de inovação superturbinada, devem avaliar também a cultura judaica em busca de novas perspectivas. Simeão, o Justo, um sumo sacerdote que viveu em algum ponto do período do Segundo templo (entre 586 A.E.C. e 70 E.C.) disse: "O mundo está fundamentado em três coisas: o Torá, o trabalho e os gestos de bondade".[1] Em outras palavras, com o objetivo de inovar, os países precisarão investir em uma cultura de aprendizado contínuo e em um sistema escolar de alta eficiência. Durante milhares de anos, os judeus foram chamados de "o povo do livro". Essa parte da cultura judaica foi absolutamente essencial para o sucesso de Israel.

SEJA UMA BOA PESSOA

Mas um bom sistema educacional, embora necessário, não é o suficiente. O ex-presidente norte-americano Calvin Coolidge é conhecido por ter resumido muito bem a importância do trabalho diário ao afirmar o seguinte: "Nada neste mundo pode substituir a persistência. Não será o talento; nada é mais comum do que pessoas talentosas bem-sucedidas. Não será a genialidade; o gênio não reconhecido é quase um provérbio. Não será a educação; o mundo está cheio daqueles que abandonaram os estudos. Somente a persistência e a determinação são onipotentes".

Quando essa cultura se combina à educação de alta eficiência, trabalho duro e gestos de bondade com caridade e voluntariado, não há o que detenha o infinito poder que a humanidade pode alcançar. Usando a tecnologia de ressonância magnética, os cientistas provaram a sabedoria do grande sábio judeu rabino Hillel, que considerava que a base de todo o Torá é a regra apresentada no Levítico 19:18 para "amar o próximo como a si mesmo". Quando uma pessoa faz uma doação por caridade, a área do cérebro responsável por nossos anseios e prazeres se ilumina. Em outras palavras, fazer o bem realmente torna o ser humano mais feliz.[2]

Israel não tem o monopólio das boas ideias e da melhor execução. Todos os países se beneficiariam se explorassem sua cultura para identificar as próprias lições aprendidas com os setores e as profissões que já têm alto desempenho ao longo dos séculos. Dito isso, as conquistas do Estado de Israel em benefício da humanidade deveriam ser celebradas e estimuladas pela comunidade global.

Conforme Israel for entrando pela segunda vez no tabuleiro de xadrez para colher resultados, espero que seu positivo impacto global continue na direção do futuro. Os inovadores apresentados neste livro, entre outros, seguirão forjando e realizando a parte deles para fazer o país – e o mundo – um lugar melhor.

Sou grato por viver em uma época em que os judeus conseguiram retornar à sua terra natal. Ben-Gurion tem uma frase célebre que diz: "Em Israel, para ser realista, você tem que acreditar em milagres". Israel é a prova positiva de que os milagres realmente acontecem. O Estado judeu reuniu as crianças de Israel de todos os cantos da terra e cumpriu uma promessa ancestral. Embora o país seja relativamente novo, é também profundamente conhecido pela combinação dos ideais liberais democráticos às antigas palavras das Escrituras. Hoje, quando levo meus filhos para Israel, assim como meus pais fizeram comigo, e os vejo lidar com a complexa realidade do país, fica claro para mim que o próximo capítulo dessa história será escrito por eles e por todos aqueles que celebram a vida em vez da morte, a liberdade em vez da tirania e a prosperidade em vez da guerra. Essas são as pessoas que me dão esperança.

Notas do Capítulo 18

1. Ética dos Pais, 1:2.

2. *Want to Be Happier? Give More. Give Better,* de Brady Josephson, *Huffington Post,* 11 de novembro de 2014. Disponível em: <https://www.huffingtonpost.com/brady-josephson/want-to-be-happier-give-m_b_6175358.html>. Acesso em: 4 mar. 2019.

Contato com o autor
ajorisch@editoraevora.com.br

Este livro foi impresso pela gráfica Forma certa.